일 잘하는 사람은
이렇게 **챗GPT를** 씁니다

한빛미디어

지은이 장피엠(장병준)

AI를 활용해 똑똑하게 일하는 방법을 알려주는 강사이자 컨설턴트이다. 유튜브 채널 〈일잘러 장피엠〉을 운영하며 비개발자 출신 직장인을 대상으로 최신 디지털 기술을 업무에 적용하는 실용적인 방법을 소개하고 있다. 서울대학교 경제학과를 졸업한 문과 출신 IT 기획자로, 대기업과 스타트업을 두루 거치며 다양한 업무 환경을 경험했다. 코딩을 못하는 평범한 직장인도 AI로 업무 효율을 높일 수 있다고 믿으며, 당장 써먹을 수 있는 구체적인 기술 활용 노하우를 전달하고 있다.

유튜브 〈일잘러 장피엠〉 채널 youtube.com/@jangpm

일잘러 장피엠의 AI 실무, 자동화, 노코드, GPTs, Make 활용 강의

일 잘하는 사람은 이렇게 챗GPT를 씁니다

초판 1쇄 발행 2025년 12월 12일

지은이 장피엠(장병준) / **펴낸이** 임백준
펴낸곳 한빛미디어 / **주소** 서울특별시 서대문구 연희로2길 62 콘텐츠1부
전화 02-325-5544 / **팩스** 02-336-7124
등록 1999년 6월 24일 제2017-000058호 / **ISBN** 979-11-995298-0-9 13000

총괄 배윤미 / **책임편집** 장용희 / **기획·편집** 박지수 / **교정** 강신원
디자인 표지 최연희, 박정우 내지 윤혜원 / **전산편집** 김보경
영업마케팅 송경석, 김형진, 장경환, 조유미, 한종진, 이행은, 고광일, 성화정, 김한솔, 전차은 / **제작** 박성우, 김정우

한빛미디어는 한빛앤(주)의 IT 출판 브랜드입니다.

이 책에 대한 의견이나 오탈자 및 잘못된 내용은 출판사 홈페이지나 아래 이메일로 알려주십시오.
파본은 구매처에서 교환하실 수 있습니다. 책값은 뒤표지에 표시되어 있습니다.

홈페이지 www.hanbit.co.kr / **이메일** ask@hanbit.co.kr

Published by HanbitN, Inc. Printed in Korea
Copyright © 2025 장피엠(장병준) & HanbitN, Inc.
이 책의 저작권은 장피엠(장병준)과 한빛앤(주)에 있습니다.
저작권법에 의해 보호를 받는 저작물이므로 무단 복제 및 무단 전재를 금합니다.

지금 하지 않으면 할 수 없는 일이 있습니다.
책으로 펴내고 싶은 아이디어나 원고를 메일(writer@hanbit.co.kr)로 보내주세요.
한빛앤(주)는 여러분의 소중한 경험과 지식을 기다리고 있습니다.

머리글

스타트업에서 부딪힌 현실

안정적인 대기업을 떠나 스타트업에 합류했을 때부터 유니콘 스타트업 창업은 확고한 꿈이었다. 연봉을 반으로 줄이고 불안정한 환경에 뛰어들었지만, 세상을 바꾸는 서비스를 만들겠다는 원대한 꿈만은 명확했다. 괴롭지만 동시에 즐거운 시간이었다.

하지만 스타트업 커리어는 순탄하지 않았다. 실패가 이어졌고 6년을 일해도 대기업 신입사원 첫해 연봉조차 회복하지 못했다. 커리어에 대한 열등감은 결국 창업을 부추겼다. 2021년 선배와 함께 IT 스타트업을 공동 창업하며 최소 5년은 헌신하겠다고 다짐했지만 현실은 달랐다. 불과 1년 만에 포기하게 되었다. 시행착오가 계속되면서 열정을 잃었고, 무소득 상태에서 거대한 사업을 기획하는 일은 더 이상 감당할 수 없었다.

유튜브에서 찾은 기회

막막한 상황에서 한 줄기 빛은 2년간 운영하던 유튜브 채널이었다. 구독자 3천 명의 작은 채널이었지만, 수익화라는 관점에서 바라보니 구독자들의 요청이 보였다. 컨설팅과 강의로 자연스럽게 인바운드 문의가 들어오기 시작했다. 유튜브가 개인 전문성을 수익으로 전환시키는 강력한 도구임을 깨달은 순간이었다. 폐업 후 1년 만에 혼자서 직장인 근로소득에 가까운 돈을 벌 수 있었다.

2023년 ChatGPT라는 거대한 파도가 찾아왔다. 이를 다룬 콘텐츠가 채널 성장의 기점이 되었다. 2년간 3천 명에 머물던 구독자가 ChatGPT 활용 영상을 계기로 금세 5만 명으로 급성장했다. 꾸준한 양질의 콘텐츠 제작과 체계화된 고객 유입 프로세스가 ChatGPT라는 기회를 만나 더 큰 수익으로 이어졌다.

예상 못한 전문성의 발견

돈만을 좇아 사업한 것은 아니었지만, 수익이라는 형태의 인정은 분명 기쁘고 만족스러웠다. 커리어 열등감에서도 벗어날 수 있었다. 수입이 안정된 것도 의미 있지만, 무엇보다 만족한 것은 중요한 일에 집중하고 옳다고 믿는 방향으로 사람들에게 영향을 주며, 주체적으로 일을 결정할 수 있다는 점이다.

지금의 모습은 처음 그렸던 성공적인 유니콘 스타트업 창업자는 아니다. 하지만 수많은 시행착오와 커리어 방황이 예상치 못한 '노코드', '자동화', 'AI'라는 새로운 분야에서 전문성을 쌓게 했다. 이 전문성을 바탕으로 기업과 구독자들을 가르치며 수익을 창출하고 있으며, 동시에 AI가 만들어가는 일하는 방식의 변화를 최전선에서 목격하고 있다.

AI가 바꾸는 개인의 역량

콘텐츠 제작과 기업 문제 해결 과정에서 AI와 노코드로 대표되는 기술 발전이 이전과 질적으로 다른 변화를 일으키고 있다. 특히 ChatGPT 등장 이후 디지털 도구들이 빠르게 고도화되면서 한 개인이 어떤 직무든 평균 이상 수준으로 수행할 수 있게 되었다. 그 결과, 다양한 분야에서 역량을 발휘하는 '슈퍼 제너럴리스트'가 등장하고 있으며, 개인의 문제 해결 능력 또한 눈에 띄게 향상되었다.

머리글

AI와 노코드가 부상하면서 이제는 학습력과 실행력을 갖춘 개인이라면 혼자서도 비즈니스 과제를 해결하고 디지털 기반의 사업을 직접 이끌 수 있는 시대가 되었다. 조직 안에서도 이러한 기술을 능동적으로 활용하는 사람들은 기존과는 차원이 다른 생산성과 성과를 내며 차별화된 경쟁력을 인정받고 있다.

세 가지 깨달음

AI를 통해 회사로부터 독립하고 적극적으로 업무에 적용하며 다른 이들에게 활용법을 가르치면서 세 가지 중요한 깨달음을 얻었다.

첫째, 기술 진보로 커리어와 사업 모두에서 큰 기회가 생겼다. 둘째, 그 기회를 실질적 성과로 바꾸려면 AI와 노코드를 배우고 곧바로 적용하며, 자동화로 반복 가능한 구조를 만들어야 한다. 셋째, AI와 노코드 기술은 지금 이 순간에도 빠르게 발전하고 있으며, 개인은 이 기술들을 일단 적용해보는 것이 트렌드 속에서 기회를 포착하는 가장 빠른 방법이다.

현실적인 활용법

'월 천만 원이다', '누구나 할 수 있는 돈 되는 부업이다' 같은 불안한 마음을 자극하는 콘텐츠가 넘쳐나고 있다. AI 교육 업계 역시 '이 프롬프트 하나면 모든 문제가 해결된다'는 식의 과장된 홍보로 가득하다. 이 책은 그런 허황된 약속이 아니라 최대한 실용적이고 근본적인 AI, 노코드 도구 사용법을 전하고자 했다. 더 나아가 이러한 기술 발전이 촉발할 일과 비즈니스의 변화까지 함께 조망한다.

이 책은 대부분 사람의 힘으로 작성했다. AI에게 논리 전개 방식이나 적절한 예시를 물어보기도 하고 작성한 글에 대한 평가와 피드백을 받기도 했지만, 전체적인 구성이나 활용 아이디어, 최종적인 글의 완성은 오롯이 사람의 손을 거쳤다.

AI가 인간의 능력을 향상시키는 것은 사실이지만 결국 인간이 가지고 있는 의지, 통찰력, 실행력만은 대신해줄 수 없다. 스스로 자립할 수 있는 힘을 가진 사람만이 AI를 제대로 활용할 수 있다고 믿는다.

한 사람의 손으로 한 땀 한 땀 정성껏 쓰다 보니 책을 완성하는 데 꽤 오랜 시간이 걸렸다. 조금 써놓으면 AI 업계가 너무 빠르게 발전해서 책 내용을 통째로 새로 쓰기도 했다. 이 책 역시 머지않아 시대에 뒤처진 지식이 될지도 모른다. 그래서 더욱 기술보다는 근본적인 통찰을 담으려고 했고, 인간과 AI가 함께 똑똑해질 수 있는 메타적인 기법들을 소개하는 데 초점을 맞췄다.

이 책은 AI 활용서지만 단순한 도구 사용법을 넘어 한 사람의 마인드셋과 시대 변화에 대응하는 전략까지 함께 담았다. AI를 시작으로 업무 자동화까지 흐름을 따라가며, 바로 쓸 수 있는 활용법뿐 아니라 그 바탕이 되는 사고방식도 함께 전하고자 했다.

이 책이 AI 시대를 살아가는 여러분에게 작은 이정표가 되어, '나'로서 중심을 잡고 변화의 흐름을 주도하는 슈퍼 개인으로 뚜벅뚜벅 나아가는 데 뜻깊은 길잡이가 되기를 바란다.

2025년 12월
장피엠(장병준)

이 책의 구성

간단 프롬프트
본문을 읽으며 프롬프트를 빠르게 확인할 수 있을 수 있습니다. 실습에 반드시 필요한 사항은 아니므로 가볍게 읽어주세요.

프롬프트
실습에 필요한 프롬프트를 별도로 표시하였습니다. 프롬프트를 타이핑할 필요는 없습니다. 10페이지에 있는 [일러두기]에서 헬프 페이지를 참고하여 복사-붙여넣기로 활용해보세요!

결과 예시
ChatGPT 및 각종 AI 도구의 실습 화면과 결과 화면을 확인해보세요. 실습을 따라 하며 결과 화면을 확인하고, 실제 실습에 참고할 수 있습니다.

QR 코드

GPTs 접속 및 일부 링크 활용이 필요한 경우 QR 코드를 삽입했습니다. 스마트폰 카메라를 활용해 접속할 수 있습니다.

일잘러의 NOTE

일잘러는 AI를 어떻게 활용하는지 중요한 내용을 모아 별도의 NOTE 팁으로 설명해드립니다. 중요한 내용이므로 꼭 한 번 읽어보세요!

TIP

본문 내용 외에 알아두면 좋은 내용, 실습을 진행하다 막힐 수 있거나 어려운 내용은 별도의 TIP으로 설명해드립니다.

일러두기

장피엠의 실습 가이드&헬프 페이지

① ChatGPT 및 AI 프롬프트 안내 : 책에 사용된 ChatGPT를 비롯한 프롬프트를 별도의 웹페이지로 제공해드립니다. 책의 내용을 보며 일일이 입력할 필요 없이 바로 복사—붙여넣기를 사용해 편리하게 활용해보세요.

② 주요 참고 사이트 및 유용한 정보 링크 제공 : 책에 소개된 각종 AI 도구와 AI 활용에 도움이 되는 웹서비스 및 사이트 링크를 모아놨습니다. 일일이 검색하거나 주소창에 입력하지 않고도 필요할 때 바로 접속할 수 있습니다. 책에서 다루지 않은 저자의 유용한 강의 내용도 수록하였으니 적극 활용해보세요.

▲ 접속 주소 : https://m.site.naver.com/1VTFb

- 이 책에 사용된 ChatGPT를 비롯한 생성형 AI 서비스 화면은 업데이트 시기에 따라 다소 다르게 보일 수 있습니다. 프롬프트 사용 방법은 동일하므로 활용에는 크게 문제가 없습니다.
- 이 책에서 다루는 ChatGPT-5 모델에 대한 설명은 소규모 업데이트된 5.1도 포함하는 내용이며, 이후 대형 업데이트 이후에는 일부 사양, 가격 등 정보가 달라질 수 있습니다.

목차

머리글 4
이 책의 구성 8
일러두기 10

PART 01   AI와 노코드, 지금 배우면 달라지는 것들

CHAPTER 01 | 누구나 쓸 수 있는 기술, AI가 바꾸는 세상

LESSON 01 | 누구나 기술을 쓸 수 있는 시대 22

- 기술의 민주화란 무엇인가 22
- 기술의 민주화가 가져온 변화 23
- AI가 일으키는 변화의 물결 24

LESSON 02 | AI가 세상을 바꾸고 있다 26

- ChatGPT가 불러온 변화 26
- 범용 AI의 강력함 27
- 직장인들이 느끼는 어려움 28
- 실무 활용의 첫걸음 29

CHAPTER 02 | AI와 노코드, 어떻게 배우면 좋을까

LESSON 01 | AI와 노코드를 함께 배워야 하는 이유 32

- AI 발전과 노코드 32
- AI 기반 업무 자동화 33

목차

LESSON 02 | 코딩 없이도 프로그래밍하는 시대 ········ 35
    바이브 코딩과 노코드의 등장 ········ 35
    노코드의 진정한 의미 ········ 36

LESSON 03 | AI, 어떻게 학습할 것인가? ········ 38
    AI 시대, 빠른 변화에 따른 불안감 ········ 38
    AI는 도구일 뿐, 중심은 인간의 역량 ········ 40
    귀납적 학습이 더 적합한 이유 ········ 41
    반복 업무 자동화부터 시작하기 ········ 43

PART 02 ChatGPT 실무 활용 가이드

CHAPTER 01 | ChatGPT, 제대로 써먹는 법

LESSON 01 | 프롬프트, 어떻게 써야 할까 ········ 46
    프롬프트란 무엇인가 ········ 46
    ChatGPT가 내 말을 이해하는 방식, 토큰 ········ 47
    토큰 스트림이란? ········ 49
    프롬프트 작성 시 주의사항 ········ 51

LESSON 02 | 답변 성능을 높이는 프롬프트 구조화 ········ 52
    효과적인 프롬프트 구조화의 네 가지 구성 요소 ········ 53
    마크다운을 활용한 프롬프트 형식 구조화 ········ 57
    프롬프트 확장 도구 활용하기 ········ 58
    피드백을 통한 프롬프트 개선 ········ 61
    구조화된 프롬프트로 내 의도에 맞는 결과 만들기 ········ 64

LESSON 03 | 참고 자료로 답변 품질 높이기   67
- 답변의 구체성과 신뢰도를 높이는 참고 자료 제공   67
- 업무에 맞는 참고 자료를 선별하여 제공하는 방법   71
- 부동산 참고 자료 제공 활용 사례   78

LESSON 04 | 단계적 프롬프팅으로 전문적인 문제 다루기   83
- 생각의 사슬   83
- 단계적 프롬프팅 방법   84
- 시장 분석 업무, 단계적 프롬프팅 활용 사례   87

LESSON 05 | 프롬프트 엔지니어링의 진짜 의미   96
- ChatGPT와 커뮤니케이션하는 방법   96
- 도구를 넘어 동료로, 지시를 넘어 협력으로   98

CHAPTER 02 | 업무 능력 10배 상승, ChatGPT 실무 활용 사례

LESSON 01 | 심층 리서치 활용하기   104
- 심층 리서치란 무엇인가   104
- 심층 리서치 도구 비교   107
- 효과적인 심층 리서치 수행 방법   109
- 다양한 심층 리서치 도구 통합 활용하기   110

LESSON 02 | 데이터 분석하고 인사이트 도출하기   112
- 데이터 분석 기능과 전처리   112
- 데이터 정리 작업에 ChatGPT 활용하기   114
- 단계적 프롬프팅과 다차원적 분석   124
- 체계적 보고서 작성과 실용적 활용   125

목차

LESSON 03 | 회사 양식에 맞는 보고서 작성하기 ... 127
- 루틴한 보고서와 심층 보고서 ... 127
- 우리 회사 양식에 맞는 루틴한 보고서 작성 ... 128
- 전문적이고 심층적인 신규 사업 계획서 작성 ... 132

LESSON 04 | VBA로 문서 서식 적용하기 ... 135
- VBA 코드를 활용한 서식 자동화 ... 135
- VBA 코드를 생성하는 실용 팁 ... 138

LESSON 05 | 데이터 시각화하고 발표 자료 만들기 – 차트/다이어그램/PPT ... 141
- 다양한 데이터를 시각화하는 방법 ... 141
- ChatGPT로 시각화 보고서 생성하기 ... 142
- Gemini와 Claude로 시각화 보고서 생성하기 ... 145
- Napkin으로 차트와 다이어그램 생성하기 ... 148
- Genspark로 PPT 슬라이드 생성하기 ... 150

LESSON 06 | AI로 이미지 생성하기 ... 153
- AI 이미지 생성을 배워야 하는 이유 ... 153
- ChatGPT 이미지 생성의 강력한 기능 ... 155
- 이미지를 생성하는 구체적인 지시 팁 ... 157
- 저작권과 초상권 관련 팁 ... 164

CHAPTER 03 | 고단한 반복 업무 GPTs로 자동화하기

LESSON 01 | AI 에이전트와 GPTs ... 168
- AI 에이전트란 무엇인가 ... 168
- GPTs로 AI 에이전트 시작하기 ... 169

GPTs 활용의 진정한 가치	171
GPTs를 만드는 방법	172
GPTs 테스트와 배포	177

LESSON 02 | 반복적인 보고서 작성 자동화하기   181

자동화할 대상 업무 선정하기	181
보고서 작성 자동화의 핵심	183
반복적인 데이터 취합 자동화하기	198

LESSON 03 | 단계적 절차로 고도화된 결과물 만들기   205

GPTs로 고도화된 결과물 만들기	205
페이즈 기반 주간 보고서 작성 GPTs 설계하기	207

PART 03   AI와 노코드로 시작하는 업무 자동화 실전 사례

CHAPTER 01 | 노코드로 AI를 자동화의 엔진으로 만들기

LESSON 01 | AI가 여는 업무 자동화의 새로운 지평   216

AI 기반 자동화란 무엇인가	216
AI가 일으킨 자동화의 변혁	217
자동화의 핵심, API 개념 이해하기	218
AI 업무 자동화의 걸림돌	220
자동화의 첫걸음은 걸림돌 파악부터	223

LESSON 02 | 어떤 일을 자동화할 수 있을까   225

자동화할 수 있는 업무 찾기	225

목차

데이터 기록과 정리, 이제 AI에게 맡긴다 ·········· 226
콘텐츠도 고객 관리도, AI가 바꾸는 마케팅 업무 ·········· 226
데이터 수집부터 분석까지, AI로 자동화 ·········· 228
반복적인 보고서 작성, 이제는 자동으로 ·········· 228

LESSON 03 | 노코드 자동화 도구 톺아보기 : Make, Zapier, n8n ·········· 230

어떤 자동화 도구가 내게 맞을까 ·········· 230
도구별 비교 분석 ·········· 231
자유도와 난이도의 균형 ·········· 232
도구 선택 기준 ·········· 233
자동화 도구의 미래 ·········· 234

CHAPTER 02 | 내 업무에 바로 적용하는 AI 자동화

LESSON 01 | 노코드 자동화 도구 Make 기본 개념 익히기 ·········· 238

Make의 작업 개념 이해하기 ·········· 238
Make 핵심 용어 살펴보기 ·········· 239
Make 시나리오 만들기 ·········· 241
인풋과 아웃풋 개념 이해하기 ·········· 257

LESSON 02 | Make 자동화 시나리오에 AI 적용하기 ·········· 259

기본 자동화 시나리오 구성하기 ·········· 259
ChatGPT 모듈로 시나리오 고도화하기 ·········· 261
답변 처리 과정 세분화하기 ·········· 267
완성된 시나리오 확인하기 ·········· 268

LESSON 03 | Make의 자료형, 함수, 흐름 제어 — 270

자료형과 함수 이해하기 — 270
Make의 복잡한 데이터 처리 이해하기 — 273
발주 신청 자동화 구상하기 — 278
배열 데이터 전처리하기 — 279
Iterator로 배열 처리하기 — 282
Array aggregator로 번들 통합하기 — 283

LESSON 04 | Webhook과 HTTP 모듈을 활용한 고급 자동화 기법 — 287

Webhook과 HTTP 모듈 개념 이해하기 — 287
Webhook 모듈 활용하기 — 288
Webhook 활용 사례, 노션 연동 수료증 발송하기 — 291
HTTP 모듈 활용하기 — 295
HTTP 모듈 활용 사례, 정부지원사업 모니터링하기 — 298

LESSON 05 | 실전 사례로 알아보는 AI 업무 자동화 — 300

AI를 통해 규칙적이고 정형화된 업무 처리하기 — 300
사례 ① 뉴스레터 콘텐츠 생성 자동화 — 301
사례 ② AI 이미지/영상 생성 자동화 — 302
사례 ③ 경쟁사 가격 모니터링 및 분석 자동화 — 305
사례 ④ 세일즈 및 인사 이메일 자동화 — 307

LESSON 06 | AI 자동화를 실천하는 마인드셋 — 309

자동화의 현실적 어려움 — 309
첫 번째 마인드셋 : 다 가능하다고 생각할 것 — 310
두 번째 마인드셋 : 다양한 콘텐츠에서 아이디어를 얻을 것 — 311
세 번째 마인드셋 : 자동화 자체를 목표로 하지 말 것 — 312

목차

CHAPTER 03 | 더 넓은 AI 자동화의 세계로

LESSON 01 | AI 활용에서 자동화의 진짜 의미   316
AI를 잘 쓴다는 것   316
단계적 성장과 최종 목표   317

LESSON 02 | 비개발자의 바이브 코딩 활용 가이드   319
비개발자에게 열린 두 가지 개발 방식   319
바이브 코딩 도구 선택 가이드   322
AI가 도구를 다루는 핵심 기술, MCP   324
MCP의 장점   326
MCP 사용해보기   327
원격 MCP 서버와 로컬 MCP 서버   328

LESSON 03 | MCP에 Make 자동화 활용하기   330
Make와 MCP 연동하기   330
자동화 활용 예시   336

PART 04   AI와 노코드가 바꾸는 비즈니스와 커리어

CHAPTER 01 | AI 시대, 일하는 사람과 조직이 달라진다

LESSON 01 | AI는 우리의 일을 어떻게 바꾸고 있는가   342
새로운 인재상, T자형 만능 인재의 등장   342
조직 운영 패러다임의 변화   343
AI 시대의 필수 역량   344

LESSON 02 | '슈퍼 개인'의 시대가 열린다 346

슈퍼 개인의 정의와 특징 346
과거와는 질적으로 다른 변화의 물결 347
슈퍼 개인의 성공 방정식 348
일하고 돈 버는 방식이 바뀐다 349
전문성 판매의 본질 352
변화하는 직업 세계 354

LESSON 03 | AI라는 기회를 잡은 기업과 사람들 355

AI의 발전과 비즈니스, 커리어의 변화 355
AI를 중심에 놓은 기업들 356
AI로 슈퍼 개인이 된 사람들 357
새로운 고용 형태와 전문가 집단 358
사이드잡 플랫폼의 등장 359
임플로이언서의 부상 360
변화를 주도하는 원동력 360

찾아보기 362

PART 01
AI와 노코드, 지금 배우면 달라지는 것들

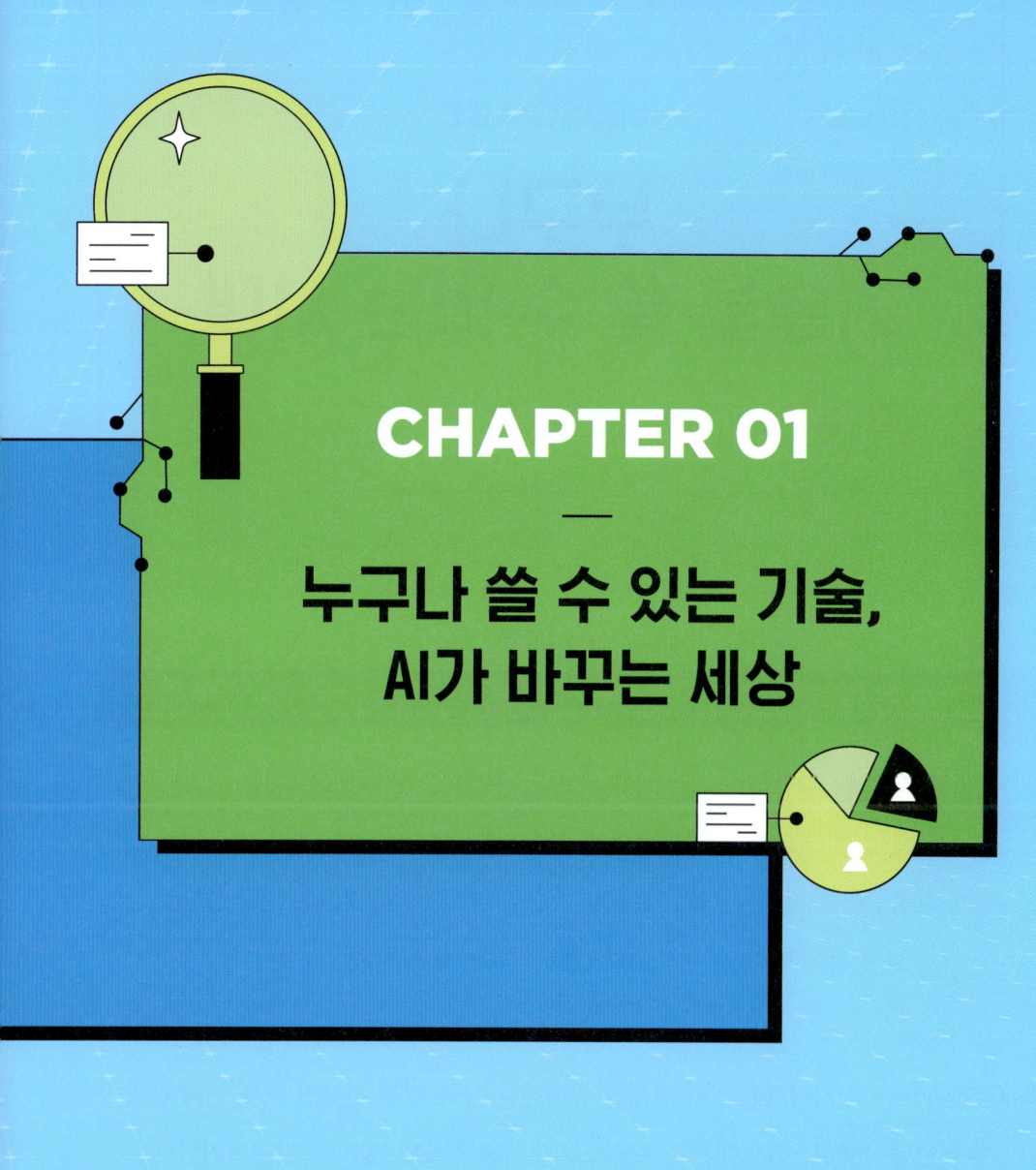

CHAPTER 01

누구나 쓸 수 있는 기술, AI가 바꾸는 세상

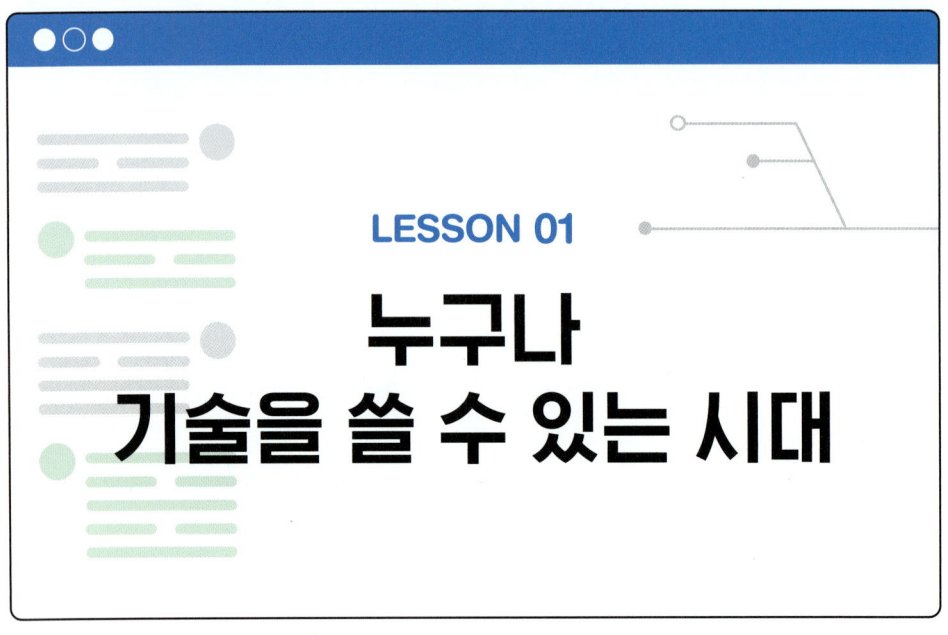

기술의 민주화란 무엇인가

기술은 더 많은 사람이 더 쉽게 쓸 수 있는 방향으로 발전한다. 첨단 기술은 처음 등장할 때 소수 전문가나 일부 업계만 활용한다. 하지만 시간이 흐르면 점차 대중에게 확산되어 누구나 손쉽게 사용할 수 있게 된다. 이를 **기술의 민주화**라고 부른다. 속도나 양상은 달라도, 대부분의 기술이 겪는 자연스러운 과정이다.

문자화된 지식도 처음에는 극소수만 누릴 수 있던 기술이었다. 1377년 최초의 금속활자본인 '직지심체요절'이 인쇄될 당시에는 왕과 일부 관료만 책을 인쇄하고 볼 수 있었다. 1450년 독일에서 금속활자로 인쇄된 최초의 '성경'도 마찬가지였다.

그런데 지금은 어떤가? 누구나 문자로 된 지식을 만들어 블로그나 뉴스레터로 배포할 수 있다. 출판사 없이도 전자책으로 발행해서 유통 판매할 수도 있다. 지식 생산과 유통의 장벽이 낮아지면서 문자로 표현되는 지식의 총량은 폭발적으로 늘어났다.

음악 제작도 그렇다. 과거에는 고도의 전문 지식과 인력 그리고 자본이 필요한 일이었다. 하지만 이제는 집에서 누구나 혼자 음원을 만들어 멜론이나 사운드 클라우드에 올려 유통할 수 있다. 악기가 없어도, 화성학을 몰라도 AI를 활용해 분위기에 맞는 음악을 생성할 수 있다.

영화도 마찬가지다. 예전에는 대규모 자본과 인력이 필요한 거대한 프로젝트였지만 요즘은 스마트폰 하나로도 영화를 만들 수 있다. 심지어 촬영조차 없이 AI로 영상을 생성하는 시대가 되었다.

물론, 최고 수준의 영화와 음악은 여전히 전문성과 자본이 뒷받침되어야 한다. 하지만 창작 자체에 도전하는 일은 이제 훨씬 더 많은 사람에게 열려 있다.

기술의 민주화가 가져온 변화

기술의 민주화에 따라 사회 전반에 창의적인 결과물이 폭발적으로 증가한다. 더불어 기술 독점으로 형성된 기존 권력도 재편한다.

불과 10년 전만 해도 영상 콘텐츠는 소수의 방송국이 제작하고 유통하는 구조였다. 그러나 유튜브가 등장한 이후, 다양한 개인 크리에이터들이 활동하면서 영상 콘텐츠의 양은 폭발적으로 늘어났다. 미디어의 영향력이 방송사 중심에서 개별 창작자로 분산된 것은 기술의 민주화가 만든 대표적인 변화이다.

기술의 민주화는 곧 새로운 기회다. 과거에는 할 수 없었던 일이 가능해지고, 기존 방식과 다른 새로운 접근으로 큰 성취를 거머쥘 수 있다. 인터넷, 스마트폰, 유튜브가 처음 나올 때 시장에 먼저 진입한 사람들이 거둔 성취만 봐도 알 수 있다. 기술의 민주화에 발 빠르게 대응하는 것은 언제나 커다란 기회가 된다.

AI가 일으키는 변화의 물결

오늘날 기술 민주화의 핵심은 단연 AI다. 포브스는 AI 보급이 기업과 개인의 경쟁 구도를 재편할 것이라 전망했다.[1] 국제통화기금 역시 선진국 일자리의 60%가 AI의 영향을 받을 것이라 예측했다. 전문가가 아니더라도 우리는 이미 일상과 업무 곳곳에서 AI가 빠르게 스며들고 있음을 체감하고 있다. AI가 일으키는 변화의 물결은 점차 거세지고 더욱 빠르게 퍼질 것이다.

기술의 민주화는 반드시 도래할 수밖에 없는 미래다. 1906년 뉴욕타임스는 "자동차는 일시적인 유행일 뿐, 결코 대중교통 수단이 될 수 없다"고 했지만, 결국 자동차는 누구나 사용하는 보편적인 교통수단이 되었다. 1980년에는 "스프레드시트는 회계사들의 작은 틈새시장에만 유용하다"던 평가도 있었지만, 지금은 엑셀이 모든 사무직의 필수 도구가 되었다.

AI도 마찬가지다. 인터넷과 모바일처럼 누구나 이해하고 자연스럽게 활용하는 시대가 반드시 온다. 만약 AI의 일상적 활용을 과소평가하거나 나와는 상관없는 일이라고 생각한다면, 이제는 관점을 바꿔야 한다.

이미 AI는 그 어떤 기술보다 빠른 속도로 민주화되고 있다. 이 변화는 대기업보다

---

1 The Democratization Of AI: Bridging The Gap Between Monopolization And Personal Empowerment, Frobes, Cristian Randieri, 2024년 3월 25일, 출처: https://www.forbes.com/councils/forbestechcouncil/2024/03/25/the-democratization-of-ai-bridging-the-gap-between-monopolization-and-personal-empowerment/

스타트업이나 프리랜서 같은 소규모 조직에서 먼저 시작되었고, 직장인들 역시 조직 내 AI 도구를 적극적으로 업무에 적용하려 노력하고 있다. 대기업들 또한 자체 AI 모델 도입해 생산성을 높이는 'AI 트랜스포메이션'을 본격적으로 모색 중이다.

AI 민주화가 우리 일과 삶에 미칠 영향은 기술의 민주화라는 거대한 흐름 속에서 피할 수 없는 현실이다. 앞으로 **AI를 내 일과 비즈니스에 얼마나 잘 적용하느냐에 따라 생산성 격차가 벌어지고 영향력이 달라질 수 있다.**

이러한 변화가 이미 예고된 지금, AI에 관심을 갖고 이 기술을 내 삶과 일에 어떻게 적용할지 고민하는 것이야말로 가장 현명하게 미래를 준비하는 방법이다. 이 흐름은 많은 이들의 예상보다 훨씬 빠르게 우리 삶과 사회에 찾아올 것이다.

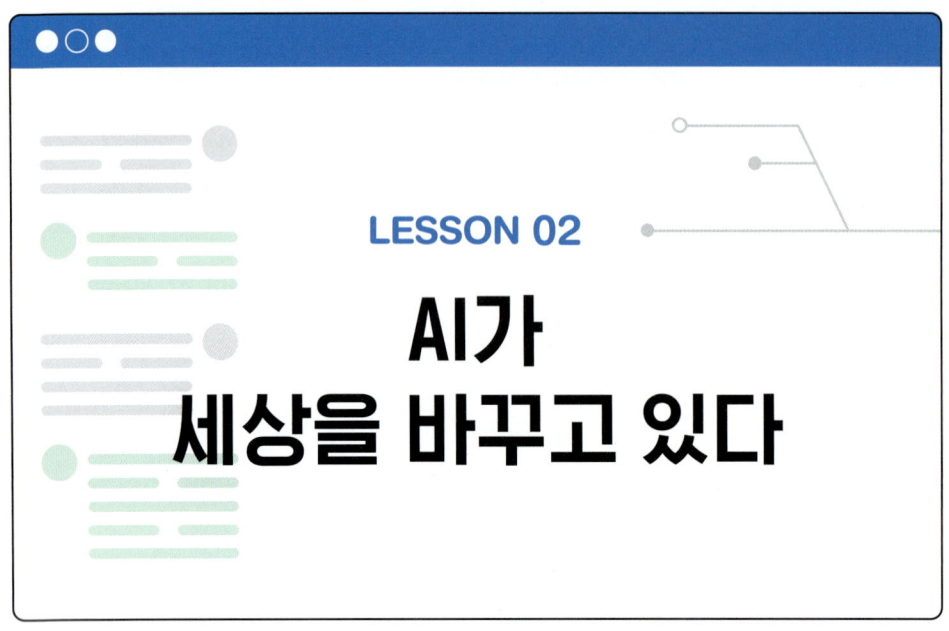

ChatGPT가 불러온 변화

AI는 그야말로 눈부신 속도로 발전하고 있다. 그중에서도 OpenAI의 ChatGPT는 가장 선구적인 존재로, AI 기술의 발전과 대중화를 이끌고 있다. 2022년 12월 처음 등장한 이후, 불과 3년도 안 되는 사이에 우리 일상과 비즈니스에 깊이 파고들었다. 얼리어답터, 최신 기술에 민감한 회사뿐 아니라 스타트업과 1인 기업에서는 이제 ChatGPT 없이 일하는 것은 상상조차 어려울 지경이다.

이제는 나 역시 마찬가지다. ChatGPT 없이 콘텐츠를 제작하거나 일상 업무를 처리하기 어렵다. ChatGPT로 유튜브, 블로그 콘텐츠에 필요한 자료를 정리하고, 강의 커리큘럼을 기획하며, 반복 업무를 자동화한다. 더 나아가 ChatGPT와 대화하며 새로운 지식을 빠르게 습득하기도 한다.

1인 기업을 운영하다 보니 사람을 고용하기보다는 디지털 도구를 적극적으로 활용해 업무를 효율화하는 방식을 선호한다. 매달 80만 원 이상을 AI 도구와 소프트웨어 구독료로 지출하는데 그중 ChatGPT가 핵심이다. ChatGPT는 다른 어떤 도구보다 활용 범위가 넓고 가성비가 뛰어난 서비스로, 나의 삶과 일하는 방식을 근본적으로 바꿔놓았다.

범용 AI의 강력함

ChatGPT가 전 세계적으로 주목받고 많은 개인과 기업의 일과 삶을 빠르게 바꿀 수 있던 이유는 이 도구가 범용 AI이기 때문이다. 알파고가 바둑에 특화된 AI였다면 ChatGPT를 비롯한 거대 언어 모델(LLM, Large Language Model)은 인간의 언어에 집중했을 뿐인데도 거의 모든 지식 노동에 적용할 수 있다.

이러한 범용성 덕분에 ChatGPT는 단순히 업무 도구를 넘어, 일하는 방식 자체를 재정의하는 변화를 이끌고 있다. 실제로 ChatGPT를 쓰면 쓸수록 지식 노동의 많은 영역이 기존보다 더 전문화되고, 자동화되며, 효율화되는 방향으로 바뀔 것이라고 확신하게 되었다.

그러나 많은 기업 현장에서 직장인을 교육하며 느낀 점은 의외로 많은 사람들이 ChatGPT 같은 AI 도구를 업무에 적용하는 데 소극적이라는 사실이다. 강의 현장에서 ChatGPT를 자신의 업무에 적용하고 있는지를 자주 묻는 편인데, 이 질문에 그렇다고 답변하는 직장인은 정말 극소수에 불과하다.

방송통신위원회의 '2023년 지능정보사회 이용자 패널조사'[2]에 따르면 전 국민 중

---

2 2023년 지능정보사회 이용자 패널조사 결과 보고서, 방송통신 위원회, 출처 : https://www.kcc.go.kr/user.do;jsessionid=xc3-V5m3m5lVNhOIJizvzBltttma99FTbAMCJ3XTn.servlet-aihgcldhome10?mode=view&page=A02060400&dc=&boardId=1030&cp=1&boardSeq=61938

12.3%만이 생성형 AI 서비스를 이용한 경험이 있으며 그중 유료로 구독하는 사용자는 0.9%에 불과하다. 2025년 말 상황은 조금 나아졌을 수 있지만, 이 통계와 강의 현장에서 체감하는 분위기를 종합해보면 아직은 ChatGPT가 일반 대중의 삶과 업무 전반에 깊숙이 자리 잡지 못한 것으로 보인다.

직장인들이 느끼는 어려움

기업 실무 직장인의 입장에서 ChatGPT를 내 일에 적용하기 어렵다고 느끼는 이유는 크게 세 가지다.

- **첫째,** ChatGPT가 지식 노동 전반에 응용할 수 있는 범용 도구라서 오히려 구체적으로는 어떤 업무에 적용해야 할지 감을 잡기 어렵다.
- **둘째,** ChatGPT의 결과물이 충분히 전문적이고 창의적이라고 느끼지 못한다. 애매하고 뻔한 답변만 내놓는다고 오해한다.
- **셋째,** ChatGPT가 뛰어난 결과물을 내놓더라도 거짓말을 뻔뻔히 하는 환각(Hallucination) 현상 때문에 실무에 적용하기는 어렵다고 생각한다.

이러한 우려들은 충분히 일리가 있다. 그러나 문제를 최소화하고 업무에 효과적으로 활용할 수 있는 방법은 있다. 이 책에서는 그런 활용법을 하나씩 체계적으로 소개할 것이다.

게다가 ChatGPT는 처음 출시된 이후 지속적인 발전을 거듭하며 이런 문제를 많이 극복해왔다. 특히 2025년에 공개된 GPT-4.5 모델부터는 AI가 실제 사람과 얼마나 비슷하게 대화할 수 있는지 평가하는 튜링 테스트에서 인간을 압도하는 승률로 통과하며 주목받았다. 이어서 출시된 GPT-5 모델은 추론 능력까지 크게 향상되었다.

실무 활용의 첫걸음

ChatGPT를 활용하면 누구나 실무에서 전문적이고 창의적인 결과물을 충분히 만들어낼 수 있다. 문제는 이 도구를 단순히 '최신 기술 트렌드'로만 인식하고, 나의 업무와는 동떨어진 것으로 치부하는 태도다. 지금 필요한 것은 ChatGPT를 당장 내 업무에 적용해보는 실천이다.

우선은 내 업무에서 어떤 부분에 ChatGPT를 적용할 수 있을지 고민하고 직접 시도해보는 것이 출발점이다. 일상의 간단한 업무부터 시작해 점차 익숙해진다면, 그다음은 AI를 내 업무의 자동화 엔진으로 삼아 활용해보기를 권한다. 이 책에 담긴 활용 가이드를 천천히 따라가다 보면, AI를 200% 활용할 수 있을 뿐만 아니라 내 일과 커리어에서 퀀텀 점프를 할 수 있으리라 확신한다.

MEMO

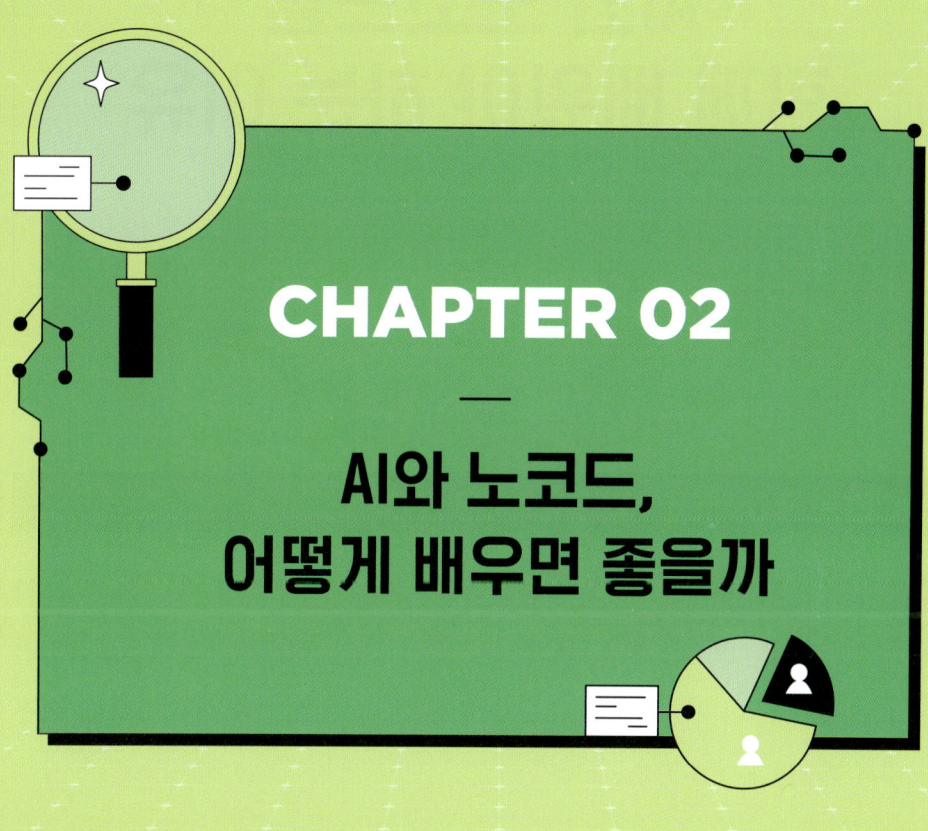

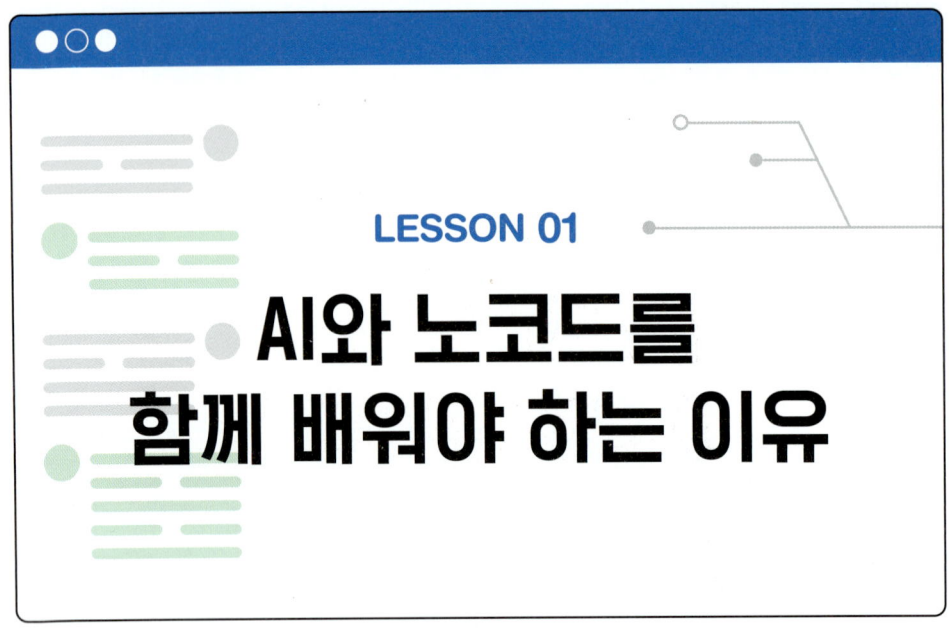

LESSON 01

AI와 노코드를 함께 배워야 하는 이유

AI 발전과 노코드

AI를 통해 업무 생산성을 획기적으로 높이려면 프로그래밍적 접근이 필요하다. 다만 여기서 말하는 프로그래밍이란 반드시 프로그래밍 언어를 직접 배우고 코드를 작성하라는 뜻은 아니다. 비개발자도 쉽게 실천할 수 있는 방법, 즉 노코드를 배우는 것이 핵심이다.

노코드를 이해하고 다룰 줄 알아야 남들보다 AI를 더 능동적이고 주도적으로 활용할 수 있다. 단순히 AI와 협업해 업무를 처리하는 수준에서 그치는 게 아니라, 업무를 자동화하거나 반자동화하려면 노코드는 거의 필수에 가깝다.

최근 출시되는 AI는 마치 인간처럼 일할 수 있도록 다양한 도구를 활용하거나 연동할 수 있는 기능을 탑재하고 있다. ChatGPT 서비스 초창기에는 AI에게 텍스트로 묻고 텍스트로만 답변을 받았다. 하지만 지금은 AI가 스스로 판단하여 인터넷 검색도 하고, 코드를 짜서 실행하거나, 구글 문서와 캘린더도 열어본다.

예를 들어, 사용자가 내 구글 캘린더 일정을 확인해서 각 일정에 관한 브리핑 문서를 구글 드라이브에 만들어달라고 요청하면, AI가 알아서 캘린더를 확인해 관련 문서를 작성하고 업데이트한다. 이처럼 AI가 스스로 도구를 활용하는 방식을 **에이전틱 AI**(에이전트형 접근)라고 부른다.

여기서 더 나아가 AI가 스스로 판단해서 업무 처리 방식을 결정하고 여러 도구를 직접 활용해 자율적으로 일을 처리하는 것이 **AI 에이전트**다. 따라서 AI 에이전트를 구현하기 위한 출발점은 거대 언어 모델(LLM)이 다양한 도구를 사용할 수 있도록 만드는 것이다.

이때 AI에게 도구를 쥐어주는 연결 고리가 바로 프로그래밍이다. 즉, 최소한 프로그래밍의 기본 원리를 이해하고 있어야만, AI를 보다 폭넓고 강력하게 활용할 수 있다.

AI 기반 업무 자동화

더 나아가 AI가 정해진 규칙에 따라 스스로 반복적인 일을 수행하도록 자동화할 수도 있다. 과거에는 업무 자동화가 100% 코드 기반이라 아무나 설정하고 운영할 수 없었다. 하지만 이제는 AI 에이전트의 등장으로 말로 설명할 수 있는 거의 모든 일을 자동화할 수 있다. 마치 사람에게 지시하듯 누구나 자신의 일 일부를 AI에게 위임하여 자동화하는 시대가 열린 것이다.

예를 들어 판매 내역을 엑셀로 추출해서 발주 양식에 맞춰 기입하는 일, PDF 문서를 읽고 필요한 지표와 데이터를 엑셀 양식에 맞춰 입력하는 일처럼 규칙에 기반해 반복 수행하는 업무는 손쉽게 자동화할 수 있다. 이러한 AI 기반 업무 자동화를 가능하게 하는 핵심 열쇠가 바로 노코드 프로그래밍이다.

AI를 잘 쓴다는 것은 단순히 AI 도구를 아는 것이 아니다. AI 도구를 어떤 업무에 어떻게 활용하는지 알고 적용하는 것이 10배 활용법이다. 거기서 AI를 이용해 나와 내 조직의 문제를 해결하는 도구를 만드는 데까지 나아가는 것이 100배 활용법이다.

이 책에서는 10배 활용법에서 출발해 100배 활용법까지 다룬다. 그렇게 할 수 있도록 하기 위해 AI와 노코드를 함께 배울 것을 강력히 추천한다.

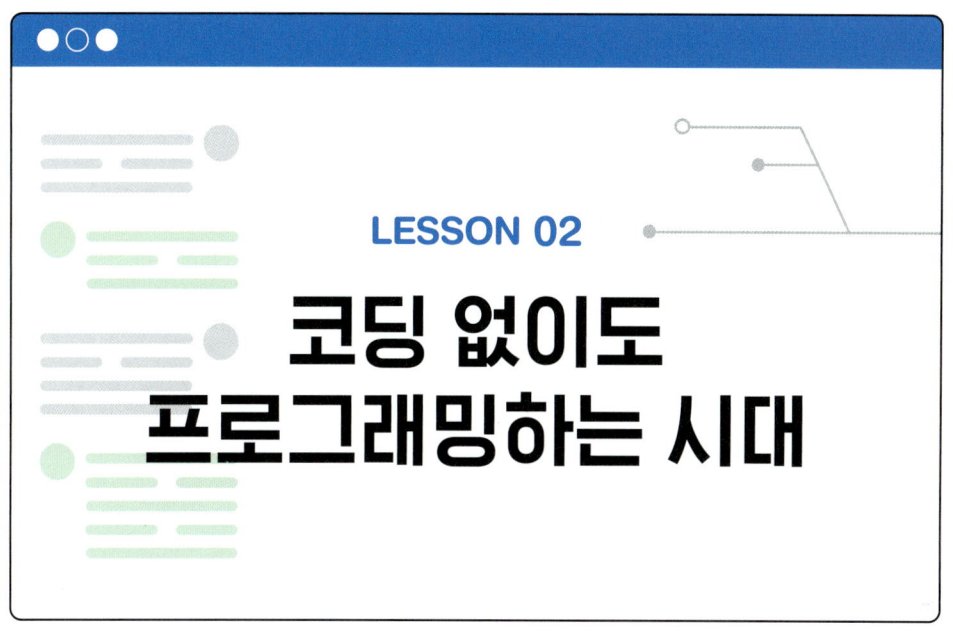

LESSON 02
코딩 없이도 프로그래밍하는 시대

바이브 코딩과 노코드의 등장

AI의 등장으로 코딩의 기본적인 지형마저 변화하고 있지만, 코드를 이해하고 다룰 수 있는 능력은 AI 시대에도 여전히 중요하다. 한 가지 달라진 점은 이제는 코딩을 몰라도 프로그래밍적 접근이 가능해졌다는 사실이다.

불과 3년 전만 해도 자동화를 구현하려면, 프로그래밍 언어를 배우고 그에 필요한 기술 제반을 공부해야 했다. 하지만 지금은 AI에게 질문만 하면 복잡한 코드도 쉽게 설명해주고 심지어 코드를 대신 작성해주기까지 한다. 이런 새로운 프로그래밍 방식을 **바이브 코딩(Vibe Coding)**이라고 한다. 느낌대로 코드를 작성한다는 재미있는 말이다.

코딩에 문외한이라 AI에게 코드를 물어가며 작성하는 것조차 어렵더라도 상관없다. 이제는 코드를 전혀 보지 않고 심지어는 이해하지 못할지라도 프로그래밍을 할 수 있는 노코드 도구가 이미 등장했고 빠르게 발전하고 있기 때문이다.

노코드의 진정한 의미

노코드는 말 그대로 코드를 작성하지 않고도 코드의 역할을 하는 기술이나 도구를 일컫는다. 노코드의 등장은 마치 과거 도스에서 윈도우로 넘어가던 흐름과 유사하다. 검은 화면에서 각종 명령어를 외워 다루던 방식에서 벗어나, 이해하기 쉽게 추상화하고 시각화한 도구들을 다루도록 발전한 것이다.

노코드 도구를 활용하면 코드에 대한 배경 지식이 없더라도 충분히 비슷한 성과를 낼 수 있다. 대표적인 노코드 도구로 **Zapier**와 **Make**가 있으며, 이들 도구의 활용법은 이 책의 PART 03에서 다룰 예정이다.

그동안 노코드를 업무에 적용하는 법을 가르치며 느낀 점은 코드냐 노코드냐가 중요한 것이 아니라는 점이다. 진짜 중요한 것은 프로그래밍적 사고와 문제를 해결하려는 적극적인 태도이다. 어떤 디지털 도구들이 있는지 알고, 그 도구들로 무엇까지 할 수 있는지, 그리고 어떻게 단계적으로 활용해 나갈지를 이해하는 것이야말로 프로그래밍적인 사고를 탑재하는 과정이다.

이러한 프로그래밍적 사고가 익숙해지면 실제로 결과물을 만들어내는 일은 자연스럽게 따라온다. 설령 내가 처음 겪는 문제 상황이라 할지라도 이제는 문제 해결 과정을 도와주고 대신해주는 AI가 있기 때문이다.

AI를 100배 활용하고 싶은가? AI 시대에 새로운 기회를 잡고 싶은가? 여러분이 개발자나 IT 전문가가 아니어도 상관없다. 지금 필요한 것은 걱정이 아니라 AI와 노코드를 배우고, 직접 내 업무에 적용해보는 실천이다.

AI 시대, 빠른 변화에 따른 불안감

ChatGPT를 비롯한 생성형 AI 도구들이 정말 놀라울 정도로 빠르게 발전하고 있다. 대표 주자인 ChatGPT를 만든 OpenAI의 광폭 행보는 웬만한 스타트업보다도 훨씬 빠르다. Anthropic의 Claude나 Google의 Gemini, xAI의 Grok, 중국의 DeepSeek까지 거대 언어 모델 서비스 간의 경쟁도 격화되고 있다.

앞으로 이러한 AI 기술의 발전 속도는 더욱 가속화될 것이다. 따라서 우리가 일하는 방식도 근본적으로 달라질 수밖에 없다. 이미 여러 도구들의 발전 속도는 인간의 인지 속도를 뛰어넘고 있다.

그렇기에 새로운 디지털 도구의 트렌드를 쫓아가는 일은 많은 사람들에게 부담으로 다가온다. 보통의 지식 노동자 입장에서는 막막함을 넘어서 두려움을 느끼는 것도 무리는 아니다. 깜빡하면 뒤처지거나 대체되지 않을까 하는 불안감이 점점 커질 수 있다.

유행의 최전선에 있는 테크 분야 유튜브 크리에이터인 나 역시도 트렌드를 따라가는 것이 벅차고, 뒤처지는 것에 대한 두려움을 느낀다. AI와 테크 분야의 최신 뉴스를 보면 매일같이 새로운 기술과 서비스가 쏟아진다. 기존 메이저 서비스들도 앞다투어 업데이트 소식을 전한다. 해외 테크 미디어는 하루에도 열 개가 넘는 기사를 쏟아낸다.

주요 AI 관련 이벤트들은 대부분 새벽 시간대에 진행된다. 밤 늦게까지 라이브를 시청하고 해가 채 뜨지 않은 새벽부터 앞다투어 촬영하고 그 소식을 유튜브를 통해 전한다.

그러나 나는 이 치열한 콘텐츠 경쟁을 지속하기가 점점 어려워졌다. 어느 순간, 반쯤은 포기한 상태로 구체적인 도구 활용 방법을 소개하는 콘텐츠를 제작하기로 했다. 도구 자체를 소개하기보다는 그 도구를 사용해서 만들어내는 결과물에 집중하기로 마음을 고쳐먹었다.

새로운 도구나 신규 기능 업데이트를 좇지 않고 핵심 도구 한두 개만 충분히 연구했다. 그다음, 이를 바탕으로 보다 전문적이고 창의적이며 실무에 적용할 만한 결과물을 만드는 데 집중했다. 그러니 뉴스를 좇기 벅차던 콘텐츠 소비자들도, 강의를 듣는 수강생들도 긍정적인 반응을 보이기 시작했다.

이러한 경험을 통해 나는 하나의 분명한 사실을 깨달았다. 디지털 도구의 발전 속도는 이미 인간의 인지 능력을 초월할 만큼 빠르다. 그렇기에 이 변화에 압도되는 감정을 느끼는 건 자연스러운 일이다. 하지만 그 속도에 두려움을 느낄 필요는 없다. 사실 이 모든 흐름을 완벽히 이해하는 사람은 아무도 없으며, 일반 사용자라면 굳이 다 이해할 필요도 없다. 오히려 중요한 건, 내 업무에 당장 적용해보고 작은 변화 한두 개부터 만들어내는 실천이다.

AI와 다양한 디지털 도구를 연구하고 많이 써보면서 또 하나 알게 된 점은, 이 도구들이 아직 인간 지식 노동자를 완전히 대체하지 못하며 앞으로도 쉽지 않을 거라는 사실이다.

ChatGPT는 결국 인간의 전문성을 흉내 내는 도구다. 따라서 이 도구를 제대로 활용하려면, 내가 가진 전문성을 얼마나 잘 전달하느냐에 달려 있다. 도메인 지식, 암묵지, 센스, 감을 충분히 설명해주지 않으면 ChatGPT는 그저 그럴듯한 일반론만 반복할 뿐이다.

그래서 자기 분야에 대한 전문성을 갖추고, 그것을 언어화할 수 있을 정도로 명료한 사고를 하는 사람, 그리고 호기심을 가지고 여러 시도를 차분히 반복하는 사람이 ChatGPT도 더 잘 쓸 수 있다는 결론에 도달했다.

AI는 도구일 뿐, 중심은 인간의 역량

다시 얘기하지만 AI 발전에 조바심을 느낄 필요는 없다. 이 도구들은 결국 내가 가진 인간적 역량을 확대해주는 돋보기일 뿐이다. 훌륭한 돋보기를 가져도 비출 것이 없다면 아무런 의미가 없다.

AI에 대한 맹종이나 막연한 두려움은 빈 종이 위에 돋보기를 올려두는 것과 같다. 오히려 중요한 것은 인간으로서 가진 고유한 노하우와 지혜, 암묵지다. 그리고 이를 AI와 결합해보려는 약간의 호기심과 실행력이면 충분하다.

물론 지금은 AI에 인간의 역량을 결합하는 데 꽤 많은 용기가 필요하고 많은 시행착오를 거쳐야 할지도 모른다. 이 책은 그 과정을 돕고 시행착오를 줄여주기 위해 쓰였다. 그렇지만 시간이 지날수록 점점 AI와 협력해서 결과물을 만드는 방식 자체는 더 쉬워질 것이다.

우리가 먼저 해야 할 일은 AI와는 독립적으로 '인간으로서 온전히 서는 연습'을 하는 것이다. 스스로 명확한 생각과 비전을 갖고 오롯이 홀로 설 수 있다면, 그 사람의 일에 AI를 붙이는 것은 훨씬 쉬운 일이다.

따라서 AI 시대에는 오히려 인간만이 가진 전문성, 도메인 지식, 암묵지, 센스, 감각, 지혜와 같은 인간적인 역량이 더욱 중요해진다. 실제로 기업 교육 현장에 나가 보면, 처음엔 ChatGPT 로그인조차 버거워하던 50~60대 임원들이 프롬프트를 작성하고 실무에 적용하면서 더 나은 결과물을 내는 경우도 적지 않다.

귀납적 학습이 더 적합한 이유

AI를 배우고 내 일에 적용하는 데 어려움을 느낀다면 혹시 과거의 익숙한 학습 방식에 너무 갇혀 있는 것은 아닌지 되짚어볼 필요가 있다. 우리는 무언가를 배울 때 우선 개념부터 정리하고 연습 문제를 풀면서 적용해보는 연역적 학습법에 익숙하다. 이 방식은 이론에서 출발해 사례로 나아가는 흐름이다.

하지만 AI처럼 새로운 서비스가 계속 등장하고 무수히 많은 사례가 쏟아지는 분야에서는, 오히려 구체적인 케이스에서 출발해 일단 시도해보며 경험을 쌓아 생각을 정리하는 귀납적 학습법이 더 적합하다.

많은 사람들은 머릿속이 어느 정도 정리된 뒤에야 실행에 나서고 싶어 한다. 지도 없이 모험을 떠나는 것이 두렵고, 계획이 완벽히 서 있어야 여행을 시작할 수 있다고 느끼는 것이다.

물론 이 책은 일종의 '지도' 역할을 하기 위해 쓰였지만 AI 시대에 더 효율적인 학습법은 일단 뛰어들어 무언가 만들어보는 것일 수 있다. 그러한 경험들이 쌓여야 비로소 자신만의 활용법이 정리된다.

AI 역시 귀납적인 학습 방식을 따른다. 개발자가 미리 정해진 규칙을 입력하는 것이 아니라 방대한 데이터를 학습시켜 AI 스스로 패턴을 찾아내도록 한다. 아이가 언어를 학습하듯이 AI도 무수한 데이터를 분석하면서 스스로 규칙을 발견해낸다.

결국 AI 시대의 학습은 완벽한 이해보다는 시행착오를 통한 발견이 중요하다. AI라는 거대한 블랙박스를 완전히 이해하는 건 불가능에 가깝다. 그래서 더욱 중요한 건 직접 사용해보는 경험 자체다. 자전거 타기를 배울 때처럼 넘어지고 일어서기를 반복하며 몸으로 익혀야 한다.

그러면 어떻게 AI 활용을 시작할 수 있을까? 바로 내 일에 AI를 적용해보는 것이 가장 효과적인 출발점이다. 각자의 업무 환경이 다르기에 이 책은 특정 상황에만 국한된 사례보다는 범용적으로 활용할 수 있는 사고방식과 원칙에 초점을 맞췄다.

'마법의 프롬프트' 같은 만능 솔루션은 존재하지 않는다. 하지만 AI를 제대로 활용하기 위한 근본적인 원칙과 사고 방식을 익힌다면, 어떤 업무에든 스스로 확장하고 응용해나갈 수 있는 힘을 갖출 수 있다.

반복 업무 자동화부터 시작하기

지식 노동자가 AI를 업무에 도입할 때는 반복적인 작업을 자동화하거나 반자동화하는 것부터 시작하는 것이 가장 효과적이다. 창의적이거나 복잡한 업무보다 반복적인 작업이 실천하기 쉽고, 결과를 예측하기 쉬우며, 성과도 더 확실하게 체감할 수 있기 때문이다.

AI 기반 자동화를 효과적으로 실현하려면 AI와 노코드 도구를 함께 활용하는 것이 중요하다. 개발자가 아니더라도 노코드를 활용하면 마치 프로그래머처럼 AI를 다룰 수 있기 때문이다. 따라서 자동화는 AI 활용의 출발점으로 삼기에 가장 적합하다.

많은 사람들이 ChatGPT를 단순히 검색 대용이나 점심 메뉴를 묻는 일상적인 용도로만 사용한다. 그 이상 나아가려면 프롬프트 엔지니어링을 통해 더 정교한 결과물을 이끌어내야 한다. 특히 AI를 자동화의 엔진으로 활용해서 반복적인 업무를 자동화할 때, 비로소 AI의 진정한 가치를 실감할 수 있다.

이 책은 AI와 노코드를 함께 다룬다. 두 기술이 결합할 때 지식 노동자의 생산성은 비약적으로 향상될 수 있으며, 그 시너지는 많은 이들에게 새로운 가능성으로 다가올 것이다.

PART 02
ChatGPT 실무 활용 가이드

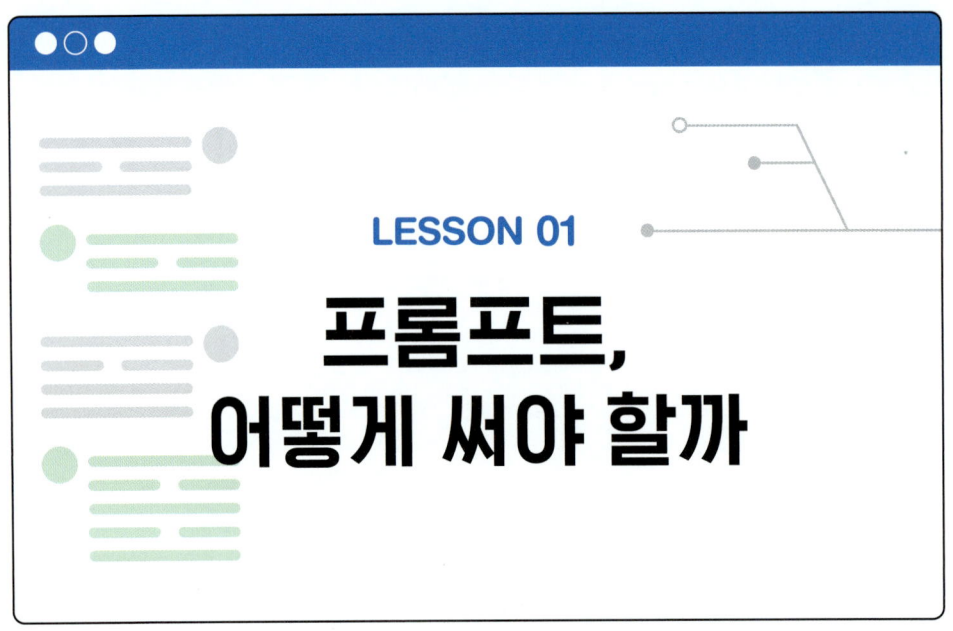

프롬프트란 무엇인가

ChatGPT에게 질문하거나 요청하는 행위를 **프롬프트**라고 한다. 프롬프트는 도스(DOS)와 같은 명령어 입력 방식의 운영 체제에서 컴퓨터에 명령을 입력하는 방식을 의미했지만, AI 시대에는 AI 모델에게 명령이나 요청을 전달하는 방식으로 의미가 확장되었다.

간단하게 말해 AI 모델에게는 구체적이고 명확하게 요청할수록 더 나은 결과를 얻을 수 있다. 이 단순한 원리를 바탕으로 문제를 좀 더 심화하고 세분화하여 어떻게 ChatGPT에게 요청해야 좋은 결과를 얻을 수 있을까를 많은 사람들이 연구해왔다. 이러한 연구를 통해 질문 기법을 체계화한 것이 바로 **프롬프트 엔지니어링**이다.

이 책에서는 ChatGPT를 중심으로 프롬프트 엔지니어링 방법에 대해 알아본다. 어떤 거대 언어 모델을 사용하든 비슷한 방식으로 질문하거나 요청하면 더 좋은 결과를 얻을 수 있다. 프롬프트 엔지니어링은 AI와 효과적으로 소통하기 위한 보편적인 전략으로 다양한 AI 도구에 적용할 수 있다.

ChatGPT가 내 말을 이해하는 방식, 토큰

프롬프트를 효과적으로 개선하려면 접근 전략을 세우기에 앞서 ChatGPT의 작동 원리를 이해해야 한다. 원리를 알아야 이를 기반으로 개선 방향을 유추할 수 있기 때문이다. 이 신비한 '블랙박스'처럼 보이는 ChatGPT의 내부를 이해하려면 **토큰(Token)**이라는 개념을 알아야 한다. 토큰은 ChatGPT가 의미를 처리하는 최소 단위이자 기억의 단위다.

토큰이 어떤 식으로 변환되고 처리되는지는 OpenAI의 **토크나이저(Tokenizer)** 기능을 통해 확인할 수 있다.[3] 예를 들어 나는 너를 사랑해라고 입력해보자. 이 문장은 총 다섯 개의 토큰으로 분할되고 각각은 특정한 숫자로 이루어진 고유한 행렬로 변환된다. 이 행렬들이 블랙박스로 들어가 복잡한 연산 과정을 거쳐 새로운 행렬값으로 바뀐다. 이 결괏값이 다시 자연어와 일대일로 짝을 이루고 최종 답변이 생성되는 구조다. 마치 모스 부호가 일정한 규칙에 따라 해석되듯, 토큰 역시 AI 모델 내부에서 규칙적으로 처리되는 셈이다.

---

3 https://platform.openai.com/tokenizer

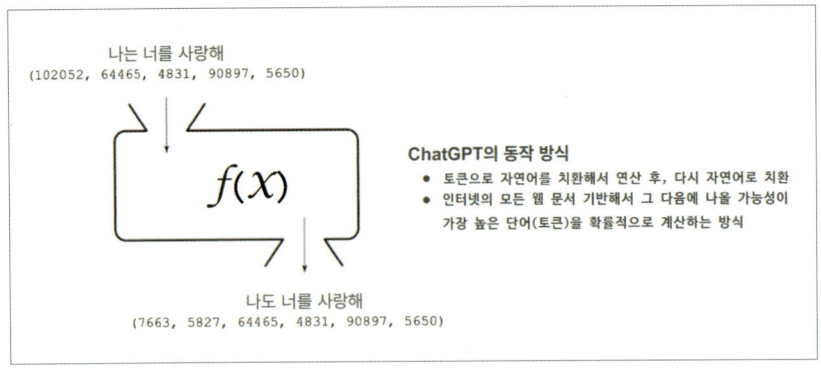

그렇다면 ChatGPT는 어떤 기준으로 토큰을 연산할까? 그 근거는 바로 그간 인간이 만들어놓은 무수히 많은 웹 문서를 통해 학습한 확률 통계에 있다. 인터넷상의 다양한 문서에서 수집한 내용과 패턴을 바탕으로 가장 '그럴듯한' 다음 토큰을 예측하여 문장을 생성하는 방식이다.

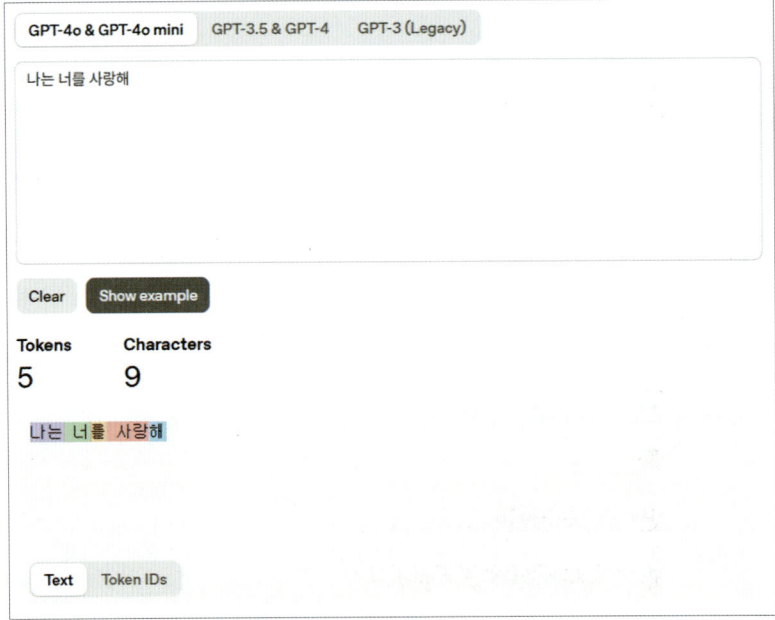

다만 ChatGPT는 인터넷의 모든 텍스트 내용과 패턴을 다 이해하고 정확히 기억하는 것은 아니다. GPT-5 모델의 경우 2024년 10월 1일 시점까지의 기억을 압축해서 가지고 있으며(이를 지식 단절이라고 부른다), 방대한 텍스트 전체를 기억하는 것이 아니라 이에 대한 '희미한 기억'을 가지고 있는 것이다.

이는 인간의 기억과도 유사하다. 우리는 특정 연도에 어떤 회사에서 어떤 프로젝트를 했는지는 기억하지만, 특정 날짜에 어떤 업무를 했고 점심으로 무엇을 먹었는지는 잘 떠올리지 못한다.

ChatGPT는 희미한 기억을 기반으로 작동하는 거대 모델이기 때문에 정확한 사실을 찾아주는 검색 엔진으로 사용하는 데는 한계가 있다. 일반적이고 널리 알려진 정보에 대해서는 비교적 정확하게 답변하지만, 전문적이거나 특정 도메인에 특화된 정보에 대해서는 틀린 말을 많이 한다. 이를 **할루시네이션(Hallucination)** 또는 **환각 현상**이라고 부른다.

토큰 스트림이란?

토큰 스트림(Token Stream) 역시 ChatGPT의 작동 원리를 이해하는 데 중요한 개념이다. 특히 전문적이거나 창의적인 결과물을 얻기 위해서는 이 구조를 이해할 필요가 있다.

사용자가 나는 너를 사랑해라고 입력하고 ChatGPT가 나도 너를 사랑해라고 답했다고 가정해보자. 이후 그러면 우리 다시 만날 수 있을까?라고 추가로 질문했을 때 ChatGPT는 이 질문만 따로 처리하지 않는다. 중요한 것은 지금까지의 모든

대화 내용을 포함해 전체 문맥을 하나의 토큰 흐름으로 인식하고 연산한다는 점이다.[4]

ChatGPT는 **컨텍스트 윈도우(Context Window)**라는 기억 공간 안에서 이전 대화 내용을 계속 토큰으로 쌓아가며 이를 바탕으로 연산한다. 따라서 ChatGPT와 대화하는 것은 일문일답이 아니라 사고 과정을 점진적으로 확장해 나가는 '빌드업' 과정이다.

그러므로 고급 수준의 결과물을 얻으려면 전체적인 사고 흐름을 기획하고, 충분한 사전 조사와 데이터 업로드를 거친 후에 보고서 작성을 요청하는 방식이 효과적이다. 이런 접근이 최종 결과물의 완성도를 높인다.

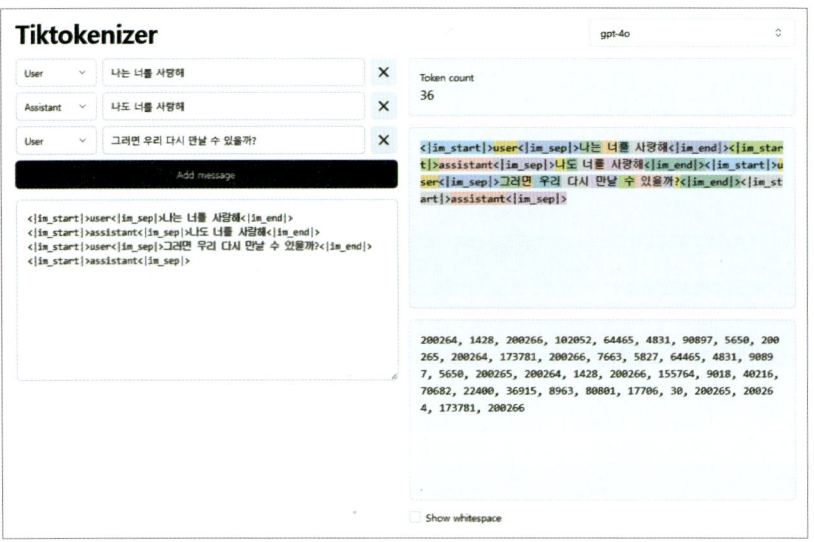

[4] 대화를 통해 토큰이 연산되는 과정은 틱토크나이저에서 확인할 수 있다. https://tiktokenizer.vercel.app/

프롬프트 작성 시 주의사항

앞서 살펴본 ChatGPT의 작동 원리를 바탕으로, 효과적인 프롬프트 작성을 위한 몇 가지 핵심 원칙을 정리하면 다음과 같다.

① **하나의 대화에서는 한 업무 주제만 다뤄야 한다.** 많은 사람들이 ChatGPT를 카카오톡 쓰듯이 하나의 대화창에 '삼성전자 조사', '마케팅 카피라이팅', '맛집 추천' 등 다양한 주제를 섞어서 질문한다. 하지만 이렇게 하면 문맥이 혼재되고 노이즈가 끼어 답변 품질이 떨어진다. 업무 주제가 달라질 때는 반드시 새 대화를 눌러 맥락을 분리해야 한다.

② **정확한 용어와 형식을 사용해야 한다.** 사용자가 어떤 기호, 형식, 단어를 입력하는지에 따라 토큰값이 바뀐다. 따라서 정확한 용어와 형식적으로 잘 정리된 프롬프트를 사용해야 한다.

③ **반복 실행이 중요하다.** ChatGPT는 확률 기반으로 답변하기 때문에 같은 프롬프트여도 매번 조금씩 다른 답변을 생성한다. 원하는 수준의 결과를 얻으려면 같은 프롬프트를 여러 번 실행해보며 그중 가장 적절한 답변을 선택하거나 응답을 조합해 활용하는 것이 효과적이다.

④ **ChatGPT를 검색 엔진이 아닌 추론 엔진으로 인식해야 한다.** 최신 정보나 전문 도메인에서는 잘못된 내용을 말할 가능성이 있다. 따라서 참고 자료를 제공하고 그 자료 안에서 추론하는 역할을 맡기는 게 작동 방식에 더 부합하는 사용법이다.

다시 강조하지만 ChatGPT는 하나의 대화 흐름을 기준으로 토큰을 쌓아가는 토큰 스트림 방식으로 작동한다. 하나의 스트림 안에서 나눈 모든 대화가 최종 답변의 근거가 된다. 이를 **인-컨텍스트 러닝(In-Context Learning)**이라고 한다. 따라서 ChatGPT를 제대로 사용하려면 최종적으로 원하는 결과를 얻기 위해 앞선 대화에서 사고의 흐름을 차곡차곡 쌓아가는 과정을 거쳐야 한다.

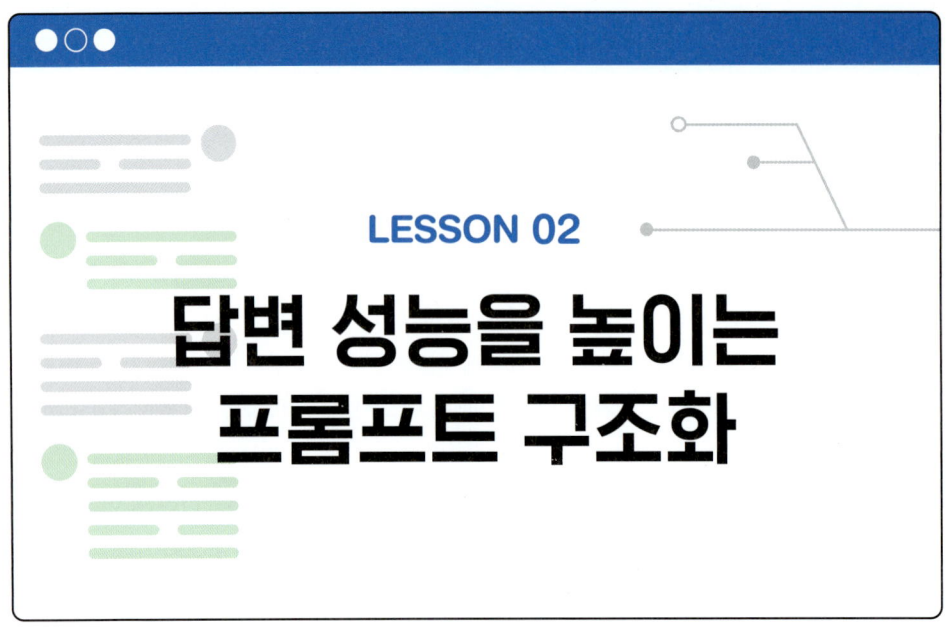

전문적인 결과물을 얻기 위해서는 프롬프트를 어떻게 구성하느냐가 매우 중요하다. 이를 위한 프롬프트 엔지니어링 전략으로 다음 세 가지를 소개한다.

> **첫째,** 개별 프롬프트는 최대한 구체적이고 구조화된 형태로 작성한다.
> **둘째,** 양질의 참고 자료를 제공한다.
> **셋째,** 복잡하고 전문적인 작업일수록 한 번의 프롬프트가 아닌 여러 프롬프트로 목표를 쪼개서 단계적으로 프롬프트를 작성한다.

이번 LESSON에서는 이 중 첫 번째 전략인 **프롬프트 구조화**를 집중적으로 살펴본다.

효과적인 프롬프트 구조화의 네 가지 구성 요소

프롬프트 구조화 전략은 하나의 개별 프롬프트를 어떻게 구성할지에 대한 가이드다. ChatGPT에게 요청을 전달할 때는 아래의 네 가지 요소를 포함해 프롬프트를 작성하는 것이 바람직하다.

이 구성 요소들을 충실히 담을수록 ChatGPT에게 자신의 의도를 더 잘 전달할 수 있게 되고 ChatGPT가 가진 전문성을 잘 이끌어낼 수 있다. 이는 마치 후배 사원에게 업무를 지시할 때, 최대한 구체적이고 명확하게 전달해야 원하는 결과를 얻을 수 있는 것과 같은 이치이다.

#목표 (Goal)

핵심 지시 사항
- 구체적인 요청을 하는 게 핵심 중의 핵심! (단, 하나의 프롬프트에 지시 사항이 많다면, 프롬프트를 나눌 것)
- 세분화된 작업 절차를 설명하는 것도 효과적이다.

 # 결과물 형식 / 예시 (Output Format / Example)

원하는 목표점을 제시
- 얻고자 하는 출력 결과의 목차나 형식에 대해 설명한다.
- 잘된 예시, 경쟁사의 예시를 제공하면 매우 효과적이다. (대부분 잘 하지 않지만 굉장히 효과적임)

#주의사항 (Warning)

내 의도와 맞지 않는 실수 가능성을 제한
- 결과물 작성 시, 주의할 점과 고려할 사항을 제공하면 안정적인 결과물이 나온다.
- 한 번에 모든 주의사항을 입력하려고 하지 말고, 결과물을 보면서 피드백하는 게 효과적이다.

 # 참고 자료 (Context Dump)

방대한 자료/데이터 덤핑
- 좋은 자료/데이터를 통째로 집어넣으면, 이를 답변에 반영해준다.
- 인간이 이해하기 어려운 형태여도 상관없다.

일잘러의 NOTE | 프롬프트 구성 요소 확인 시 유의사항

프롬프트의 네 가지 구성 요소를 설명하기에 앞서 한 가지를 당부하고 싶다. 여기서 제시하는 구성은 필자의 실제 활용 경험과 관련 논문, 다양한 프롬프트 엔지니어링 콘텐츠를 바탕으로 귀납적으로 정리한 것이다. 쉽게 말해 '이렇게 하면 ChatGPT가 좋은 결과를 내는 경우가 많았다'는 실전 중심의 지침일 뿐, 절대적인 원칙은 아니다.

따라서 이 구성을 참고하되 각자의 스타일에 맞게 프롬프트를 작성해도 무방하다. 다만 프롬프트 내에서 논리적 일관성과 명확성은 반드시 갖춰서 작성하는 것만 명심하면 된다. 여기서 제시하는 형식을 억지로 따르려 할 필요도 없고 모든 게 잘 갖춰져야 한다는 강박을 가지지도 않았으면 한다. 일단 요청해보고 점진적으로 개선해 나가는 접근이 훨씬 효과적이다.

① 목표

목표는 프롬프트의 핵심 지시 사항을 의미한다. 목표는 서술어와 목적어의 조합이다. ==사업 계획서를 작성해줘, 마케팅 프로모션 아이디어를 리스트업해줘, 원문을 요약해줘==와 같은 방식으로 요청하는 것이 바로 목표이다.

한 마디로 **ChatGPT에게 무엇을 원하는지를 명료하게 설명**하는 것이 핵심이다. 사업 계획서 작성, 애널리스트 리포트 작성, 경쟁사 사례 리스트업처럼 실제 업무에서 자주 쓰는 표현을 사용하는 게 효과적이다.

이때 AI에게 원하는 결과물이 무엇인지 명확하게 전달해야 한다. 더 효과적으로 지시하려면, 목표를 달성하기 위한 절차를 구체적으로 설명하는 것이 좋다. 단순히 ==~를 작성해줘==라고 요청하는 것보다 목표에 도달하기 위한 세부적인 작업 절차까지 설명하면 의도를 더 잘 이해한다. ChatGPT가 이러한 절차를 따라 더 정확한 답변을 생성하려고 노력하기 때문이다.

일잘러의 NOTE | 역할 지정 프롬프팅은 더 이상 유효하지 않다?

프롬프트에서 롤플레이처럼 역할을 지정하는 방식은 과거 GPT-3.5나 GPT-4에서는 성능 향상에 중요한 요소였다. 하지만 GPT-5 등 최신 모델에서는 중요성이 상대적으로 줄어들었다. 이제는 역할을 지정하지 않더라도 명확한 지시만 있으면 전문적인 답변을 제공한다.

역할 지정이 완전히 무의미하거나 오히려 방해된다는 뜻은 아니다. 다만 많은 프롬프트 관련 서적이 역할 지정을 강조하다 보니, 사용자들이 "너는 30년차 마케터야"와 같은 의미 없는 역할 지정을 강박적으로 사용하는 경우가 많다.

구체적인 전문 분야와 전문가 직책명을 명시하면 어느 정도 도움이 되기는 하지만, 기대만큼 성능이 크게 향상되지는 않는다. 따라서 일반적인 경우에는 굳이 역할을 강박적으로 입력할 필요는 없다.

② 결과물 형식

결과물 형식은 ChatGPT가 생성할 콘텐츠의 구체적인 내용 구성 및 포맷을 묘사하는 것이다. 목차가 있는 형태, 서론-본론-결론 구조, 줄글 또는 표 형식, 불릿 포인트 등 원하는 결과물 형태를 구체적으로 지정할 수 있다. 결과물을 대략적인 템플릿 형태로 ChatGPT에게 알려주는 것도 효과적인 방법이다.

언어로 설명하기 어려운 경우 예시를 제공하는 것도 매우 유용한 방법이다. 잘 정리된 예시나 경쟁사 사례 등을 함께 제공하면 AI가 해당 구성 방식을 모방하여 유사한 결과물을 만들어낸다. 이를 통해 원하는 형식에 가까운 결과를 보다 쉽게 얻을 수 있다.

③ 주의사항

ChatGPT는 종종 실수를 하거나 사용자의 중요한 요구사항을 놓칠 수 있다. 따라서 결과물 생성 시 반드시 지켜야 할 조건이나 유의할 점을 프롬프트 내에 명확히 명시하면 효과적이다. 이렇게 하면 ChatGPT가 사용자 의도에서 벗어난 실수를 줄이고 보다 만족스러운 결과물을 제공할 수 있다.

> **TIP** GPT-5부터는 포함해야 할 내용과 제외해야 할 내용을 명확히 구분해 작업 범위를 지시하면, 사용자의 의도를 더 정확하게 반영하는 데 도움이 된다. 이처럼 작업의 범위와 한계를 구체적으로 제시하는 것이 효과적인 프롬프트 설계 방법이다.

이 외에도 ChatGPT가 답변을 생성할 때 반드시 고려해야 할 점, 제약 조건이나 배경 등의 맥락을 함께 제공하면 의도에 더 부합하는 결과를 얻는 데 도움이 된다.

④ 참고 자료 제공

AI 모델이 인간과 구분되는 독특한 특성 중 하나는 방대한 양의 텍스트를 한번에 입력할 수 있다는 점이다. 인간은 수십 페이지 분량의 자료를 검토하는 데도 시간이 오래 걸리지만, AI는 이를 순식간에 분석하고 요약할 수 있다. 이 특성을 잘 활용하면 훨씬 더 전문적이고 정확한 결과물을 얻을 수 있다.

현재 GPT-5 모델은 Pro 플랜 기준 128,000토큰(한국어 음절 약 15만 자)까지 입력을 처리할 수 있으며 하나의 입력창에는 32,000토큰(한국어 음절 약 4-5만 자)까지 입력할 수 있다. 이처럼 방대한 입력창을 활용해 참고 자료를 통째로 제공할 수 있다. 이를 **텍스트 덤핑**이라고 부른다.

ChatGPT는 입력된 참고 자료를 우선 고려하여 답변을 생성한다. ChatGPT는 모든 정보를 알고 있는 전지적 존재가 아니라 입력된 데이터를 기반으로 연산하는 모델이므로, 양질의 참고 자료를 함께 제공하면 결과물의 질을 크게 향상시킬 수 있다.

일잘러의 NOTE — 텍스트 덤핑에는 꼭 텍스트만 사용해야 하나

텍스트 덤핑으로 프롬프트 입력창에 제공하는 참고 자료는 인간이 읽기 어려운 형태여도 문제없다. 웹사이트 내용을 복사할 때 광고나 불필요한 텍스트가 함께 포함되더라도, 또는 엑셀이나 표 형식 데이터의 서식이 깨지더라도, ChatGPT는 내용과 패턴을 분석해 적절히 처리할 수 있다.

따라서 참고했으면 하는 웹사이트나 문서를 통째로 복사해 붙여 넣는 시도를 적극적으로 해보길 바란다.

마크다운을 활용한 프롬프트 형식 구조화

개별 프롬프트는 내용 면에서는 앞서 설명한 구성 요소를 충실히 포함하고, 형식 면에서는 구조화된 방식으로 작성하는 것이 효과적이다. 의식의 흐름을 따라 생각나는 대로 줄글로 작성하는 방식보다는, 각 구성 요소를 분리해 정돈된 형태로 구조화해 표현하는 편이 의도를 훨씬 명확하게 전달할 수 있다.

이는 후배 사원에게 업무를 지시할 때와 비슷하다. 카페에 데려가 한 시간 동안 말로 설명하는 것보다 이메일로 요구사항을 명확히 정리해 전달했을 때, 내 의도를 누락 없이 정확히 이행할 가능성이 더 크다.

구조화 방식 역시 정답이 있는 문제는 아니다. 자신에게 맞는 방식으로 자유롭게 구조화해도 충분하다. 실제로 개발자들은 마치 코딩하듯이 프롬프트 구성 요소를 구조화해서 쓰기도 한다.

특별히 선호하는 방식이 없다면 마크다운 문법에 맞춰 구조화할 것을 권한다. 인터넷의 많은 콘텐츠가 마크다운으로 작성되어 있어 AI 역시 이 형식을 잘 이해한다.

> **TIP** 마크다운 문법은 #이나 * 같은 간단한 기호만 써서 중간 제목을 만들거나 글자를 진하게 하는 등 글을 구조화하고 강조하는 인터넷 문서 작성법이다.

마크다운으로 입력하면 결과물도 마크다운 형식으로 깔끔하게 생성된다. 마크다운을 활용한 프롬프트 구조화에서 알아두면 좋은 핵심 문법은 다음과 같다.

- **헤딩(제목)** : # 기호를 사용하여 제목을 표시한다. # 제목은 헤딩 1로서 가장 상위 제목을 뜻한다, ## 제목은 헤딩 1의 하위 수준인 헤딩 2를 의미한다. #의 갯수로 정보의 위계를 표현할 수 있어 복잡한 지시 사항을 체계적으로 전달하는 데 효과적이다.
- **목록** : 우선순위나 절차가 있는 내용은 숫자로 리스팅(1. 2. 3.)하고, 병렬적인 내용은 대시(-)로 리스팅한다.
- **강조** : 중요한 단어나 문장 양쪽에 별표 두 개(**텍스트**)를 입력하면 굵은 글씨로 표시된다. 이를 활용해 AI에게 중요한 요소를 강조할 수 있다.
- **구분자** : 대시 세 개(---)를 입력하면 가로선이 생성되어 내용을 구분할 수 있다. 지시 사항과 참고 자료를 구분할 때 특히 유용하다.

프롬프트 확장 도구 활용하기

네 가지 구성 요소를 포함해 구조화된 프롬프트를 작성하는 일은 막상 시도하려면 쉽지 않게 느껴질 수 있다. 많은 사용자가 자신의 의도를 명확히 언어로 표현하는 데 어려움을 겪고, 완결된 프롬프트를 써야 한다는 강박 때문에 오히려 ChatGPT 사용을 주저하기도 한다.

프롬프트 작성에 익숙하지 않은 초보자라면 다양한 프롬프트 확장 도구를 활용하면 도움이 된다. 이러한 도구는 사용자의 맥락과 의도를 파악해 프롬프트를 대신 구체화해주고, 대화를 거듭하며 점차 정교한 형태로 발전시킬 수 있다.

쉽게 말해, 프롬프트 확장 도구는 '프롬프트 통역가'와도 같다. 사용자가 상황을 설명하면, 도구가 이를 적절히 가공해 최적의 프롬프트를 만들어준다. 덕분에 초보자도 메타적인 접근 방식을 통해 손쉽게 수준 높은 프롬프트를 작성할 수 있다.

① OpenAI 개발자 사이트의 프롬프트 확장 도구

OpenAI 개발자 사이트의 프로젝트 [Chat] 메뉴[5]에서 펜 모양 아이콘 을 클릭하면 프롬프트 확장 기능을 사용할 수 있다. 간단한 프롬프트를 입력하면 더 상세하고 구조화된 프롬프트로 자동 변환해준다.

TIP OpenAI의 개발자 사이트에서는 프로젝트 편집 기능 외에도 외부에서 GPT 모델을 사용할 수 있는 API 등을 설정할 수 있다. 기본 예산(Budget)을 설정하고 프로젝트의 토큰 소모량에 맞게 예산 범위를 조정하며 활용하면 된다.

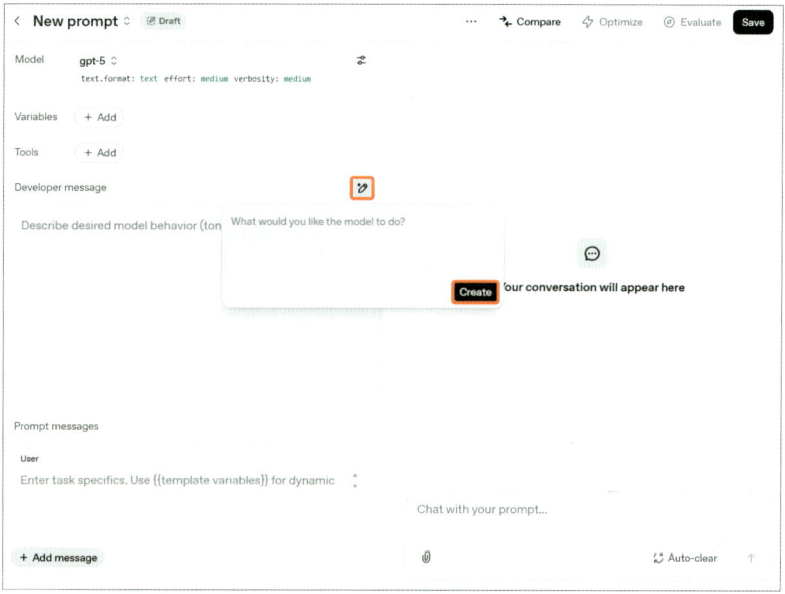

▲ 프롬프트 확장 기능에 프롬프트를 입력하고 [Create]를 클릭하면 프롬프트가 더욱 자세한 내용으로 확장된다

② 프롬프트 생성 GPTs 활용하기

ChatGPT 사용자는 다양한 커스텀 GPTs를 활용할 수 있다. GPTs는 ChatGPT 메인 화면의 GPT 탐색 메뉴에서 접속할 수 있으며, 기본 ChatGPT와 동일한 인터페이스를 갖지만 특정 목적에 맞게 최적화된 커스텀 버전이다.

---

5 https://platform.openai.com/chat/

각 GPTs는 해당 목적에 맞게 미리 프롬프트가 설정되어 있기 때문에 동일한 목적으로 반복적으로 프롬프트를 실행할 때 특히 효과적이다. 여러 GPTs 중 프롬프트 생성에 특화된 GPTs를 사용하면 간단한 프롬프트를 더 구체적이고 구조화된 형태로 확장할 수 있다.

프롬프트를 생성해주는 GPTs는 이미 많은 사용자들이 만들어두었으며 필요하다면 자신의 스타일에 맞게 직접 제작할 수도 있다. GPTs를 만드는 방법이나 효과적으로 활용하는 방법은 뒤에서 자세히 다룬다. 여러 GPTs 중에서 필자가 만든 **일잘러 장피엠 프롬프트 생성기**[6]를 활용해보는 것도 좋은 방법이다.

▲ ChatGPT-5 가이드 기준 프롬프트 생성기
(QR 코드를 스마트폰으로 인식해 접속할 수 있습니다)

③ 프롬프트 작성을 돕는 소프트웨어 사용하기

프롬프트를 생성하고 수정하며 테스트해볼 수 있는 온라인 도구도 많다. 대표적으로

---

[6] https://chatgpt.com/g/g-67ce8e810fc48191ba9b84a75d1aedc3-iljalreo-jangpiem-peurompeuteu-saengseonggi

로 Maskara AI[7]가 있다. 이러한 도구는 하나만 고집하기보다는 여러 가지를 직접 사용해보면서, 자신의 업무에 가장 잘 맞는 것을 선택하는 것이 바람직하다. 또한 GPTs 기능을 활용해 나만의 프롬프트 작성 도구를 직접 제작하는 것도 좋은 방법이다. 이렇게 하면 업무 스타일에 최적화된 맞춤형 프롬프트 도구를 확보할 수 있다.

다만 이러한 도구를 통해 확장한 프롬프트는 참고용으로만 활용해야 한다. AI가 의도를 짐작해서 프롬프트 구성 요소를 채우는 과정에서 불필요한 내용이 포함되거나 꼭 들어가야 할 내용이 누락될 수도 있기 때문이다.

AI는 어디까지나 보조 도구일 뿐, 업무의 맥락과 실제 의도를 가장 잘 아는 사람은 사용자 자신이다. 때문에 확장된 프롬프트는 참고하되 작업 의도를 충분히 반영해 퇴고하여 사용하는 것이 바람직하다.

피드백을 통한 프롬프트 개선

처음 작성한 프롬프트가 의도를 완벽히 반영해 최적의 결과를 내면 좋겠지만 보통 그런 경우는 드물다. 프롬프트를 작성하는 단계에서 자신이 원하는 결과물을 명확히 정의하지 못하는 경우가 많기 때문이다. 실제로는 결과물이 생성된 후에야 비로소 원하는 방향을 깨닫는 경우가 많다. 따라서 결과물을 검토하고 그에 맞춰 프롬프트를 수정하는 피드백 과정이 무엇보다 중요하다.

AI가 생성한 결과물이 만족스럽지 않다면 추가적인 피드백을 제공하여 개선할 수 있다. 예를 들어 제목 형식을 변경하거나 글쓰기 스타일을 수정하거나 글의 길이를 조정하도록 요청할 수 있다.

---

7 https://www.maskara.ai/

여러 차례 피드백을 거치면 ChatGPT를 의도에 맞는 결과물로 유도할 수 있다. 결과물을 얻는 데서 그쳐도 되지만, 이러한 피드백을 통해 개선한 양질의 프롬프트를 자산화하는 시도까지 더한다면 더욱 바람직하다.

여러 번의 피드백을 거쳐 최종적으로 원하는 결과를 얻었다면 ==지금까지의 모든 피드백을 최초 프롬프트에 반영해서 프롬프트를 다시 써줘==라고 요청해보자. 그러면 AI는 원래 프롬프트에 피드백 내용을 반영한 개선된 프롬프트를 제공할 것이다.

예를 들어, **제주도 3박 4일 여행 일정 작성해줘**라고 프롬프트로 요청해서 나온 결과물을 보고, 일정을 표 형식으로 다시 작성해 달라고 피드백해보자. 이 피드백을 통해 내가 원하는 결과가 나왔다면 거기서 만족하지 말고, 피드백을 최초 프롬프트에 반영하라고 요청해 내 의도가 더 정확히 반영된 프롬프트를 만들 수 있다.

이런 방식으로 나만의 견고한 프롬프트를 귀납적으로 만들어갈 수 있다.

> 제주도 3박 4일 여행 일정을 작성해줘.

좋습니다! 제주도 3박 4일 여행을 위한 기본 일정을 추천드릴게요. 자연·문화·휴양을 균형 있게 넣었으며, 차량 렌트 기준으로 작성했습니다.

📅 **제주도 3박 4일 일정표**

📍 **1일차 (제주 도착 & 서쪽 탐방)**
- 오전
  - ✈️ 제주공항 도착 → 렌터카 픽업
  - 🍲 공항 근처 맛집에서 점심 (고기국수 추천)
- 오후
  - 🏖️ 협재해수욕장 → 에메랄드빛 바다 감상
  - 🌴 한림공원 산책 (야자수길, 선인장 정원, 동굴 등)
- 저녁
  - 🌅 이호테우해변에서 말등대와 노을 감상
  - 🍖 숙소 근처에서 흑돼지 구이

- 📍 **2일차 (서귀포·남쪽 탐방)**
  - 오전
    - ⛰️ 한라산 둘레길(어리목 or 1100고지) 가볍게 산책
    - 🏖️ 중문 색달해변 또는 대포주상절리
  - 오후
    - 🏞️ 천지연폭포 or 정방폭포
    - 🍊 서귀포 매일올레시장 → 간식/귤 구매
  - 저녁
    - 🛶 카약/요트 투어(날씨 허용 시)
    - 🍲 전복죽, 갈치조림

> 위 여행 일정을 표 형식으로 바꿔줘. 별도의 여행 팁은 작성하지 말고, 일정표를 구체적으로 작성하는데 집중해줘.

알겠습니다! 요청하신 대로 **3박 4일 제주도 여행 일정**을 표 형식으로 정리해드릴게요. 여행 팁은 제외하고, 일정에만 집중했습니다.

🌴 제주도 3박 4일 일정표

일차	시간대	일정	비고
1일차 (서쪽 탐방)	오전	✈️ 제주공항 도착 → 렌터카 픽업 → 점심 (공항 근처 고기국수)	공항 근처 식사
	오후	협재해수욕장 → 한림공원 산책	바다 & 정원
	저녁	이호테우해변 노을 감상 → 흑돼지 구이	숙소 근처
2일차 (서귀포/남쪽)	오전	한라산 둘레길(어리목 or 1100고지) 산책 → 중문 색달해변 또는 대포주상절리	가벼운 트레킹
	오후	천지연폭포 or 정방폭포 → 서귀포 매일 올레시장	시장 구경
	저녁	요트/카약 체험(날씨 허용 시) → 전복죽, 갈치조림	바다 액티비티
3일차 (동쪽 탐방)	오전	성산일출봉 등반 → 섭지코지 산책	제주 대표 코스
	오후	우도 이동(배로 15분) → 전기차 드라이브 → 땅콩 아이스크림	섬 여행
	저녁	동쪽 해안 드라이브 후 숙소 복귀 → 해물탕, 조개구이	바다 음식
4일차 (제주시 & 귀가)	오전	제주 민속촌 or 산굼부리 산책 → 용담해안도로 카페	출발 전 여유
	오후	기념품 쇼핑 (오메기떡, 감귤초콜릿) → 제주 ⬇️ 이동 → ✈️ 귀가	쇼핑 & 출발

▲ 귀납적 방법으로 프롬프트를 수정한 예시

이러한 과정을 피드백을 통한 프롬프트 개선(Iterative Prompting)이라 하며, 기업 교육 실습 현장에서도 프롬프트 설계를 가르칠 때 많이 다루는 기법이다. 단순히 결과물을 얻는 데서 끝나면 일회성 활용에 그치지만, 피드백을 반영해 프롬프트를 정교하게 다듬어두면 이후 반복적으로 재사용할 수 있는 자산이 된다. 때문에 반복적으로 수행하는 일이라면 이런 피드백을 통한 프롬프트 개선 기법으로 자신만의 견고한 프롬프트를 만들어보는 것이 좋다.

구조화된 프롬프트로 내 의도에 맞는 결과 만들기

'삼성전자의 대규모 인재 채용'이라는 주제로 PR 보도 자료를 작성해 달라고 ChatGPT에게 요청한다고 해보자. 이때 단순하게 삼성전자의 대규모 인재 채용에 대한 PR 보도 자료를 작성해줘라고 요청할 수 있다. 이런 단순한 프롬프트여도 어느 정도 형식적인 PR 보도 자료가 생성된다.

그러나 이렇게 단순한 프롬프트에는 세 가지 문제가 뒤따른다.

첫째, 지시가 구체적이지 않아 실행할 때마다 결과가 크게 달라진다. 사용자가 명시하지 않은 부분은 AI가 알아서 내용을 채우다 보니 매번 같은 프롬프트를 실행해도 결과의 편차가 커진다. 결과물이 안정적이지 않다는 뜻이다.

둘째, 구체적인 정보를 입력하지 않았기에 내용이 부실하거나 잘못된 정보가 포함될 수 있다. 충분한 입력 정보가 없으면 구체적인 지표나 수치를 ChatGPT가 임의로 채우면서 사실과 다른 내용이 나오는 경우가 생긴다.

셋째, 형식적인 가이드가 없어 결과물의 형식이 안정적이지 않을 수 있다. 특히 PR 보도 자료, 품의서, 회의록과 같이 정형화된 문서에서는 결과물이 안정적으로 재현되지 않는다는 점이 큰 불만이 될 수 있다.

이를 구조화된 프롬프트로 바꾸면 다음과 같이 개선할 수 있다. 이 방식을 활용하면 결과물의 편차를 줄이고, 구체적인 내용을 정확하게 반영하며, 형식적으로도 완결성 있는 결과물을 얻을 수 있다.

목표
아래 주제와 강조점을 모두 반영해서 PR 보도 자료를 작성해줘.
- PR 주제 : "삼성전자, 3월 대규모 신규 인재 채용"이라는 주제로 PR 보도 자료를 작성해줘.
- 강조점 :

(1) 삼성전자 3월 인재 확보에 총력, (2) 19개 계열사와 함께 총 8,000명 규모의 대규모 신입·경력사원 채용, (3) 국내 500대 기업 중 고용 규모 및 증가 폭에서 모두 1위를 기록하며, 채용 한파 속에서도 꾸준히 고용을 확대(국민연금 가입자 수 집계 : 2022년 120,877명, 2023년 125,593명, 2024년 130,309명), (4) 대규모 신입 채용 전망이며, 학업 기간을 경력으로 인정하는 등 외국인 경력직도 문턱 낮춰, (5) 반도체 사업 위기로 삼성전자의 30대 미만 임직원 비중이 지난 10년 사이 절반 이하 (57%→27%)로 줄어들면서 인재 확보가 시급, (6) TSMC 등 글로벌 반도체 기업들과 우수 인재 확보 경쟁

결과물 형식

- 보도 자료에 적합한 저널리즘 어조로 작성
- 불릿 포인트나 중간 제목을 사용하지 말고, 하나의 연속된 줄 글 형태로 작성할 것.
- **반드시 # 예시 보도 자료의 제목과 내용의 형식, 글쓰기 스타일, 구성, 글 길이를 모방하여 작성할 것.**

예시
{{벤치마킹할 PR 보도 자료 텍스트}}

프롬프트 구조화는 처음에는 시간이 더 소요될 수 있지만, 결과적으로 더 만족스러운 결과물을 얻고 재사용 가능한 프롬프트 자산을 구축할 수 있게 된다.

또한 문제를 ChatGPT에 설명하는 과정에서 업무에 대한 메타인지가 함께 향상된다. 따라서 다소 번거롭게 느껴지더라도 프롬프트를 구체화하는 과정은 장기적으로 업무 생산성을 높이는 데 충분히 의미 있는 활동이다.

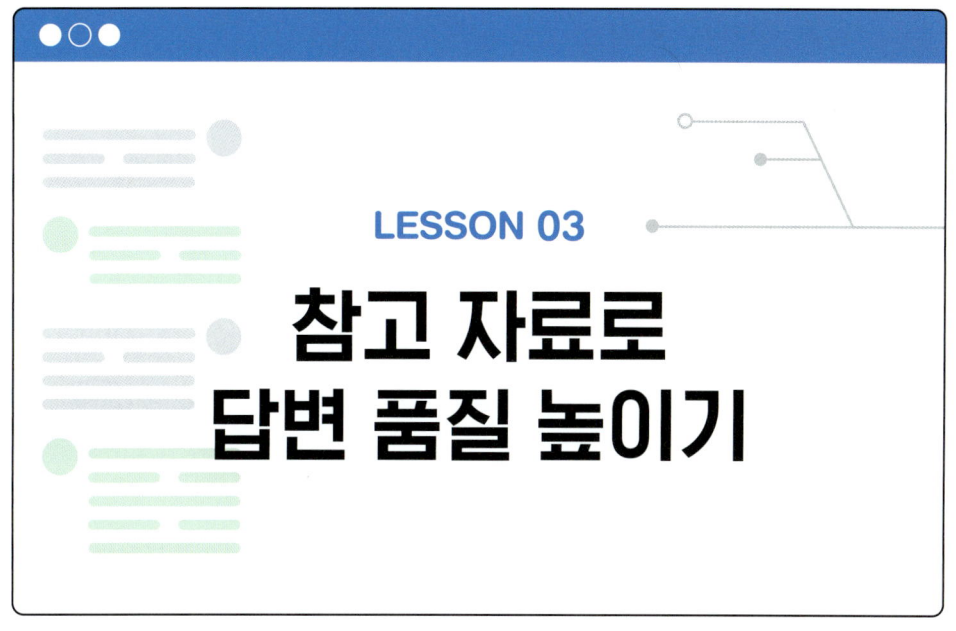

답변의 구체성과 신뢰도를 높이는 참고 자료 제공

ChatGPT 답변의 전문성을 높이는 두 번째 전략은 참고 자료를 제공하는 것이다. ChatGPT는 GPT-5 모델 기준 2024년 10월까지 전체 인터넷 데이터를 기반으로 학습한 희미한 기억만 가지고 있다. 이로 인해 최신 정보에 취약하며 충분히 학습되지 않았거나 온라인에 드물게 존재하는 전문 정보에 대해서는 환각 현상이 발생하기 쉽다.

ChatGPT 활용에서 가장 불편한 부분이 이처럼 거짓말을 뻔뻔히, 그리고 교묘하게 섞어서 하는 점이다. 이러한 한계에 대한 해결책이 바로 두 번째 프롬프트 작성 전략인 **참고 자료 제공**이다.

참고 자료를 제공하는 방법

참고 자료를 제공하는 방법은 크게 두 가지로 나눌 수 있다.

첫째, 인터넷을 참고하도록 지시하거나 웹 검색 기능을 활성화해보자. ChatGPT가 인터넷에 있는 최신 정보와 전문적인 내용을 직접 찾아 참고한다면 결과물의 품질이 훨씬 올라간다. 인터넷을 활용하는 것만으로도 ChatGPT가 가진 지식 단절의 한계를 손쉽게 극복할 수 있다.

일잘러의 NOTE · 인터넷 검색 전문 AI 활용

참고로 ChatGPT의 웹 검색 기능은 아직 완벽하지 않으며 검색 횟수에도 제한이 있다. 따라서 인터넷에 있는 정보가 부족하거나 반대로 오염되어 있다면 만족스럽지 않은 답변이 나올 때가 많다.

또한 여러 검색 결과 중에서 오래된 정보를 참고하거나 핵심적인 내용을 다룬 페이지를 정확히 찾지 못하는 경우도 자주 발생한다. 이러한 한계를 극복하려면 Perplexity나 oo.ai처럼 인터넷 검색에 특화된 AI 도구를 활용하는 것도 좋은 방법이다.

둘째, 지식과 콘텐츠를 선별해서 직접 제공해보자. 적합한 텍스트를 그대로 복사-붙여넣기로 덤핑하거나 관련 있는 파일을 업로드하는 식이다. 무엇이 전문적인 정보이고 신뢰할만한 정보인지는 시간이 걸리더라도 여전히 인간이 직접 구글링을 통해 선별하는 것이 더 효과적이다. 사용자가 의도를 가지고 유의미하다고 판단한 자료를 제공할수록, ChatGPT가 생성하는 답변의 전문성과 신뢰도도 높아진다.

아래 예시를 통해 이 두 가지 참고 자료 제공 방법을 비교해보자. '일잘러 장피엠'에 대해 인터넷 검색을 하지 않고 참고 자료도 제공하지 않으면 ChatGPT는 사전 학습된 정보만을 바탕으로 답변한다. 이 경우 해당 표현이 신조어나 별칭일 가능성이 있다고 단순히 추측할 뿐, 정확한 설명을 제공하지 못한다.

인터넷 검색 기능을 활용하면, 출강 이력이 있는 웹사이트나 다른 온라인 콘텐츠를 참고해 이름과 활동에 대해 보다 정확하게 설명할 수 있다. 그러나 직접 작성한 이력서를 업로드하고 이를 기반으로 답변하도록 하면, 인터넷에 없는 연도별 상세 경력이나 원하는 핵심 포인트까지 포함한 보다 구체적인 결과물을 얻을 수 있다.

일잘러 장피엠이라는 사람에 대해서 알려줘. 이 사람의 상세한 약력도 알려줘. 구조화해서 일목요연하게 작성해줘.

제가 확인해본 바로는 "일잘러 장피엠"은 특정 인물의 공식적인 실명이나 공적인 약력이 존재하는 사람이라기보다는, 주로 온라인(특히 커뮤니티, 블로그, 유튜브, 브런치 등)에서 **프로젝트 매니저(PM)·기획자·직장인으로서의 노하우와 경험을 공유하는 필명/닉네임**으로 알려져 있습니다. 따라서 정식 이력서나 공식 프로필처럼 구조화된 약력은 존재하지 않습니다. 다만 공개된 활동을 바탕으로 정리하면 다음과 같습니다.

▲ 사전 학습된 데이터 기반 답변

인터넷 검색을 통해 일잘러 장피엠이라는 사람에 대해서 알려줘. 이 사람의 상세한 약력도 알려줘. 구조화해서 일목요연하게 작성해줘.

다음은 "일잘러 장피엠"이라는 이름으로 활동하는 **장병준** 씨에 대한 구조화된 프로필입니다. 다양한 출처를 바탕으로 핵심 정보만 깔끔하게 요약했습니다.

프로필 요약

항목	내용
이름 (콘텐츠 명칭)	**일잘러 장피엠** (노코드 크리에이터 & 유튜버) 노코드캠프 +12
본명	장병준 AI Ground 트렌드M
학력	서울대학교 경제학부 (경영학 전공) 졸업 트렌드M
주요 경력	- (현) 한국 노코드 커뮤니티 리더 - (현) '노코드캠프' 운영자 - (현) 유튜브 채널 "일잘러 장피엠" 운영자 AI Ground 노코드캠프 트렌드M
이전 경력	- 팀블라인드 사업개발팀 리더 (블라인드 내 채용 서비스 기획 및 실행) - 사운들리(Product Manager) - SK텔레콤 세일즈 매니저 (IoT 솔루션 영업) AI Ground 트렌드M
주요 활동 분야	노코드 기반 MVP 제작 & 자동화, 생성형 AI 실무 활용, 업무 자동화 강의 및 콘텐츠 제작 AI Ground 노코드캠프 Brunch Story
제공 콘텐츠	강의 플랫폼 (노코드캠프), 유튜브 영상 튜토리얼, 브런치 블로그 글, 팟캐스트 '나혼자부자' 등 Brunch Story +1 퍼블리

▲ 인터넷 검색 참조 답변

▲ 신뢰할 수 있는 파일 참조 답변

참고 자료 제공 방식의 장단점

각 참고 자료 제공 방법에는 장단점이 있다. 직접 참고 자료를 제공하는 방식은 좋은 자료를 제공했을 때 답변의 질이 향상되지만 많은 자료를 참고할 수 없다는 한계가 있으며, 직접 자료를 선별해야 해서 번거롭다. 반면 인터넷 검색은 10-20개 이상의 웹페이지를 참고할 수 있고 별도로 자료를 찾지 않아도 되어 편리하다. 다만 답변의 정확성과 구체성이 떨어질 수 있다는 단점이 있다.

그렇다면 참고 자료를 제공하지 않으면 반드시 안 좋은 결과가 나올까? 그렇지도 않다. 참고 자료를 입력하면 이를 분석하고 반영하는 데 토큰이 소모되기 때문에, 답변 길이가 짧아지거나 구조화가 덜 되고 추론 능력도 저하될 수 있다. 단순한 글쓰기 능력만 놓고 보면, 참고 자료 없이 기본 프롬프트만으로 답변을 받는 방식이 가장 뛰어난 결과를 보여주는 경우도 많다.

따라서 각 방식의 장단점을 고려할 때, 가장 효과적인 전략은 두 방법을 나누어 사용하는 것이다. 예를 들어 첫 번째 프롬프트에서는 인터넷 검색을 통해 관련 내용을 조사하게 하고, 그다음 프롬프트에서는 조사된 내용을 바탕으로 리서치 보고서를 작성하도록 요청하는 방식이다. 이렇게 하면 최신 정보를 반영하면서도 ChatGPT의 글쓰기 역량을 100% 활용할 수 있다.

업무에 맞는 참고 자료를 선별하여 제공하는 방법

직접 참고 자료를 제공하는 구체적인 방법은 크게 세 가지로 나눌 수 있다.

① 텍스트 덤핑하기

텍스트 덤핑은 가장 쉽고 범용적으로 활용할 수 있는 참고 자료 제공 방식이다. 원하는 텍스트를 그대로 복사해 입력창에 붙여 넣는 단순한 방법이지만 효과는 좋다. 예를 들어 오징어 게임 시즌 2에 대한 외신 리뷰를 요약하는 경우를 살펴보자.

단순히 **오징어 게임 시즌 2에 대한 외신의 리뷰를 요약해줘**라고 프롬프트를 작성하면 인터넷 검색을 통해 답변한다. 이때 실제 외신 기사를 인용하지 않고 이를 요약한 국내 언론 보도를 참고하거나 아예 원문을 제대로 확인하지 못하는 한계가 발생할 수 있다.

그러나 직접 외신 내용을 텍스트로 복사해서 통째로 제공하고 분석을 요청하면 각

```
# 목표

"오징어 게임 시즌2"에 대한 아래 뉴스 기사 텍스트들 읽고 해당 뉴스 기사의 리뷰 논조가 호평인지 혹평인지 분류해줘. 이를 뒷받침하는 요점을 불릿 포인트로 나열하고, 해당 불릿 포인트의 내용을 살펴볼 수 있는 원문 텍스트들 함께 인용해.

아래 절차에 따라 진행할 것 :

1. 주어진 텍스트의 원문 기사 텍스트들 읽는다.
2. 해당 출처의 리뷰가 긍정적(호평)인지 부정적(혹평)인지 결정한다. 출처명도 함께 작성한다.
3. 리뷰의 주요 요점을 추출하여 불릿 포인트로 명확하게 나열한다.
4. 각 요점에 해당하는 원문의 텍스트도 불릿 포인트 별로 인용하여 작성한다.

# 주의 사항

- 제공된 문서의 리뷰 내용에만 집중할 것. 임의로 추론하거나 제시된 정보 외에 외부의 정보를 사용하지 말 것.
- **원문 텍스트는 원문 언어 그대로 반드시 함께 인용할 것.**
- 최대한 모든 요점 포인트들 도출하고, 각 포인트 별로도 최대한 상세하게 작성할 것.

# 원문 텍스트

Squid Game season 2 is nowhere near as shocking as the first – but isn't that the point? (Source : Independent)
```

외신의 리뷰를 꼼꼼히 분석해 해당 리뷰가 호평인지 그 이유는 무엇인지 구체적으로 알려준다. 이런 방식으로 각 언론사의 원문을 텍스트로 덤핑하고 분석한 후 이를 비슷한 것끼리 묶어 표로 정리하게 하면 각 언론사별 관점과 입장 차이를 보다 명확하게 파악할 수 있다.

> **TIP** 이때 외신 리뷰 기사는 외국어로 작성된 원문 자료를 그대로 사용해도 된다. ChatGPT가 자동으로 번역하여 처리하므로 크게 문제없다.

리뷰 분석 및 분류

- **출처**: The Independent
- **논조**: 호평 (긍정적)

리뷰 요점 및 원문 인용

- 시즌 1의 충격을 재현하려 하지 않은 점을 높이 평가
    - "It is impossible to replicate the shock of that first outing, and Hwang Dong Hyuk does well not to try."
    - 시즌 1의 충격적 요소를 억지로 반복하기보다는, 기존 팬들이 가진 '충격의 경험'을 활용해 공포를 유발하는 방식이 효과적이라고 평가.
- 주인공 이정재(성기훈)의 연기와 캐릭터의 여정을 긍정적으로 평가
    - "As reluctant hero Seong Gi Hun, he is easy to root for – all weary-eyed empathy and straight-arrow justice."
    - 시즌 2에서 성기훈은 더 깊은 감정적 여정을 겪으며, 그의 캐릭터가 시청자들에게 더욱 공감할 만한 요소를 제공함.
- 새로운 등장인물들이 흥미롭고 연기력이 뛰어남

- "It's not a spoiler to say their mission takes Gi Hun back inside the arena where he is met with a new and superb ensemble cast."
- "The sob stories here are conventional but sold by compelling and understated performances."
- 새로운 캐릭터들은 익숙한 서사 구조를 따르지만, 배우들의 연기가 이를 더욱 설득력 있게 만든다고 호평.

- 이전 시즌과 같은 구조를 유지하면서도 더 깊이 있는 이야기를 탐구
  - "This second season titrates the winning formula of the first: splitting the plot into two narrative strands."
  - "It is without a doubt inside the arena that the most compelling action unfolds, as Gi Hun watches in sheer disbelief as people choose money over life."
  - 시즌 1과 마찬가지로 이중 플롯 구조(게임 내부 vs. 외부 수사)를 유지하면서도, 성기훈이 같은 상황을 다시 겪으며 느끼는 무력감을 강조하는 방식이 효과적.

- 악당들이 단순한 빌런이 아닌, 현실적인 인간으로 그려짐
  - "What is most terrifying of all, Hwang seems to be saying, is how human this whole evil enterprise is. Villains are unmasked, reveal,' not to be moustache-twirling masterminds but

▲ 외신 내용을 참조한 답변

일잘러의 NOTE | 텍스트 덤핑에 유튜브 영상 참고하기

텍스트 덤핑 방식은 3만 2천 토큰(약 5만 자)까지 입력할 수 있어 방대한 내용을 통째로 제공할 수 있다. 유튜브 영상이나 음성 파일은 ChatGPT가 직접 이해할 수 없지만, 이를 텍스트로 변환해주는 별도 도구를 사용하면 해당 내용을 참고하여 결과물을 생성할 수 있다.

Lilys.ai와 같은 무료 도구를 이용해서 유튜브 영상 스크립트 전체를 추출하고, 이를 텍스트 덤핑 방식으로 프롬프트에 통째로 제공해보자. 이를 통해 유튜브 영상에서 인사이트를 도출하거나 발표 자료용 PPT로 재가공하는 등 다양하게 활용할 수 있다.

ChatGPT는 텍스트로 된 정보를 요약하고 분석하며 재구성하는 데 매우 뛰어나다. 따라서 내 업무에 필요한 정보를 어떻게 텍스트화하여 제공할지만 고민해본다면 양질의 텍스트 덤핑은 얼마든지 가능할 것이다.

② 인터넷 URL(주소) 직접 제공하기

ChatGPT는 웹 검색 기능을 통해 인터넷 웹페이지를 자동으로 참조하지만 사용자가 직접 특정 출처의 웹사이트를 지정해줄 수도 있다. 공식 웹사이트나 정확한 출

처를 참고 자료로 제시하면 ChatGPT가 임의의 정보를 참조하여 원하지 않는 결과물을 생성할 가능성을 줄일 수 있다. 사용 방법도 간단히 URL을 복사하여 붙여 넣기만 하면 된다.

혹시라도 제공한 URL을 정확하게 참고하지 못한다고 판단되면 site:라는 검색 연산자를 URL 앞에 붙이고 프롬프트에 아래 웹사이트 주소만 참고할 것과 같은 주의사항을 추가하면 제공한 웹사이트만 정확히 참고할 것이다.

예를 들어 법제처 사이트에는 상세 법령과 판례가 잘 정리되어 있다. ChatGPT에게 법적 문제에 대한 조언을 구할 때 site:www.law.go.kr과 같이 법제처 URL을 함께 제공하면 해당 사이트의 최신 법령만 참고해 더 정확한 답변을 얻을 수 있다.

> # 목표
>
> 이직을 앞 둔 영업팀 A 대리가 근무하면서 저장해온 주요 고객사 담당자들의 연락처와 정보를 '고객사 담당자 리스트' 엑셀 파일로 정리한 후 이를 유출하려고 하는 상황이다. 이 사건에 대한 법령 검토를 수행하고자 한다.
>
> 이와 관련된 한국 법령과 판례를 법제처에서 찾고, 관계 법령의 조,항,호,목과 판례의 상세 내용을 구체적으로 기재해줘.
>
> - 관련성이 있어보이는 법령과 판례를 최대한 빠짐 없이 검색할 것
> - 공식적인 법제처 사이트에서만 검색할 것 (site:www.law.go.kr)
> - 임의로 요약하지 말고, **반드시 웹사이트에서 찾을 수 있는 문장 그대로 똑같이 기재해야 합니다.**
>
> # 작성 예시
>
> ## 관련 법령
>
> 관계법령 : ㅇㅇㅇㅇ법 제ㅇ조 제ㅇ항 제ㅇ호 제ㅇ목
>
> 제1조(목적) 이 법은 개인정보의 처리 및 보호에 관한 사항을 정함으로써 개인의 자유와 권리를 보호하고, 나아가 개인의 존엄과 가치를 구현함을 목적으로 한다. <개정 2014. 3. 24.>

▲ 특정 사이트를 참조할 것을 요청한 프롬프트

관련 법령

개인정보 보호법

관계법령: 개인정보 보호법 제1조

조문: 제1조(목적) 이 법은 개인정보의 처리 및 보호에 관한 사항을 정함으로써 개인의 자유와 권리를 보호하고, 나아가 개인의 존엄과 가치를 구현함을 목적으로 한다.

부정경쟁방지 및 영업비밀보호에 관한 법률

관계법령: 부정경쟁방지 및 영업비밀보호에 관한 법률 제1조

조문: 제1조(목적) 이 법은 국내에 널리 알려진 타인의 상표·상호(商號) 등을 부정하게 사용하는 등의 부정경쟁행위와 타인의 영업비밀을 침해하는 행위를 방지하여 건전한 거래질서를 확립하고, 기업의 창의적인 경영활동을 보호하며, 공정한 경쟁을 촉진함으로써 국민경제의 발전에 이바지함을 목적으로 한다.
　법령정보센터 +1

개인정보 보호법 시행령

관계법령: 개인정보 보호법 시행령 제1조

조문: 제1조(목적) 이 영은 「개인정보 보호법」에서 위임된 사항과 그 시행에 필요한 사항을 규정함을 목적으로 한다.　법령정보센터 +2

개인정보 보호법 시행규칙

관계법령: 개인정보 보호법 시행규칙 제2조

조문: 제2조(공공기관에 의한 개인정보의 목적 외 이용 또는 제3자 제공의 공고) 공공기관은 개인정보를 목적 외의 용도로 이용하거나 제3자에게 제공(이하 "목적외이용등"이라 한다)한 경우에는 그 사실을 개인정보 보호위원회가 정하여 고시하는 방법에 따라 공고하여야 한다.　법령정보센터 +1

부정경쟁방지 및 영업비밀보호에 관한 법률 시행령

관계법령: 부정경쟁방지 및 영업비밀보호에 관한 법률 시행령 제1조

조문: 제1조(목적) 이 영은 「부정경쟁방지 및 영업비밀보호에 관한 법률」에서 위임된 사항과 그 시행에 필요한 사항을 규정함을 목적으로 한다.　법령정보센터 +4

위 법령들은 이직을 앞둔 영업팀 A 대리가 고객사 담당자들의 연락처와 정보를 정리하여 유출하려는 행위와 관련하여 적용될 수 있는 주요 법령들입니다. 이러한 행위는 개인정보 보호법 및 부정경쟁방지 및 영업비밀보호에 관한 법률 등에 위반될 수 있으며, 해당 법령들의 목적 조항은 이러한 행위가 부당성을 명확히 하고 있습니다.

 출처　

▲ 특정 사이트를 참조한 답변

일잘러의 NOTE　AI의 접근을 막는 웹사이트

URL을 제공할 때 주의할 점은 최근 AI 봇의 접근을 차단하는 웹사이트가 증가하고 있다는 것이다. 특히 유명 미디어나 언론사 사이트는 AI가 텍스트를 수집하지 못하도록 설정해둔 경우가 많다. 이 경우에는 URL을 제공하더라도 웹사이트의 내용을 제대로 참조하지 못할 수 있다.

> 이때는 웹사이트를 참고하는 것보다 텍스트 덤핑 방식을 사용하는 것이 오히려 낫다. 다소 번거롭더라도 참고하고자 하는 웹페이지에 직접 방문하여 전체 텍스트를 복사한 후 프롬프트 입력창에 그대로 붙여 넣고 지시 사항을 작성해보자.
>
> 이렇게 텍스트 덤핑할 때는 마크다운 구분선(---)을 넣어 지시 사항과 텍스트 덤핑할 참고 자료를 구분해주는 것이 효과적이다. 그러면 ChatGPT가 마크다운 구분선을 기준으로 속성이 다른 두 정보(참고 자료/지시 사항)가 들어온 것을 인지하고 참고 자료를 바탕으로 지시 사항을 충실히 수행하게 된다.

③ 첨부 파일로 제공하기

텍스트나 URL뿐 아니라 첨부 파일로 참고 자료를 제공할 수도 있다. 예를 들어 RFP(입찰 제안서)를 업로드한 뒤 그 내용을 정리해 달라고 요청하고 동시에 연구개발계획서 양식을 함께 제공하면, ChatGPT는 RFP의 요건과 계획서 양식을 종합적으로 이해해 보다 전문적인 결과물을 생성한다.

다만 첨부 파일을 효과적으로 활용하려면 몇 가지 주의사항을 반드시 숙지해야 한다.

- **첫째**, 첨부 파일의 개수나 분량이 너무 많지 않아야 한다. 자료를 많이 줄수록 좋다고 생각할 수 있다. 하지만 사람이 방대한 문서 앞에서 집중력이 분산되듯, ChatGPT도 방대한 자료에서 정확한 내용을 찾느라 토큰을 소모해 답변의 질이 떨어질 수 있다. 첨부 파일은 꼭 필요한 한두 개 이내로 제한하는 것이 좋다.
- **둘째**, 첨부 파일 형식은 HWP(한글) 파일을 제외하고 PDF, 워드, 엑셀 파일 모두 지원한다. 다만 MD(마크다운) 파일이나 TXT(텍스트) 파일 형식이 인식률이 가장 높다. PDF나 워드 파일은 Llama Parse와 같은 무료 도구를 활용해 MD 형식으로 변환할 수 있다.
- **셋째**, PDF나 워드 파일에 삽입된 이미지는 별도로 인식되지 않는다. 문서 내 이미지가 중요하다면 별도로 캡처해 이미지 파일로 업로드하는 것을 추천한다. 또한 첨부 파일을 업로드할 때는 곧바로 결과물을 요청하기보다는 먼저 필요한 내용을 추출하

도록 요청하고, 이후 그 추출 내용을 기반으로 보고서를 작성하도록 프롬프트를 나눠서 진행하면 더 좋은 결과를 얻을 수 있다.

> TIP 정확한 첨부 파일을 제공하더라도 내용 추출 과정에서 오류가 발생할 수 있다. 특히 정확한 수치나 지표가 필요한 경우에는 반드시 사람이 한 번 더 검토하여 정보가 올바르게 인식되었는지 확인해야 한다.

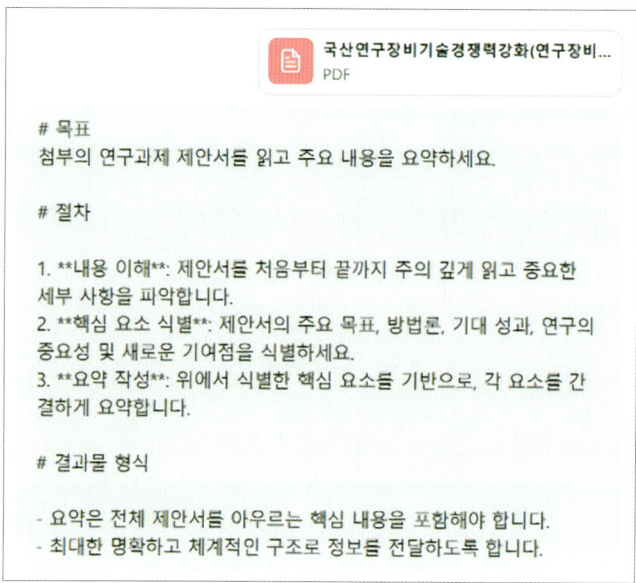

▲ 파일을 첨부하여 참조를 요청한 프롬프트

I. 사업 필요성

□ 연구장비 정책 개발 및 성과 확산의 필요성

- 국내 연구개발(R&D) 투자 규모는 지속적으로 증가하고 있으나, 연구장비의 국산화율은 여전히 낮아 핵심 연구장비의 해외 의존도가 높은 상황
  - 2023년 기준 국내 연구장비 시장 규모는 약 5조 원에 달하나, 이 중 국산 연구장비 비중은 약 25% 수준에 불과
  - 첨단 연구 분야(반도체, 바이오, 이차전지 등)의 연구장비는 대부분 외산 장비에 의존하며, 일부 장비는 해외 공급망 문제로 조달이 지연되는 사례 발생
- 연구장비의 국산화가 연구개발 생산성 및 국가 기술 경쟁력 확보에 필수적인 요소로 작용
  - 연구장비의 국산화율 제고는 연구비용 절감뿐만 아니라 국내 연구 인프라의 독립성과 자율성을 강화하는 핵심 요소
  - 국산 연구장비 기술 수준이 선진국 대비 70~80% 수준으로 평가되며, 글로벌 시장 진출을 위한 연구장비 기술경쟁력 확보 필요

□ 연구장비 산업의 성장 가능성과 정책적 지원 필요성
- 연구장비 산업은 고부가가치 산업으로, 국산 연구장비 기술력 향상을 통해 국내외 시장에서의 성장 가능성이 큼
  - 글로벌 연구장비 시장은 2025년까지 연평균 7% 이상 성장할 것으로 전망되며, 국내 연구장비 기업의 경쟁력 확보가 중요한 과제로 대두
  - 반도체, 바이오, 인공지능(AI) 연구개발이 활성화됨에 따라, 해당 연구 분야에서 필수적으로 사용되는 연구장비의 국산화가 시급
  - 연구장비의 자체 개발 및 고도화를 통해 해외 시장 진출과 수출 확대 가능
- 정부의 연구장비 정책 강화 필요성이 증대
  - 「과학기술기본법」 제16조 및 제28조, 「연구산업진흥법」 제7조에 따라 연구장비 개발 및 활용 촉진을 위한 법적 근거 마련
  - 기존 연구장비 지원정책이 개별 연구기관 중심으로 이루어져, 연구장비의 체계적 개발 및 성과 확산을 위한 정책적 개선 요구
  - 연구장비 성과확산 및 정책 기획을 담당하는 전문 조직(혁신 R&D 장비기술개발정책센터)의 설립 및 운영 필요

▲ 첨부 파일을 참조한 답변

부동산 참고 자료 제공 활용 사례

ChatGPT에게 **서울 대치동과 개포동 아파트 매물 정보를 기반으로 평단가와 매매가 추세를 비교 분석해줘**라고 요청하면 가장 먼저 인터넷 검색 기능을 통해 정보를 수집한다. 이 경우 직방, 호갱노노 등 다양한 부동산 플랫폼 사이트를 임의로 참고하여 답변을 생성한다.

이때 참고 자료 제공 없이 간단한 프롬프트로 요청한다면 다음과 같은 한계가 있다.

첫째, 데이터가 제한적이다. 검색을 통해 찾은 매물의 수가 현저히 적어 분석에 필요한 충분한 표본을 확보하지 못한다.

둘째, 분석이 심층적이지 못하고 피상적이다. 대치동과 개포동의 아파트 시장에 대한 일반적인 특성만 언급한다.

셋째, 데이터의 구체성이 부족하다. 평단가 비교나 가격 추세와 관련된 구체적인 자료가 정확하지 않고 추상적이다. 이러한 한계로 신뢰성이 낮으며 부분적인 정보만을 기

반으로 답변하므로 구체적이지 않아 실무에 활용하기 어렵다.

따라서 실제 업무 수준의 정밀한 분석을 원한다면 양질의 참고 자료를 반드시 제공해야 한다. 국토교통부에서 다운로드한 대치동과 개포동의 1년간 실거래가 데이터를 엑셀 파일로 직접 업로드하고 구체적이고 구조화된 프롬프트를 통해 분석을 요청해보았다.

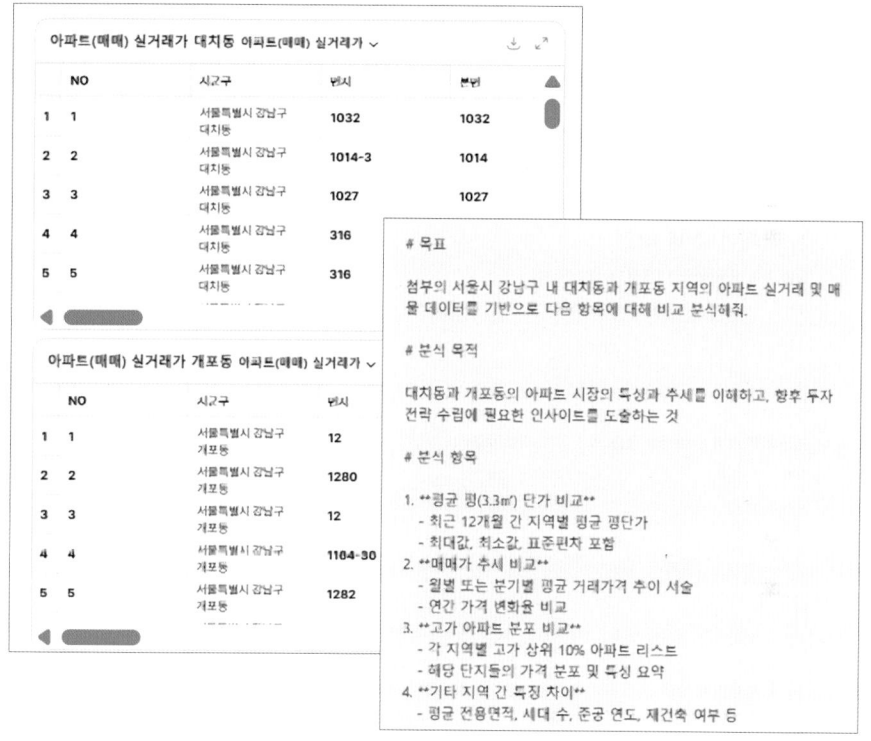

▲ 아파트 실거래 데이터를 기반으로 요청한 프롬프트

ChatGPT는 훨씬 더 구체적이고 충분한 데이터를 근거로 하여 평단가 분석, 가격 추세 분석, 인기 매물 분석, 지역별 특성 등을 세부적으로 분석해낸다. 이러한 과정을 통해 신뢰할 수 있고 전문적인 결과물을 생성할 수 있다.

아래 분석은 첨부된 국토부 실거래 파일(대치동·개포동)을 기준으로 했습니다. 전처리로 ① 동일 단지·동일 평형·동일 일자·동일 가격·동일 층 중복 제거, ② 비정상 거래(1,000만원 이하/1,000,000만원 이상) 제거, ③ 전용면적 0 이하 제거를 수행했습니다. 기준 기간은 데이터 상 최신 월(2025-08, 일부 월은 거래 수가 매우 적음)을 포함한 최근 12개월(2024-09~2025-08)입니다.

1) 평균 평(3.3㎡) 단가 비교 (최근 12개월)

요약 표

지역	표본수	평균 평단가(만원/평)	최소	최대	표준편차
대치동	490	11,493.3	2,412.3	18,509.9	2,945.4
개포동	575	11,798.1	3,146.2	19,280.1	2,682.8

해석

- 두 지역의 평균 평단가는 근소하게 개포동 > 대치동(약 +305만원/평) 입니다.
- 표준편차는 대치동이 더 커 가격 스펙트럼(단지/평형 다양성)이 넓다는 신호입니다.
- 최소/최대 평단가 구간도 대치동이 더 넓어, 같은 동 내에서도 단지·연식·평형에 따른 격차가 큼을 시사합니다.

2) 매매가 추세 비교

월별 추이 요약(최근 12개월 내 요약 지표)

지역	최근 12M 평균(만원)	최고 월(평균,만원)	최저 월(평균,만원)	최근 3M 평균(만원)
대치동	360,250.9	2025-06 (415,015.4)	2024-09 (300,239.5)	398,864.9
개포동	252,640.4	2025-04 (345,285.7)	2024-09 (182,642.3)	277,724.2

연간 가격 변화율(12개월 평균 vs 직전 12개월 평균)

지역	최근 12M 평균(만원)	직전 12M 평균(만원)	연간 변화율
대치동	356,453.9	332,833.3	7.10%
개포동	255,076.8	264,321.4	-3.50%

해석

- **대치동**: 최근 12개월 평균이 직전 대비 **+7.1%**로 상승. 2025-06에 고점(평균 4.15억/건)을 기록.
- **개포동**: 최근 12개월 평균이 직전 대비 -3.5% 하락. 다만 2025-04에 일시적 강세(평균 3.45억/건).
- **월별 표본 수 주의**: 2025-08은 대치동 1건, 개포동 7건 등 표본이 적어 평균 왜곡 가능합니다. 해석 시 최근 3개월 이동 평균(표 참조)을 함께 보는 것이 안전합니다.

3) 고가 아파트 분포 비교 (최근 12개월, 총액 기준 상위 10%)

고가 분포 요약

지역	상위10% 임계값(만원)	Q1	중앙값	Q3	P95	최대	표본수
대치동	518,200.0	530,000.0	577,500.0	600,000.0	648,500.0	700,000.0	49
개포동	365,600.0	380,000.0	392,750.0	416,750.0	479,500.0	520,000.0	58

해석

- **임계값(상위 10% 진입선)**이 대치동이 개포동 대비 약 +15.3억 높습니다(5.182억 vs 3.656억).
- 대치동 상위권 중앙값 5.775억으로, 고가 거래의 중심 값 자체가 더 높고 상단 꼬리(P95~최대)도 더 길어 초고가 단지의 존재감이 큽니다.
- 개포동은 상위권에서도 3.8~4.2억대에 다수 분포하며, 재건축/신축·대단지/중대형 등 스펙별 가격 밴드가 뚜렷합니다.

4) 기타 지역 간 특징 차이 (최근 12개월)

지역	거래건수(12M)	단지수(12M)	평균 전용면적(㎡)	중앙 전용면적(㎡)	평균 건축년도	중앙 건축년도	중앙층	세대수(단지)	재건축 여부
대치동	490	43	102.47	93.40	1996.0	1999.0	8.0	데이터 없음	데이터 없음
개포동	575	27	72.81	73.26	2004.0	2004.0	8.0	데이터 없음	데이터 없음

해석

- **평균 전용면적**: 대치동이 훨씬 큽니다(102.5㎡ vs 72.8㎡). 즉, 대치동은 **대형 위주**, 개포동은 **중형 위주** 거래가 중심.
- **건축년도**: 개포동이 평균적으로 **연식이 더 새로움**(2004년 vs 1996년) → 신축·준신축 단지 비중이 높다는 방증.
- **단지수**: 최근 12개월 거래 기준으로 대치동(43개 단지) vs 개포동(27개 단지). 대치동이 더 다양한 단지에서 거래가 발생.
- 세대수·재건축 여부는 제공 파일에 부재. 필요한 경우 별도 데이터(국토부 단지정보/지자체 공고/감정원 통계 등) 결합이 필요합니다.

종합 결론 & 지역별 특징 요약

대치동

- **가격 레벨 & 추세**: 최근 12개월 평균 거래가 전년 대비 **+7.1%** 상승. 2025-06 고점.
- **평단가**: 평균 **11,493만원/평** 수준으로 높은 편이나, 개포동과 큰 격차는 아님.
- **구성**: 대형 평형 비중과 초고가 단지 존재감이 크며(상위 10% 중앙값 5.78억, 최대 7.0억), **가격 변동성(표준편차)**도 더 큼.
- **전략 포인트**:
  - 대형·신축(또는 준신축) 위주의 **상단 밴드**는 여전히 견조.
  - 구축 대형의 경우 **재건축 기대·사업성**에 민감 → 정책/사업 진척도 모니터링을 통한 국면 매수 고려.

개포동

- **가격 레벨 & 추세**: 최근 12개월 평균 거래가 전년 대비 **-3.5%**로 조정. 다만 2025-04에 강한 랠리.
- **평단가**: 평균 **11,798만원/평**으로 대치동보다 **근소 우위**(신축 프리미엄 반영).
- **구성**: 신축 브랜드 단지(개포자이프레지던스·디에이치아너힐즈·래미안블레스티지)가 **상위권을 주도**. 중대형 구축도 상위권 일부 형성.
- **전략 포인트**:
  - 신축 프리미엄이 평단가를 지지. 분양가상한제/청약·전매 규제 변화 등 **정책 변수**에 민감.
  - 조정 국면에서 **중·대형 구축의 체질 개선(리모델링/재건축 가능성)**을 동반한 **밸류 위주 접근** 유효.

▲ 실거래 데이터를 참조한 답변

실제 거래 데이터라는 양질의 참고 자료를 제공했을 때 ChatGPT의 답변은 다음과 같은 명확한 이점을 가진다.

첫째, 수치가 구체적이다. 모든 분석에 구체적인 수치가 제시되어 의사결정의 근거로 활용할 수 있는 수준이다.

둘째, 구체적인 지표와 데이터가 제공되었기 때문에 기초 통계량(평균, 표준편차) 분석이나 시계열 변화, 지역별 비교 같은 심화 분석이 가능하다.

이처럼 신뢰할 수 있는 참고 자료를 제공하면 ChatGPT는 인터넷 검색만으로는 얻기 어려운 수준의 깊이 있는 분석을 제공한다. 이는 실무에서 의사결정을 위한 자료로 충분히 활용 가능한 수준의 전문성과 신뢰성을 갖춘 결과물이다.

결국 참고 자료 제공의 핵심은 현재 ChatGPT에서 수행하고자 하는 업무에 어떤 자료가 가장 적합한지 판단하는 감각과, 그 자료를 효과적으로 수집하고 정리하는 스킬이다. ChatGPT 답변의 정확성과 구체성을 향상시키는 게 고민이라면 참고 자료를 적극적으로 찾아 제공해보자.

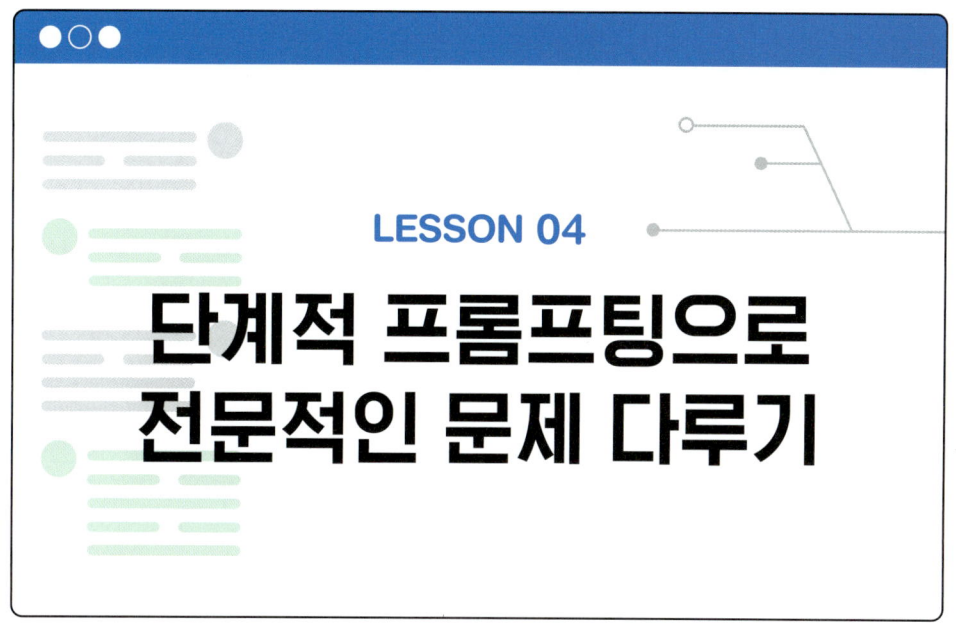

생각의 사슬

프롬프트를 효과적으로 작성하기 위한 세 번째 전략인 단계적 프롬프팅에 대해 알아보자. ChatGPT에게 한 번에 너무 어려운 과제를 지시하면, 마치 패밀리 사이즈 피자를 한입에 밀어넣는 것과 비슷한 상황이 된다. 한입에 먹을 수 없어 마구 흘리는 것처럼 수행해야 할 과제의 일부를 빠뜨리거나 결과물의 전체적인 품질이 떨어질 수 있다.

ChatGPT에게 복잡하고 전문적인 작업을 시키려면 피자를 조각조각 나누어 먹듯이 인간이 개입하여 나누는 과정이 필요하다. 이렇게 나눈 작은 작업마다 하나의 프롬프트로 차례대로 수행하고 마지막에 그 결과물을 종합하여 최종적인 결과물을 완성해야 한다. 이것을 **생각의 사슬(Chain of Thought, CoT)**이라고 한다.

단계적 프롬프팅 방법

그렇다면 어떻게 프롬프트를 단계적으로 나눠야 할까? 가장 간단하고 확실한 방법은 인간 전문가의 절차를 모방하는 것이다. 나라면 혹은 인간 전문가라면 이 일을 어떻게 처리할지 먼저 생각해보고 그 흐름에 맞춰 프롬프트를 작성하는 것이다.

예를 들이 ==ChatGPT를 잘 쓰는 방법에 대한 블로그 글을 작성해줘==라고 지시해도 그럴싸한 블로그 글이 나오긴 한다. 하지만 뭔가 글에 특색이 없고 구체성이 떨어지는 아쉬운 결과가 나온다.

작가라면 글을 쓰기 위해 당연히 거치는 절차가 있다. 우선 주제를 정하고, 기초 자료를 조사한다. 그다음 글의 아웃라인을 작성하고, 목적에 맞게 각 항목별로 내용을 채워 나간다. ChatGPT에게 글쓰기를 맡길 때도 이처럼 단계적인 절차를 따르게 하면 결과물이 훨씬 좋아진다.

복잡하고 큰 과제를 수행할 때 우리도 자연스럽게 이런 단계를 거친다. ChatGPT 역시 인간의 작업 방식을 모방하기 때문에, 큰 목표를 작고 명확한 작업 단위로 쪼개고 이를 순서대로 수행할 수 있도록 프롬프트를 작성해야 한다.

전문가의 사고 과정 모방하기

자신이 해당 업무의 전문가라면 자신만의 방식으로 절차를 구성하고 그 과정을 모방하도록 단계별로 나눠 프롬프트를 작성하는 것도 충분히 훌륭한 방법이다. 하지만 잘 모르는 분야를 다루거나 자신의 방식에 확신이 없거나 혹은 나만의 문제 해결 방법이 있어도 그것을 언어화하기 어려운 경우에는 ChatGPT의 도움을 받는 것이 좋다.

예를 들어 어떤 업무를 ChatGPT에게 맡기고자 할 때 그 업무를 곧바로 수행해 달라고 지시하는 것이 아니라, **이 업무를 수행할 때 가장 적합한 전문가는 누구인지 먼저 물어보는 것**이 효과적이다. 업무 전문가를 추천해 달라고 하면 관련된 직책이나 직무를 제안하거나 실제 인물의 이름을 추천하기도 한다.

직책이나 직무를 기준으로 프롬프트를 구성하면 평균적이고 정제된 일반적인 사고 과정이 나오게 되고, 특정 전문가를 기반으로 하면 조금 더 특이하고 개성 있는 단계적 사고 과정이 나오게 된다. 두 방법을 모두 시도해보고 비교하면서 현재 업무 상황에 가장 적합한 절차를 먼저 찾아내는 것이 좋다.

예를 들어 **상장 기업의 공시된 재무제표를 바탕으로 애널리스트 수준의 리포트를 작성하고 싶다. 그런데 이 업무에 누가 가장 적합한지 알려줘**라고 물어본다면 워렌 버핏, 메리 미커처럼 해당 분야의 전문가를 추천해준다. 이 중에서 가장 마음에 드는 사람을 고르거나 여러 명을 생성해본 다음 비교해볼 수 있다.

> 상장 기업의 공시된 재무제표를 바탕으로 증권사 애널리스트 수준의 리포트를 작성하고 싶다. 이러한 업무에 가장 적합한 실존하는 글로벌 전문가가 5명을 추천해줘. 그리고 그렇게 생각하는 이유도 함께 작성해줘.

1. 워렌 버핏(Warren Buffett)
   '오마하의 현인'으로 불리는 워렌 버핏은 버크셔 해서웨이의 회장 겸 CEO로, 가치 투자와 기업 분석에 대한 깊은 통찰력으로 유명합니다.
2. 메리 미커(Mary Meeker)
   '인터넷의 여왕'으로 알려진 메리 미커는 모건 스탠리의 전 애널리스트로, 기술 분야의 심도 있는 분석과 정확한 예측으로 명성을 얻었습니다. 그녀의 인터넷 트렌드 리포트는 업계 표준으로 여겨집니다.

> 메리 미커(Mary Meeker)의 관점에서 이 문제를 해결하기 위한 단계적인 사고 과정(Mental Model)을 상세하게 설명해줘. 각 단계별로 나눠서 작성하고, 단계마다 구체적인 예시를 포함해서 작성해줘.

메리 미커(Mary Meeker)의 관점에서 상장 기업의 공시된 재무제표를 활용하여 애널리스트 리포트를 작성하는 과정은 **데이터 중심의 성장 패턴 분석, 기술 트렌드 평가, 그리고 투자 기회 식별**에 중점을 둡니다.

✒ **메리 미커의 단계적 사고 과정 (핵심 요점 정리)**

1. 재무제표 데이터 추출 및 분석 → 핵심 지표 분석 (매출, 이익률, CAPEX, FCF)
2. 산업 및 시장 트렌드 분석 → 반도체, AI 성장성 및 경쟁 환경
3. 상장회사 사업별 경쟁사 비교 → 동일 업계 경쟁사 대비 성장성 평가
4. 재무 건전성 및 투자 판단 → 현금흐름, 부채비율, 배당 정책 검토
5. 투자 전망 및 목표 주가 제시 → Bull/Bear 시나리오, 밸류에이션 분석

만약 메리 미커의 관점에서 문제를 해결하기 위한 단계적 사고 과정을 작성해줘라고 요청한다면, ChatGPT는 일반적인 리포트 작성 방식이 아닌 메리 미커 특유의 접근법을 제시한다. 이 과정을 통해 문제 해결 절차가 마련되므로 이를 모방해서 프롬프트를 작성할 수 있다.

단계적 프롬프팅에서는 ChatGPT와의 대화를 통해 사고 과정을 정의할 수 있다. 인간이 ChatGPT의 생각을 주도적으로 이끌 수도 있고, ChatGPT에게 질문을 주고받으며 협력하여 사고 과정을 만들어갈 수도 있다. 이런 메타적인 프롬프트 방식을 적극 활용하는 것이 ChatGPT의 평범한 답변을 한 단계 끌어올리는 핵심이다.

중간 결과물 랩업하기

단계적 프롬프팅으로 보고서를 작성할 때는 여러 차례 긴 대화를 거치게 된다. 하지만 ChatGPT는 인간처럼 이전 대화 내용을 점차 잊어버리므로, 최종 보고서 작성 전에 중간 결과물을 정리하는 과정이 필요하다. 이 기법을 **체인 오브 드래프트(Chain of Draft)**라고 한다. 중간 결과물, 임시 결과물에 해당하는 드래프트를 먼저 만든 뒤 최종 답변을 생성하면 품질이 향상된다는 연구 결과도 있다.

ChatGPT와 충분한 분석과 추론을 마쳤다면, 최종 보고서 작성 전에 다음과 같이 요청해보자. 위 내용에 대한 종합 보고서를 작성하고 싶다. 지금까지 내용을 종합해서 핵심 아이디어만 간략히 정리해줘. 반드시 필요한 요점만 추려줘.

핵심은 모든 내용을 나열하는 것이 아니라 **핵심만 요약**하도록 지시하는 것이다. 이렇게 전체 내용을 요약 정리한 후 이를 기반으로 확장해 나가면 최종 보고서의 완성도가 훨씬 높아진다. 복잡한 분석 이후 보고서를 작성할 때는 반드시 이런 축약 과정을 거치는 것이 바람직하다.

자기 검증 프롬프트

ChatGPT가 때때로 사실과 다른 정보를 생성하는 환각 현상은 널리 알려져 있다. 환각을 100% 완전히 방지하기는 어렵지만, 스스로 검증하도록 유도하는 프롬프트를 활용하면 충분히 개선할 수 있다. ==위 답변을 철저하게 비판적으로 검토해줘. 피드백에서는 논리적 오류, 명확성 부족, 누락된 정보, 개선할 표현, 거짓일 가능성이 있는 내용(출처가 명확하지 않거나 확실하지 않은 추정된 정보)을 지적해야 해. 그런 다음 구체적이고 실행 가능한 개선점을 제시해줘.== 이런 프롬프트를 통해서 ChatGPT가 답변을 스스로 검증하도록 할 수 있다.

자기 검증 프롬프트를 사용하면 ChatGPT가 이전 답변에서 오류가 있을 가능성이 있는 부분이나 보완할 지점을 스스로 회고한다. 이 과정을 통해 내용을 정리하고 더욱 완성도 높은 결과물을 만들어낸다. 특히 단계적 프롬프팅의 마지막 단계에 이러한 자기 검증 절차를 추가하면, 답변의 전문성과 신뢰성이 크게 향상된다.

물론 체로 거른다고 해서 돌을 100% 걸러낼 수 없는 것처럼, ChatGPT 답변의 신뢰성은 결국 인간이 책임지고 확인해야 한다. 자기 검증 기능은 보조 도구일 뿐, 최종 검증은 사용자의 몫이다.

시장 분석 업무, 단계적 프롬프팅 활용 사례

이번에는 ChatGPT를 활용해 치킨 프랜차이즈 시장과 주요 기업을 분석하는 업무를 수행해보자. 이 작업은 고려해야 할 요소가 많고 높은 전문성을 요구하지만, 신뢰할 수 있는 참고 자료와 단계적 프롬프팅 기법을 활용하면 복잡한 과제를 세분화하여 전문가 수준의 결과물을 만들 수 있다.

먼저 ChatGPT에게 단순히 시장 및 기업 분석 작업을 프롬프트로만 요청해보았다. 답변은 나오지만 대체로 일반적이고 구체성이 부족하다. 게다가 이런 단순한 프롬프트 결과에는 답변에 거짓이 뻔뻔히 섞여 나오는 환각 현상도 발생할 가능성이 있다.

예시로 한국 치킨 프랜차이즈 시장 내 주요 업체(BHC, BBQ, 교촌치킨)의 본사와 가맹점 수익성을 분석하는 보고서 작성을 요청해보았다.

> 한국 치킨 프랜차이즈 시장 내 주요 플레이어(BHC, BBQ, 교촌치킨)인 프랜차이즈 본사 기업과 가맹점의 수익성에 대한 분석 보고서를 작성해주세요.

한국 치킨 프랜차이즈 시장은 오랫동안 안정적인 성장세를 보여왔으며, BHC, BBQ, 교촌치킨 등 주요 브랜드들이 시장을 주도하고 있습니다. 이 보고서는 이들 주요 치킨 프랜차이즈 본사 기업과 가맹점의 수익성을 분석하여 시장 내 경쟁 구도와 향후 전망을 평가하는 데 목적을 두고 있습니다.

1. 시장 개요

한국의 치킨 시장은 외식 문화의 발달과 배달 서비스의 확장에 힘입어 급격히 성장했습니다. 특히, 치킨은 전 연령층에 걸쳐 선호되는 음식으로 자리잡았으며, 주말 및 스포츠 경기 기간 등 특정 시기에 수요가 급증하는 경향이 있습니다.

2. 주요 프랜차이즈 현황

- **BHC**
  - **본사 개요**: BHC는 1997년에 설립된 이후 빠르게 성장한 기업으로, 다양한 맛과 메뉴 개발을 통해 소비자들의 입맛을 사로잡았습니다. BHC는 매장 수를 공격적으로 확장하며 시장 점유율을 넓혀왔습니다.
  - **수익성**: 본사는 가맹점에서 발생하는 로열티, 물류, 광고비 등의 수익원이 있으며, 특히 원재료 공급을 통해 안정적인 수익을 창출하고 있습니다. 하지만 가맹점의 높은 물류비와 광고비 부담으로 인해 일부 가맹점주들의 수익성이 저하될 우려가 존재합니다.
- **BBQ**
  - **본사 개요**: BBQ는 1995년에 설립되었으며, 국제 시장으로의 확장을 통해 글로벌 프랜차이즈로 성장했습니다. "황금올리브" 치킨 등 인기 메뉴를 통해 브랜드 인지도를 높였습니다.
  - **수익성**: BBQ는 본사의 공격적인 마케팅과 브랜드 강화 전략을 통해 높은 매출을 기록하고 있습니다. 그러나 가맹점주들이 높은 초기 투자비용과 운영비용을 부담하고 있어, 수익성에 부담이 될 수 있습니다.
- **교촌치킨**
  - **본사 개요**: 교촌치킨은 1991년 설립 이후, 고품질의 재료와 특화된 소스 개발로 고급 치킨 시장을 타겟팅하며 성장했습니다. 비교적 높은 가격대의 제품군을 유지하고 있습니다.

- **수익성**: 교촌치킨 본사는 고급화 전략을 통해 프리미엄 가격을 유지하며, 본사 차원에서 비교적 안정적인 수익을 창출하고 있습니다. 그러나 일부 가맹점에서는 매출 성장세 둔화와 높은 원가로 인해 수익성 압박이 존재할 수 있습니다.

3. 본사와 가맹점 간의 수익성 분석

- **본사 수익성**: BHC, BBQ, 교촌치킨 모두 본사 차원에서는 안정적인 수익 구조를 가지고 있습니다. 이는 가맹점에서 발생하는 로열티, 원재료 및 물류 공급 수익 등으로 인해 본사는 비교적 안정적인 수익성을 유지하고 있습니다. 하지만, 가맹점주의 부담이 가중될 경우 본사 수익성에도 악영향을 미칠 수 있는 잠재적 리스크가 존재합니다.
- **가맹점 수익성**: 가맹점 수익성은 본사의 전략 및 운영방식에 큰 영향을 받습니다. 가맹점주의 수익성은 주로 매출, 원가, 물류비, 광고비, 로열티 등에 의해 결정됩니다. 세 브랜드 모두 가맹점이 높은 물류비와 로열티를 부담하고 있는 것으로 보이며, 특히 대도시와 중소도시 간 매출 격차가 큰 상황입니다. 이에 따라, 가맹점 수익성은 지역적 요소와 본사의 지원 정책에 따라 크게 달라질 수 있습니다.

4. 결론 및 향후 전망

한국 치킨 프랜차이즈 시장은 포화 상태에 접어들면서 본사와 가맹점 간의 수익성 갈등이 주요 이슈로 부상하고 있습니다. 각 브랜드는 차별화된 메뉴 개발과 마케팅 전략을 통해 지속적인 성장을 모색하고 있지만, 가맹점 수익성 개선을 위한 본사 차원의 적극적인 지원이 필요합니다.

앞으로도 치킨 프랜차이즈 시장은 다양한 신메뉴 출시와 더불어 배달 서비스 강화, 디지털화 전략 등을 통해 성장할 가능성이 높습니다. 그러나 가맹점 수익성의 안정화를 도모하지 않을 경우, 본사의 장기적인 성장에도 부정적인 영향을 미칠 수 있으므로, 이에 대한 체계적인 대응이 요구됩니다.

이 보고서는 주요 치킨 프랜차이즈의 본사와 가맹점 수익성을 바탕으로 한 분석이며, 이는 시장의 변동에 따라 지속적인 모니터링과 업데이트가 필요합니다.

결과물은 얼핏 자세해 보이지만 일반적인 내용으로 분석 보고서라기보다는 개요 수준에 가깝다. 일반적인 답변을 개선하기 위해 전문적이고 공신력 있는 참고 자료를 제공해보자.

예시에서는 BHC, BBQ, 교촌치킨의 재무제표(전자공시시스템 DART 공시 자료), 기업 분석 유튜브 영상, 관련 뉴스 기사를 활용해보았다. 이런 자료를 참고하면 ChatGPT 답변에 신뢰성과 전문성이 더해진다.

하지만 방대한 참고 자료를 한꺼번에 제공하거나 복잡한 업무를 한번에 요청하면 기대만큼의 품질 향상은 어렵다. 물론 참고 자료가 없을 때보다는 구체적인 수치나 내용을 인용하는 등 답변이 개선되긴 하지만, 데이터에서 심도 있는 추론을 하지 못하고 방대한 내용에서 잘못 인용하는 부분이 생긴다. 또한 그럴싸한 결과와 달리 세부적인 요구사항을 놓치는 경우도 있다.

결과적으로, 참고 자료를 활용해 신뢰도 높고 전문적인 보고서를 만들겠다는 본래의 목표를 제대로 달성하지 못하게 된다.

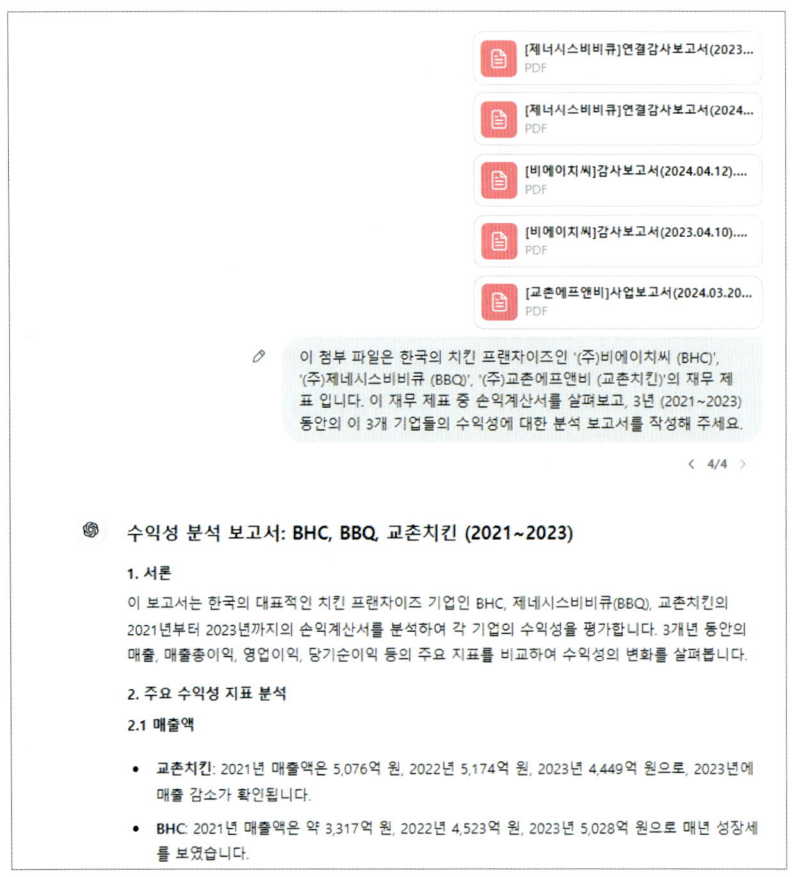

우선 작업을 단계적으로 나누어 ChatGPT에게 지시해보자.

이번 과제의 목표는 재무제표 데이터를 기반으로 공통점을 도출해 시장을 분석하고, 각 기업의 특징과 차이점을 비교한 보고서를 작성하는 것이다.

ChatGPT에게 곧바로 지시를 내리기 전에, 먼저 목표 달성을 위한 작업 단계를 기획해야 한다. 분석의 방향타를 쥐고 디테일한 지시를 효과적으로 내리려면 프롬프트 입력에 앞서 전체 업무 절차와 중간 결과물의 구조를 먼저 설계해야 한다.

예를 들어 기업별 손익계산서에서 매출, 영업이익, 비용 상세 내역 등 주요 재무 지표를 먼저 요약한다. 이어서 해당 지표들의 의미를 해석하기 위해 관련 분석 기사나 콘텐츠를 참고해 추가 인사이트를 도출한다. 이렇게 수집한 정보와 해석을 바탕으로 보고서에 담을 종합 인사이트를 정리하고, 이를 토대로 상세한 보고서 내용을 구체화한다.

▲ 단계적 프롬프팅의 기본 작업 과정

1. 주요 지표 요약 (포괄손익계산서)

(주)비에이치씨의 3년치 포괄손익계산서 주요 지표 요약 (단위: 원)

항목	2021년	2022년	2023년
매출액	477,088,168,627	507,491,760,259	535,619,190,000
매출원가	277,904,670,206	316,143,829,195	346,591,375,000
매출총이익	199,183,498,421	191,347,931,064	189,027,815,000
판매비와관리비	45,392,253,859	49,521,891,359	68,700,976,000
영업이익	153,791,244,562	141,826,039,705	120,326,839,000
법인세비용차감전순이익	186,991,884,798	154,573,765,084	150,709,108,000
당기순이익	154,658,664,368	129,817,442,455	122,554,851,000

설명:

- **매출액**: 매출은 매년 증가하였으며, 2021년 대비 2023년에 약 12% 상승하였습니다.

- **매출원가**: 매출원가는 2021년 대비 2023년에 약 25% 증가하여 매출 총이익에 압박을 주었습니다.
- **영업이익**: 영업이익은 2021년 이후 감소하는 추세로, 매출원가와 판매비와관리비의 증가로 인해 이익률이 낮아졌습니다.
- **당기순이익**: 2021년 이후 매년 감소하고 있으며, 2023년에는 2021년 대비 약 21% 감소하였습니다.

2. 3년치 상세 비용 분류 내역

상세 비용 분류 (단위: 원)

항목	2021년	2022년	2023년
상품 및 원재료 매입	264,314,993,000	303,697,115,000	315,497,187,000
종업원 급여	18,213,915,000	19,119,289,000	23,887,508,000
감가상각비	3,664,529,000	6,412,399,000	6,955,595,000
무형자산상각비	125,963,000	284,346,000	643,612,000
지급수수료	6,741,666,000	8,288,179,000	10,790,005,000
광고선전비	7,543,971,000	7,473,950,000	7,384,581,000
운반비	11,190,332,000	14,974,820,000	13,763,618,000

그 결과 훨씬 정확하고 심도 있는 분석 결과를 도출할 수 있다. 특히 100페이지 정도의 방대한 참고 자료를 제공할 경우 ChatGPT가 내용을 요약하면서 실수하기도 하는데, 작업을 단계별로 쪼개서 지시하자 이러한 오류가 거의 발생하지 않았다.

단계적으로 도출한 인사이트를 종합해서 최종 인사이트로 정리하자, 단순한 일회성 프롬프트에서는 얻을 수 없었던 마치 전문가가 작성한 듯한 심화된 보고서를 생성할 수 있었다.

또한 ChatGPT는 파이썬 기반의 계산, 데이터 분석, 차트 시각화 기능을 기본 탑재하고 있어, 이를 적극 활용하면 더욱 풍부한 데이터 기반의 보고서를 작성할 수 있다.

수익성 분석 보고서: BHC, 제네시스 BBQ, 교촌 F&B

요약

이 보고서는 한국의 주요 치킨 프랜차이즈 기업인 BHC, 제네시스 BBQ, 교촌 F&B의 수익성을 종합적으로 분석합니다. 이 분석은 프랜차이즈 본사와 가맹점의 관점에서 각각 평가되며, 각 회사의 재무 건강, 운영 효율성, 시장 내 지속 가능성을 비교합니다.

1. 기업 개요

- **BHC**: 사모펀드의 지원을 받아 비용 관리에 강점을 보이는 치킨 프랜차이즈로, 본사 차원에서 높은 수익성을 유지하고 있습니다.
- **제네시스 BBQ**: 다양한 제품군과 높은 브랜드 인지도를 자랑하는 대표적인 치킨 브랜드로, 비용 관리에서의 도전 과제에 직면해 있습니다.
- **교촌 F&B**: 전통적인 맛과 품질을 중시하는 브랜드로, 원가 상승에 따른 비용 관리와 수익성 유지에 어려움을 겪고 있습니다.

2. 재무 성과 비교

지표	BHC	제네시스 BBQ	교촌 F&B
2021년 영업이익률	32.23%	16.97%	8.06%
2022년 영업이익률	27.94%	15.60%	1.71%
2023년 영업이익률	22.46%	13.71%	5.58%
매출원가율 (2023년)	62.3%	62.28%	75.69%

해석:

- BHC는 매년 가장 높은 영업이익률을 기록하며, 수익성에서 우위를 점하고 있습니다. 그러나 2021년에서 2023년 사이의 이익률 감소는 비용 증가나 기타 운영상의 도전과제를 나타내지만, 여전히 가장 높은 수익성을 유지하고 있습니다.
- 제네시스 BBQ는 중간 정도의 영업이익률을 보이며, BHC와 유사한 추세로 감소하고 있습니다. 다양한 제품군으로 인해 운영 비용이 높아져 전반적인 수익성에 영향을 미치고 있습니다.
- 교촌 F&B는 가장 낮은 수익성을 보이며, 높은 매출원가율과 운영 비용으로 인해 이익률이 크게 압박받고 있습니다.

3. 프랜차이즈 본사 측면에시의 수익성

1. **BHC:**
    - **비용 관리**: BHC의 매출원가율은 62.3%로, 세 기업 중 가장 낮아 효율적인 비용 관리가 이루어지고 있음을 보여줍니다. 사모펀드의 비용 절감 전략이 큰 역할을 하고 있습니다.
    - **영업이익**: 2021년 32.23%에서 2023년 22.46%로 하락했지만, 여전히 강력한 이익률을 유지하고 있습니다.

2. **제네시스 BBQ:**
    - **매출 창출**: 다양한 제품군 덕분에 안정적인 매출을 창출하지만, 높은 운영 비용으로 인해 수익성이 저하되고 있습니다. 매출원가율은 BHC와 유사하지만, 영업이익률은 낮아 비용 관리가 다소 부족함을 시사합니다.
    - **브랜드 가치**: 강력한 브랜드 인지도를 바탕으로 하지만, 비용 관리 측면에서 개선이 필요합니다.

3. **교촌 F&B:**
    - **높은 매출원가**: 교촌의 매출원가율이 75.69%로 가장 높아, 원재료비와 운영비 부담이 큽니다.

- **수익성 회복**: 2023년에 다소 회복되었으나, 여전히 낮은 수익성을 보여줍니다.

4. 가맹점 측면에서의 수익성

1. **BHC**:
   - **가맹점 평균 매출**: BHC 가맹점의 연평균 매출은 약 6억 3천만 원입니다.
   - **예상 가맹점 이익**: 가맹점의 영업이익률이 약 10-15% 수준일 것으로 추정되며, 연간 약 6천만 원에서 9천만 원의 이익이 예상됩니다.
   - **본사 이익**: BHC 본사는 가맹점당 연간 약 8천만 원의 이익을 얻고 있으며, 이는 높은 본사 이익률을 보여줍니다.
   - **폐점 비율**: BHC의 폐점 비율은 상대적으로 높으며, 매장 수 대비 10% 내외의 점포가 계약 종료 또는 폐점을 겪고 있습니다. 이는 본사의 높은 이익률이 가맹점주의 수익성을 저해할 수 있음을 시사합니다.

2. **제네시스 BBQ**:
   - **가맹점 평균 매출**: 제네시스 BBQ 가맹점의 연평균 매출은 약 4억 4천만 원으로, BHC에 비해 낮습니다.
   - **예상 가맹점 이익**: 영업이익률이 약 1↓5%로 추정되며, 연간 약 4천만 원에서 6천만 원의 이익이 예상됩니다.

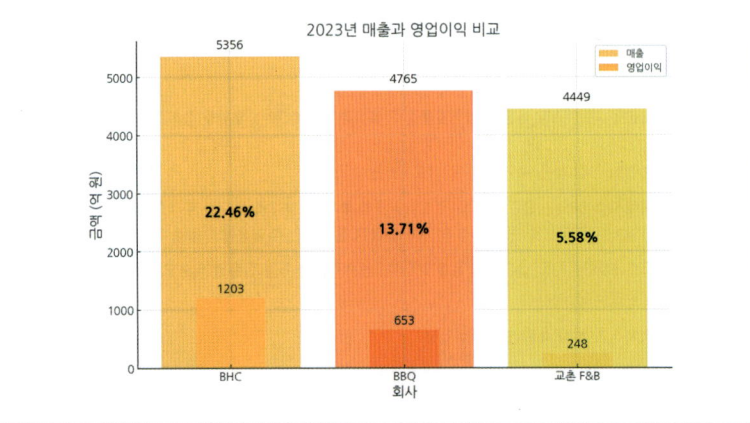

ChatGPT를 실무에 활용해 전문적인 결과물을 얻고자 한다면, 신뢰할 수 있는 참고 자료와 단계적인 문제 해결 방식이 효과적이다. 명확한 목표 설정과 해결 과정에 대한 메타인지는 물론, 분석 과정을 주도하고 관리할 수 있는 역량과 인내심도 갖춰야 한다. ChatGPT에 의존하는 것이 아니라 이를 주도적으로 활용해야 한다.

단번에 좋은 결과가 나오는 경우는 드물다. ChatGPT는 만능 열쇠가 아니며 대부분 해당 분야의 전문가보다 덜 전문적이고 덜 창의적인 결과가 나온다. 하지만 다양한 분야에 걸친 폭넓은 지식, 빠른 처리 속도, 지치지 않는 특성, 그리고 때때로 놀라운 아이디어를 제시하는 능력은 분명한 강점이다. 이 점을 잘 활용해야 한다.

램프의 요정처럼 대충 요청해도 최적의 답을 얻을 수 있다면 좋겠지만, ChatGPT는 그렇게 사용하는 것이 아니다. 같은 도구라도 누가, 어떻게 사용하느냐에 따라 결과물이 천차만별로 달라진다. 좋은 결과물을 뽑는 핵심은 실제 전문가의 문제 해결 방식과 절차를 모방하는 데 있다.

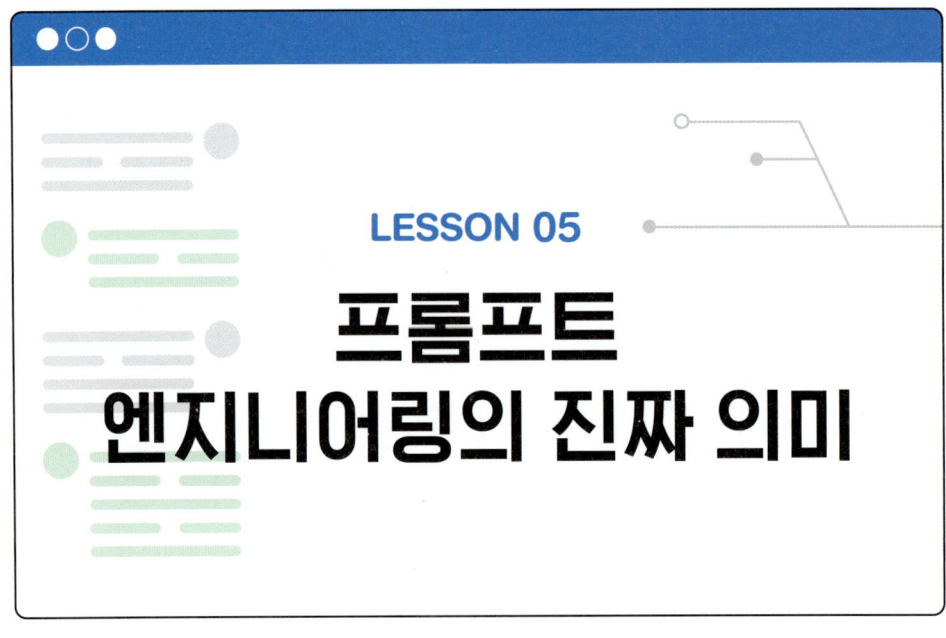

LESSON 05
프롬프트 엔지니어링의 진짜 의미

ChatGPT와 커뮤니케이션하는 방법

다양한 프롬프트를 시도하며 깨달은 점이 있다. ChatGPT 프롬프트를 잘 쓰는 방법은 인간이 일을 잘하고 커뮤니케이션을 잘하는 방법과 유사하다는 것이다. ChatGPT가 인간의 일하는 방식을 모방하기 때문에 좋은 프롬프트 작성법도 결국 명료하고 구체적이며 우선순위가 분명한 업무 커뮤니케이션과 크게 다르지 않다.

큰 작업을 한꺼번에 처리하지 않고 단계적으로 나누어 해결하는 것, 한꺼번에 너무 많은 지시를 주지 않는 것, 과거의 우수 사례를 참고 자료로 제공해 구성·형식·어조를 참고하게 하는 것, 그리고 우선순위에 따라 핵심 고려사항을 명확히 전달하는 것, 이러한 전략 모두가 결국 인간이 일을 잘하기 위해 이미 실천하고 있는 것들이다.

그렇기에 프롬프트 엔지니어링 기법 자체가 중요한 것이 아니다. 프롬프트 엔지니어링의 구성 요소는 AI로부터 더 나은 결과물을 이끌어내는 요령으로 참고할 만하지만 그 자체가 불변의 진리나 원칙은 아니다. 오히려 인간의 일하는 방식을 충실히 모방한 자연스러운 귀결로 보는 것이 바람직하다.

따라서 프롬프트 엔지니어링보다 인간 고유의 역량 개발이 우선이라는 점을 강조하고 싶다. ChatGPT에게 요청하기 전에 도메인 지식, 인문학적 소양, 센스, 감, 암묵지가 있어야 비로소 제대로 요청할 수 있다.

빈 프롬프트 입력창 앞에서 막막함을 느낀다면 ChatGPT에게 질문하기 전에 한 발짝 떨어져서 내 업무를 메타적으로 성찰하고 이 문제를 어떻게 해결할지 스스로에게 먼저 물어야 한다.

현재 AI를 활용해서 일하는 관점에서 볼 때, AI가 인간을 대체하거나 모든 문제를 해결하는 만능 열쇠라는 기대는 과한 표현이며 오해에 불과하다. AI는 인간과 상호 협력하는 도구로 바라보는 것이 바람직하다.

나의 전문성으로 업무 파트너인 ChatGPT를 똑똑하게 만들고, 똑똑해진 ChatGPT가 다시 나를 보완하는 것이다. 이 점에서 Microsoft의 AI 브랜드인 코파일럿(부조종사)이라는 표현은 적확하다. 인간이 업무의 파일럿이라면 AI는 보조하는 코파일럿 역할을 해야 한다.

결국 AI 시대일수록 인간의 역량이 오히려 더욱 중요해진다. AI가 모든 문제를 단번에 해결해 줄 것이라는 과도한 기대를 내려놓고, AI와 협력적으로 일하는 방식을 재정립하는 것이야말로 생산성을 높이는 올바른 활용이다. 인간의 전문성과 AI의 활용 능력이 결합될 때, 우리는 AI 시대에 걸맞은 진정한 **일잘러**가 될 수 있다.

도구를 넘어 동료로, 지시를 넘어 협력으로

AI를 도구로 활용하려면 무엇보다 잘 설계된 프롬프트가 필요하다. 좋은 프롬프트는 우연히 만들어지는 것이 아니라 인간의 기획력과 해당 분야의 전문성에서 나온다.

내가 잘 아는 분야에서 AI를 더 효과적으로 사용할 수 있는 이유가 바로 여기에 있다. 그렇기에 AI 시대에도 인간으로서, 직업인으로서 지속적으로 성장하는 것이 중요하다.

AI 활용의 기본 : 전문성과 프롬프트

전문성이 곧 프롬프트의 품질을 결정한다는 것은 많은 사람들이 체감하는 현실이다. 마케팅 전문가가 마케팅 관련 AI 작업에서 더 나은 결과를 얻고, 개발자가 코딩 관련 요청에서 더 정확한 답변을 이끌어내는 것은 우연이 아니다.

그렇다면 AI는 단순한 도구에 불과한 것일까? 인류 역사상 가장 발전한 기술을, 과거의 기술처럼 단순히 보조 도구로만 인식하는 것이 과연 적절할까?

AI를 도구로만 바라보는 관점에서 한 걸음 더 나아가, 함께 일하는 동료로 인식할 때 우리의 AI 활용 능력은 한 단계 도약할 수 있다. 이와 같은 관점 전환은 두 가지 중요한 변화를 가져온다.

> **첫째,** 내가 잘 모르는 분야에서도 AI를 효과적으로 활용할 수 있게 된다. 전문성이 부족한 영역에서도 AI와의 협력적 대화를 통해 점진적으로 이해도를 높이고 더 나은 결과를 얻을 수 있다.
>
> **둘째,** AI를 능숙하게 활용하는 수준에 도달하는 과정에서도 AI의 도움을 받을 수 있다. AI 자체가 우리의 AI 활용 능력을 향상시키는 코치 역할을 할 수 있다는 의미다.

AI를 도구로만 바라보면 오히려 그 능력을 잘 이끌어내기 어렵고, AI에게 완벽한 지시를 내려야 한다는 강박은 사용하기 더욱 어렵게 만든다. AI가 기대한 만큼 좋은 답변을 하지 않으면 실망하고, 더 나은 결과를 얻기 위한 탐색을 포기하기도 한다.

따라서 AI를 동료로 바라보고 지시를 넘어 협력적인 관계를 구축해야 한다. 프롬프트를 구조화하기 어려울 때 ChatGPT에게 구조화된 프롬프트 초안을 요청하거나, 가상의 전문가를 소환해 그의 단계적 사고 과정에 맞게 프롬프트를 설계해 달라고 요청하는 것도 이러한 접근 방식이다.

내 전문성과 AI 활용 능력만으로는 만족할 만한 결과가 나오지 않을 때, 도구를 탓하기보다는 AI에게 더 나은 답변을 이끌어내기 위한 질문, 코칭, 피드백을 해야 한다.

이러한 협력적 관계는 기존의 디지털 도구를 사용할 때는 경험하지 못한 방식이다. 우리는 검색창에 자신이 궁금한 것을 요청하듯이 디지털 도구와 일방적인 관계를 맺는 데 익숙하다.

그렇지만 AI와의 관계를 새롭게 설정하고 보다 인간적인 방식으로 대할 때 예상치 못한 놀라운 결과를 경험하게 된다. 우리가 동료들과 티타임을 하면서 창의적인 아이디어를 내는 것처럼, 질문을 통해 결론에 도달하는 소크라테스식 산파술처럼 이 도구를 사용해야 한다.

협력적 관계 활용하기

상호 협력적 활용의 구체적인 예시로는 비정형적 입력을 통한 결과물 생성이 있다. 처음부터 잘 정형화된 프롬프트를 만들려 애쓰기보다 ChatGPT와 음성 모드로 이야기를 나눠보자.

현재 고민 중인 내용을 러프하게 이야기하면 ChatGPT가 정리하고, 이를 기반으로 추론하여 인사이트를 도출해준다. 또는 메모해둔 것들을 통째로 텍스트로 덤핑하고 그 안의 내용을 정리하고 새로운 의미를 도출해 달라고 요청할 수도 있다.

비정형 입력 중 특히 흥미로운 방식은 이미지를 활용하는 것이다. 손글씨나 스크린 캡처를 제공하고 이를 기반으로 내 요청을 수행해 달라고 하면 놀랍게도 의도를 잘 파악해 매끄럽게 업무를 처리한다.

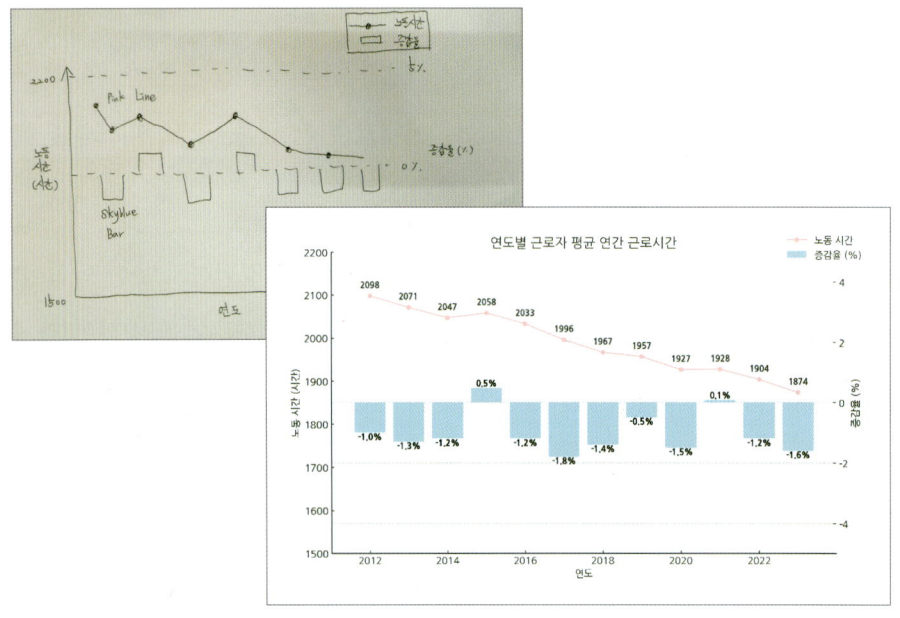

▲ 손으로 그린 그래프 디자인을 구현한 사례

ChatGPT에게 역으로 질문하는 것도 AI와 협력하는 아주 좋은 접근 방식이다. 개별 프롬프트를 어떻게 써야 할지, 어떻게 고쳐야 할지를 물어볼 수도 있고, 전체적인 프롬프트 프로세스를 어떻게 설계할지 물어볼 수도 있다.

업무에 착수하기 이전에 어떻게 이 문제를 해결할지도 물어보고 어떻게 시작할지에 대한 힌트도 얻을 수 있다. 내가 해결해야 하는 문제가 어렵고 막연하다면

ChatGPT에게 그냥 물어보라. 이 열린 질문으로 ChatGPT와 협력적인 관계가 시작될 것이다.

AI와의 진정한 협력은 **상호 성장의 선순환**을 만든다. 내가 가진 경험과 전문성이 AI를 더 똑똑하게 만들고, 발전한 AI는 다시 나를 보완한다. 이러한 AI와의 인간적인 협력 관계 구축이 단순한 프롬프트 엔지니어링을 넘어 AI를 가장 효과적으로 활용하는 길이다.

 # MEMO

CHAPTER 02

업무 능력 10배 상승, ChatGPT 실무 활용 사례

심층 리서치란 무엇인가

최근에는 기존 웹 검색을 뛰어넘는 강력한 리서치 방법으로 심층 리서치(Deep Research) 기능이 주목받고 있다. 많은 생성형 AI 도구들이 이 기능을 내세우며 치열하게 경쟁하고 있다. 실제로 지식 노동자의 리서치 업무가 AI에 의해 가장 빠르게 변화하고 있다.

심층 리서치는 AI 모델이 단순히 검색 결과를 나열하는 것이 아니라, 스스로 추론하고 필요한 정보를 찾아가며 작업을 수행하는 방식이다. 필요한 정보를 찾기 위해 검색을 반복하고, 그 과정에서 도출된 내용을 바탕으로 다음 검색 방향을 결정하는 등 마치 리서치 어시스턴트가 실제 업무를 수행하는 흐름과 유사하다.

흥미로운 사례로 **2000년대 초반부터 2024년까지 수능 금지곡으로 인식되는 후크송 조사**라는 주제로 심층 리서치를 해볼 수 있다. 일반 ChatGPT 웹 검색 기능만으로는 특정 연도가 누락되거나 정확하지 않은 정보가 포함될 수 있다.

반면 심층 리서치는 인간처럼 다양한 소스를 폭넓게 조사한다. 조선일보 같은 미디어뿐 아니라 GQ 코리아 같은 잡지, 블로그 등 다양한 소스를 섬세하게 뒤져서 관련 자료를 정리한다. 그 결과 2004년 '어머나'부터, 2007년 'Tell me', 2008년 'U R Man', 2024년 '아파트'까지 디테일한 자료 조사를 기반으로 정확하게 정보를 정리한다.

▲ 심층 리서치 기능을 활용한 수능 금지곡 조사 요청

✦ 2000년대부터 2024년까지 연도별 대표 수능 금지곡 조사

연도별 수능 금지곡 (2000년대 초반~2024년)

연도별 대표 수능 금지곡 목록

연도	곡명 (아티스트)
2004	어머나 (장윤정)
2005	무조건 (박상철)
2007	Tell Me (원더걸스)
2008	U R Man (SS501)
2009	Ring Ding Dong (샤이니)
2010	Mazeltov (제국의아이들)
2011	Roly-Poly (티아라)
2012	Gangnam Style (싸이)
2013	빠빠빠 (크레용팝)
2014	위아래 (EXID)
2015	Dumb Dumb (레드벨벳)
2016	Pick Me (프로듀스101 시즌1)
2017	나야 나 (Pick Me) (프로듀스101 시즌2)
2018	사랑을 했다 (아이콘)
2019	아모르 파티 (김연자)
2020	Dolphin (오마이걸)
2021	롤린 (Rollin') (브레이브걸스)
2022	POP! (나연)
2023	Super Shy (뉴진스)
2024	아파트 (로제 & 브루노 마스)

각 곡의 간략한 해설과 **수능 금지곡**으로 불리게 된 맥락은 다음과 같습니다.

2004년 – 장윤정 「어머나」

2004년 트로트 열풍을 주도한 장윤정의 히트곡 **「어머나」**는 첫 소절부터 *"어머나, 어머나!"*를 반복하는 훅으로 유명합니다. 경쾌한 리듬에 중독성 강한 후렴구 덕분에 남녀노소 따라 부르기 쉬웠고, 특히 "어머나!"라는 유행어를 남길 정도로 대중적인 인기를 끌었습니다. 노래의 밝고 친숙한 분위기로 예능 프로그램과 행사장에서 배경음악으로 자주 쓰이며 전국적 **'어머나 신드롬'**을 일으켰습니다. 시험을 앞둔 수험생들에게도 이 친숙한 멜로디가 자꾸 귓가에 맴돌아 공부에 집중하기 어렵게 만드는 대표곡으로 회자되었습니다.

2005년 - 박상철 「무조건」

2005년 발표되어 트로트 붐을 이어간 박상철의 **「무조건」**은 *"무조건 무조건이야!"* 라고 같은 말을 연이어 외치는 후렴으로 유명합니다. 단순하고 반복적인 가사("무조건 달려갈 거야")가 강력한 중독성을 띠어, 노래를 한 번 들으면 머릿속에서 계속 맴돌기 쉽습니다. 이 곡은 방송인들과 코미디 프로그램에서도 자주 패러디되어 대중문화 밈(meme)으로 자리잡았고, 각종 축제와 행사장에서 떼창으로 불릴 정도로 흥행했는데요. 이렇게 반복성 강한 후렴 탓에 수험생들 사이에서는 시험 직전에 듣지 말아야 할 **'멘탈 교란'** 금지곡으로 언급되곤 했습니다.

2007년 - 원더걸스 "Tell Me"

2007년 가요계를 강타한 원더걸스의 **「Tell Me」**는 대한민국에 **"텔미 열풍"**을 일으킨 노래로, *"Tell me Tell me te-te-te-te Tell me"*라는 중독적인 훅으로 잘 알려져 있습니다. 중독성 있는 멜로디와 따라하기 쉬운 안무 덕분에 남녀노소가 춤을 따라했고, UCC 동영상과 방송을 통해 전국적으로 퍼졌습니다. 반복되는 영어 후크 "Tell me"는 귓가에 맴돌기 쉬워 수험생들에게도 치명적이었는데요. 수험생 커뮤니티에서는 "시험지에서 **"Tell me"**라는 단어만 봐도 원더걸스 노래가 자동 재생된다"는 우스갯소리가 나올 정도였습니다. 폭발적인 인기와 훅송의 위력으로 인해 이 곡은 이후 '수능 금지곡'이라는 유행어를 대중에게 각인시킨 대표 사례가 되었습니다.

2008년 - SS501 "U R Man"

「U R Man」은 아이돌 그룹 SS501의 유닛이 2008년에 발표한 곡으로, 후렴구의 가사가 연속적으로 반복되어 강한 중독성을 띠는 노래입니다. 특히 *"I'm your man"*이라는 영어 후렴이 빠르게 반복되는데, 한국어 발음상 **"암욜맨"**처럼 들리는 독특한 소리로 인터넷에서 밈이 되기도 했습니다. 이 곡은 **역대 수능 금지곡 중 가장 중독성이 강한 곡**으로 꼽힐 만큼 꾸준히 회자되어 왔는데요 magazine.musicow.com . 실제로 작곡가 한상원은 한 방송에서 "수능이 가까워질수록 이 노래의 음원 수익이 오른다"고 밝혔을 정도입니다 magazine.musicow.com . 그만큼 수험생들이 시험 직전에는 일부러 듣지 않으려 할 정도로 반복적인 멜로디가 머릿속에 각인되는 곡으로 유명합니다.

대표 후크 가사: *"암욜맨! 암욜맨 그대여~ 따라다따 오늘도~"* magazine.musicow.com

▲ 매우 디테일한 지표와 데이터, 교차 검증을 통한 환각 현상 최소화

심층 리서치는 추론과 검색을 함께 하기 때문에 서로 교차 검증하여 가장 정확한 답변을 제공한다. 다만 심층 리서치라고 해서 환각 현상이 100% 없는 것은 아니므로 인간의 최종 검수는 반드시 필요하다.

심층 리서치 도구 비교

현재 ChatGPT의 심층 리서치 기능은 무료 사용자에게는 Lightweight 버전으로 월 5회만 제공된다. Plus 플랜에서는 월 25회, Pro 플랜에서는 월 250회까지 사용할

수 있으며, 상대적으로 비용이 높은 기능이다.

> **TIP** 참고로 Plus 플랜에서 25번은 Full 10회, Lightweight 15회로 Full은 깊고 정교한 리서치, Lightweight는 가볍고 효율적인 리서치 기능을 제공한다. Pro 플랜에서는 각각 125회, 125회다.

ChatGPT의 심층 리서치 출시 이후 다른 경쟁 AI 도구들도 제한된 사용량이지만 무료 심층 리서치 기능을 앞다투어 출시하고 있다. 각자의 상황과 목적에 맞는 도구를 함께 사용하면 더 최적화된 리서치 결과를 얻을 수 있다.

구글 제미나이(Gemini) : 제미나이 2.5 버전 출시 이후 성능이 비약적으로 향상되었으며, ChatGPT의 심층 리서치와 유사한 수준의 전문적인 조사 기능을 제공한다. 제미나이 3 버전에서는 월 10회까지 무료로 이용할 수 있어, 강력한 리서치 기능을 부담 없이 체험할 수 있다는 점이 장점이다.

그록(Grok) : 그록-4 출시와 함께 딥서치(DeepSearch) 기능이 도입되었다. 처음에는 유료 사용자에게만 제공되다 무료 사용자에게도 제한적 사용이 가능하도록 바뀌었다. 무료 사용자는 12시간에 5회 이용 가능하다는 이야기가 있으나 정확한 내용은 아직 공개된 바 없다. 그록의 딥서치는 자사가 보유한 X(트위터)를 콘텐츠 소스로 활용해 사용자 반응이나 바이럴 트렌드를 조사하는 데 강점을 보인다.

클로드(Claude) : 프롬프트 입력창에서 [연구] 기능을 활성화하고 질의하면 심층 리서치와 동일한 방식으로 동작한다. 심층 리서치 도구 중 가장 많은 웹페이지를 참고하며, 다중 하위 에이전트를 병렬적으로 실행해 방대한 정보를 빠르고 깊이 있게 분석한다. 유료 사용자만 사용할 수 있지만, ChatGPT 및 제미나이와 함께 가장 전문적이고 정교한 결과를 제공하는 도구로 평가받는다.

젠스파크(Genspark) : AI를 다른 툴과 연결해 사용하는 에이전트 기능에 특화된 서비스다. 무료 사용자의 경우 하루 1회 심층 리서치 기능을 사용할 수 있으며, 답변 성능은 ChatGPT와 제미나이에 필적할 정도로 우수하다.

퍼플렉시티(Perplexity) : 검색 특화 툴로 심층 연구 기능도 제공한다. 다만 퍼플렉시티 심층 연구는 일반 검색 기능 대비 엄청나게 정확하거나 자세한 것은 아니라 차별점은 크지 않다. 하지만 하루 5번 무료로 사용할 수 있어 가볍게 활용하기에 적합하다.

효과적인 심층 리서치 수행 방법

심층 리서치를 효과적으로 수행하려면 프롬프트를 구체적으로 작성하는 것이 핵심이다. 조사 범위와 참고할 출처를 명확히 지정하면, 모델이 충분한 자료를 검토해 우수한 결과를 낸다. 출처를 명시함으로써 연구 결과의 검증 가능성과 신뢰도가 높아진다. 리서치 범위를 기간, 지역, 분야 등으로 좁히면 보다 깊이 있는 조사 결과를 이끌어낼 수 있다.

ChatGPT 심층 리서치만의 고유한 기능도 있다. 사용자가 가지고 있는 파일을 업로드해서 인터넷 정보와 함께 보다 심층적으로 분석하고 정리할 수 있다. 인터넷에서 찾기 어려운 양질의 정보를 파일로 제공하면 답변의 신뢰성이 향상된다. 특히 일반 모델에서의 파일 분석과 비교할 때 심층 리서치에서는 파일 기반 조사도 더 체계적이고 정확하게 이루어진다.

▲ 전문 자료를 첨부하고 심층 리서치 작업을 요청한 프롬프트

다만 심층 리서치도 100% 신뢰할 수는 없으며 모든 정보를 수집하지는 못한다는 점에 주의해야 한다. 특히 외부 웹사이트의 유료 콘텐츠, 로그인해야 볼 수 있는 자료, PDF 내부의 상세 내용 등은 심층 리서치 기능으로 접근할 수 없다. 또한 광범위하거나 일반적인 질문으로는 심층 리서치의 장점을 제대로 살리지 못한다.

다양한 심층 리서치 도구 통합 활용하기

앞서 소개한 것처럼 ChatGPT를 제외한 대부분의 도구들은 무료로도 충분히 사용할 수 있다. 하나의 도구에 의존하기보다는 다양한 도구를 병행해 사용하고, 여러 도구에서 생성한 결과를 종합 정리하는 것이 심층 리서치를 가장 효과적으로 활용하는 방법이다.

각 AI 도구에 심층 리서치를 요청하면 보통 10~15페이지 분량의 상세한 보고서를 생성한다. 세 개의 도구를 사용하면 최대 50페이지에 달하는 보고서 내용을 읽어봐야 할 수도 있다.

이럴 때는 여러 리서치 에이전트들이 조사한 내용을 ChatGPT에 텍스트 덤핑으로 입력해보자. ChatGPT가 공통적인 핵심 내용을 중심으로 요약하고 서로 상충되거나 차이 나는 내용도 함께 정리해준다. 이를 바탕으로 최종적으로 잘 정제된 보고서를 만들 수 있다.

방대한 리서치 결과를 직접 하나하나 검토하기보다는, ChatGPT를 활용해 모든 자료를 종합해서 공통점 위주로 정리하면 더 정확하고 효율적인 결과를 얻을 수 있다. 이 방식은 방대한 내용을 구조화해 수월하게 볼 수 있어 인지적 부담도 줄여준다.

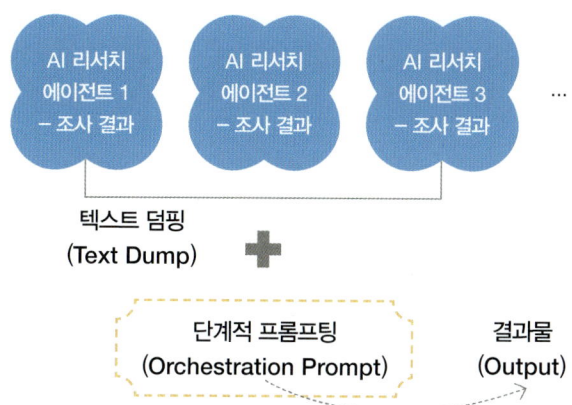

다시 강조하지만 ChatGPT의 웹 검색 기능만으로는 최신 정보를 정확하게 리서치하는 데 분명한 한계가 있다. 보다 정확하고 구체적인 리서치 결과를 얻으려면 반드시 구글 검색을 직접 활용하거나 퍼플렉시티 같은 대안 AI 검색 도구 또는 심층 리서치 기능을 함께 사용하는 것이 좋다. 다양한 자료를 구조화할 때는 다음과 같은 프롬프트를 활용하면 더욱 정제된 결과물을 얻을 수 있다.

목표
아래 참고 자료를 종합하여 보고서를 작성해. 임의로 추론하거나 사전 지식을 활용하지 말고, 참고 자료의 내용을 복합적으로 검토해서 완결된 보고서 형식으로 작성해줘. 최대한 상세하게 작성해줘.

주의사항
- 주어진 참고 자료 안에서만 내용을 정리해야 해.
- 공통된 내용을 중심으로 내용을 정리해. 상호 배치되는 내용은 양쪽 자료의 관점을 설명해서 사용자가 판단할 수 있도록 해줘.
- 참고 자료에서 소개된 사례는 누락 없이 포괄해서 정리해줘.
- 구체적인 수치나 지표는 여러 참고 자료를 비교해서 교차 검증할 것.

참고 자료
{여러 도구들의 심층 리서치 연구 결과를 텍스트 덤핑}

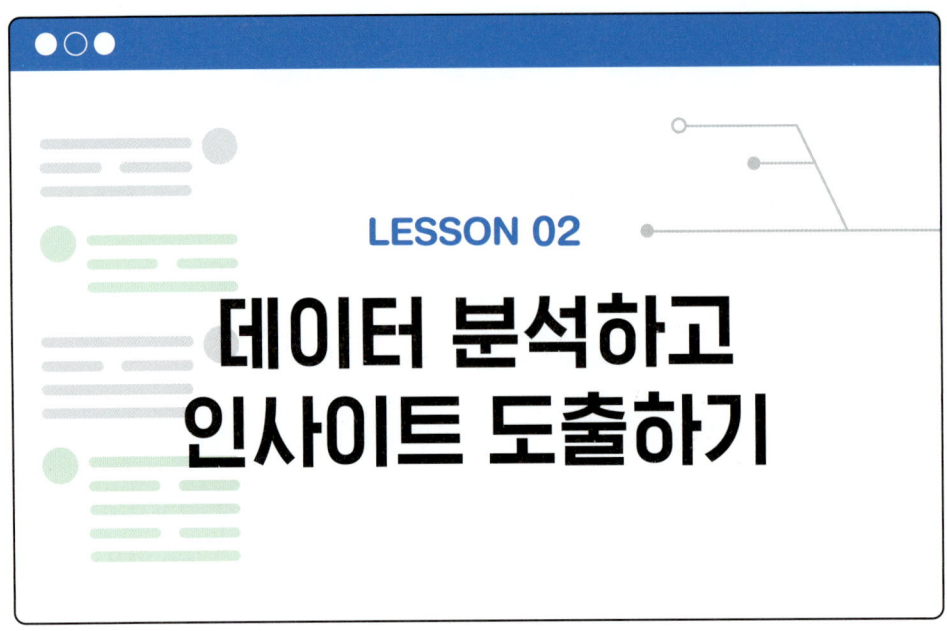

데이터 분석 기능과 전처리

ChatGPT에서는 엑셀과 CSV 파일을 활용해서도 전문 보고서를 작성할 수 있다. ChatGPT는 코드 인터프리터라는 내부 도구로 파이썬(Python) 코드를 자체 작성하고 실행하며 사용자에게 최종 결과물만 제공한다.

파이썬 코드를 모르더라도 ChatGPT를 활용하면 엑셀과 CSV 파일을 분석하고 다양한 연산을 수행할 수 있다. 처리 결과는 ChatGPT가 해석하여 설명해주며 이를 기반으로 보고서로 정리까지 할 수 있다.

데이터 전처리하기

데이터 분석에서 가장 중요한 선결 과제는 깔끔한 데이터를 마련하는 것이다. 시간이 오래 걸리고 번거롭지만 분석의 정확도를 좌우하는 필수적인 과정이다. 이러한 정돈된 데이터를 **타이디 데이터(Tidy Data)**라고 부른다.

타이디 데이터는 피벗 테이블로 쉽게 정리할 수 있는 형태의 데이터다. 보통 엑셀에서 표 형식으로 정리한 데이터로 머리글 행과 열이 있으며 각 셀에는 하나의 고유한 데이터만 입력된 구조이다.

하지만 실무에서는 의외로 깔끔하지 않은 데이터를 많이 생성하고 사용한다. 특히 엑셀 파일을 내부 보고 자료로 사용할 때 셀 병합 등과 같은 속성을 설정한 경우가 대표적이다.

예를 들어 다음 그림은 팀별 생성형 AI 활용 현황을 정리한 표로, 각 업무 내용을 일목요연하게 정리한 것으로 보인다. 하지만 자세히 살펴보면 하나의 셀에 두 개 이상의 업무를 작성하였다. 이는 타이디 데이터의 원칙에 어긋나는 형태로 분석에 적합하지 않다. 이러한 데이터를 정리할 때도 ChatGPT의 기능을 활용할 수 있다.

조직명	보고서 작성 및 편집 효율화	업무 자동화 및 프로세스 개선	데이터 분석 및 동향 파악
경영지원팀	(회의록/결과정리) 회의 결과 회의록 작성	(프로세스 자동화) 협업 플랫폼에서 담당자와 태스크를 자동 매칭	(데이터분석/통계) 부서별 주요 경영 지표를 AI가 주기적으로 모니터링
	(보고서/문서작성) 방대한 문서를 주요 포인트만 요약 컴파	(문서분류/민원관리) 단순 문서 분류·스캔 작업 자동화	(설문/평판분석) 사내·사외 의견(익명 게시판, 고객 제보 등) 긍부정 분석
	(기획서/제안서) 파워포인트 발표자료 초안 작성	(프로세스 자동화) 전자 결재 기반 근태 데이터를 자동 수집·보고	(설문/평판분석) 설문 문항 텍스트 분석으로 개선 포인트 도출
	(오탈자/맞춤법검수) 문서 내 맞춤법·오탈자 자동 확인		
기획조정실	(기획서/제안서) ChatGPT를 활용해 사업 기획서 초안 작성	(프로세스 자동화) 부서별 일정을 종합해 자동으로 회의 스케줄 제안	
	(기획서/제안서) 정책 방향성 제안서에 대한 주요 지표 및 근거 자동 요약	(프로세스 자동화) KPI 달성률을 자동 분석해 주간·월간 보고서 발송	
	(보고서/문서작성) 문서에서 주요 키워드만 추출해 요약본 생성		
홍보팀	(보고서/문서작성) 보도라쇼 초안 작성 후 수정배포	(프로세스 자동화) 미리 등록된 일정대로 SNS 게시물 생성·예약	(데이터분석/통계) 일간·주간별 보도 노출량 정리
	(보고서/문서작성) 카드뉴스·인쇄물 기획서 문안 자동 작성	(시장동향/여론조사) 기사·SNS 데이터를 AI가 스캔하여 정책 관련 언급 수치화	(설문/평판분석) SNS·언론기사 긍정·부정 단어 클러스터 분석
	(회의록/결과정리) 각 행사 후 피드백 보고서 자동 생성		(시장동향/여론조사) SNS 해시태그 빅데이터 수집, 홍보 정책 반영
	(보고서/문서작성) 내부 결산보고서 문안도	(프로세스 자동화) 반복되는 회계 전표 입력 작업을 자동화	(데이터분석/통계) 월별·분기별 지출 패턴 분석

▲ 타이디 데이터의 원칙에 어긋난 사례

데이터 정리 작업에 ChatGPT 활용하기

ChatGPT를 활용하면 정돈되지 않은 데이터를 깔끔한 타이디 데이터로 변환할 수 있다. 데이터를 업로드한 후 이 데이터를 타이디 데이터 형식으로 변환해줘라고 요청하되, 구체적으로 원하는 결과물 형식을 함께 설명해야 한다.

이때 각 컬럼(열)에 어떤 값이 들어가야 하는지 명확하게 설명하는 것이 핵심이다. 글을 쓸 때 결과물의 형식을 묘사하듯이, 엑셀 데이터를 정돈할 때도 원하는 결과물을 구체적으로 설명해야 한다. 또한 ChatGPT가 작업 과정에서 실수할 수 있는 요소들을 주의사항으로 안내하면 불필요한 오류를 줄일 수 있다.

\# 목표
이 데이터를 아래 # 결과물 형식과 같은 Tidy data 형식으로 변환해줘.

\# 결과물 형식
조직명 / 업무 대분류 / 업무 소분류 / 상세 실행 과제
- 조직명 : 1열의 값 (ex. 경영지원팀, 기획조정실)
- 업무 대분류 : 열 제목의 값 (ex. 보고서 작성 및 편집 효율화)
- 업무 소분류 : () 안의 값 (ex. 회의록/결과정리)
- 상세 실행 과제 : 셀 안에 있는 1줄씩의 업무 과제, () 내용은 소분류로 분류하니까 해당 부분은 제거하고 쓸 것

\# 주의사항
- 하나의 셀에 줄바꿈으로 구분된 여러 실행 과제가 있는 경우, 각 실행 과제마다 행으로 나눠줘.
- 상세 실행 과제 셀이 비어 있는 경우(null) 해당 행은 삭제해줘.

이와 같이 요청하면 깔끔하지 않은 형태의 데이터가 파이썬 코드를 통해 처리되어 깔끔한 타이디 데이터 형태로 정리된다. 이렇게 정리된 데이터는 이후 다양한 분석

과제를 수행하는 데 효과적으로 활용할 수 있다.

깔끔하지 않은 데이터를 기반으로 시각화하거나 분석을 수행하면 결과가 피상적인 수준에 머무른다. 반면 데이터를 사전에 정돈한 후 분석에 들어가면 훨씬 더 세분화되고 정교한 분석이 가능하다. 특히 데이터가 복잡할수록 전처리 여부에 따른 분석 품질의 차이는 더욱 두드러진다.

꼭 필요하지만 번거로운 전처리 작업을 ChatGPT의 파이썬 코드 인터프리터 기능으로 간편하게 수행할 수 있다. 전처리 절차를 잘 설계한 프롬프트 하나만 있어도, 매번 수작업으로 처리하던 시간과 노력을 대폭 줄일 수 있다.

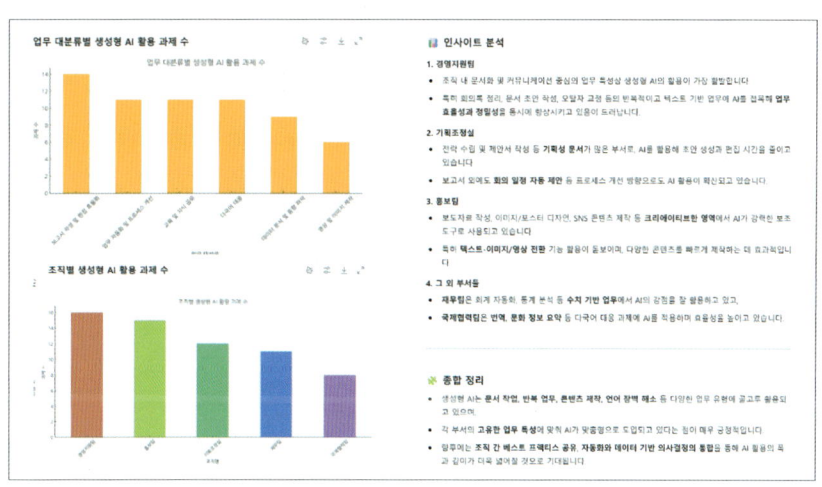

▲ 코드 인터프리터 기능을 활용한 데이터 전처리 결과

정량적 데이터 분석

정량적 데이터를 분석할 때는 다음과 같은 과정을 거치는 것이 효과적이다.

> 1. 데이터 살펴보기 : 전체적인 데이터 구조 살펴보기
> 2. 데이터 전처리 : 데이터를 깔끔하게 분석 가능한 형태로 정리하기
> 3. 탐색적 데이터 분석(EDA) : 데이터에 대해 포괄적으로 알아보기

4. **분석 과제 설정** : 인간이 주도적으로 지시하거나 ChatGPT에게 물어보고 가설 설정하기
5. **가설 분석** : 설정한 가설 분석하기
6. **보고서 작성** : 분석한 내용을 종합하여 보고서 형태로 정리하기

공개 데이터 활용 사례

정량적 데이터 분석을 위해 공개 데이터를 활용한 사례를 살펴보자. 이번에 사용한 데이터는 서울 열린 데이터 광장[8]에서 제공한 것으로, KT의 통신 데이터를 기반으로 서울시 동별 시간대별 유동인구를 기록한 자료다.

데이터의 수집 기간은 2025년 3월 1일부터 3월 30일까지이며, 총 31만 5천여 개의 행과 다수의 열로 구성된 방대한 규모이다.

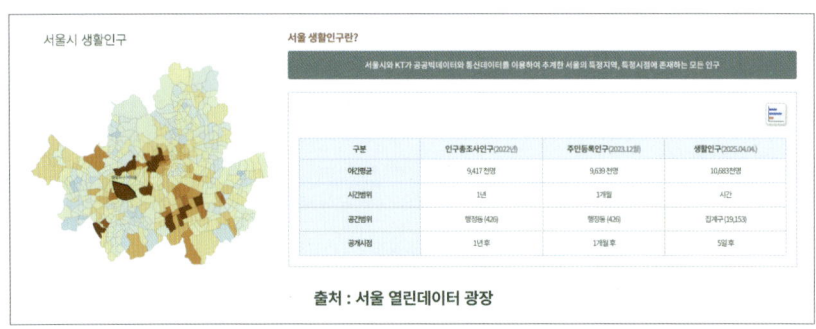

▲ 서울 열린 데이터 광장의 공개 자료

첫 번째 단계인 데이터 살펴보기에서는 <mark>이 데이터에 대해 전체적인 구조를 살펴보고 설명해줘</mark>라고 시작하였다. 그러면 ChatGPT가 모든 데이터를 살펴보고 행의 개수, 데이터의 특성 등 기본적인 개요를 제공한다.

이 과정이 겉보기에 불필요해 보일 수 있지만, 단계적으로 수행했을 때 이후 결과

---

8 https://data.seoul.go.kr/

물이 향상되므로 번거롭더라도 이 과정을 거치는 것이 좋다.

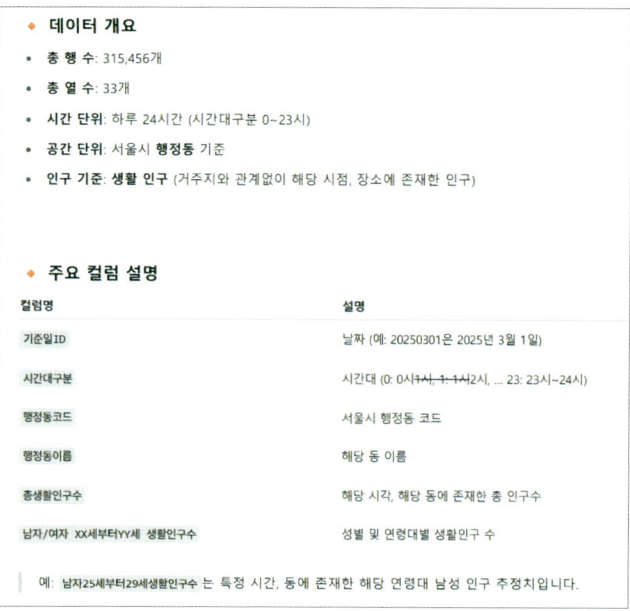

두 번째 단계인 데이터 전처리에서는 먼저 <mark>어떤 전처리를 할 수 있는지 설명해줘</mark>라고 요청하는 것이 좋다. 바로 <mark>데이터 전처리해줘</mark>라고 요청하면 ChatGPT가 임의로 전처리를 수행하긴 하지만 원하는 형태가 아닐 수 있다. 따라서 어떤 전처리가 필요한지 먼저 검토하고 인간이 직접 판단하여 선택적으로 전처리를 지시하는 것이 바람직하다.

예를 들어 날짜 형식을 날짜 타입으로 변환하는 작업은 대부분의 분석에서 중요한 전처리 항목이지만, 값이 비어 있는 경우(결측치)나 비정상 데이터(이상치) 처리는 이 데이터에는 해당하지 않을 수 있다. 전처리 작업이 완료되면 제대로 처리되었는지, 임의로 수정된 열 제목이나 값은 없는지 반드시 사람이 확인해야 한다.

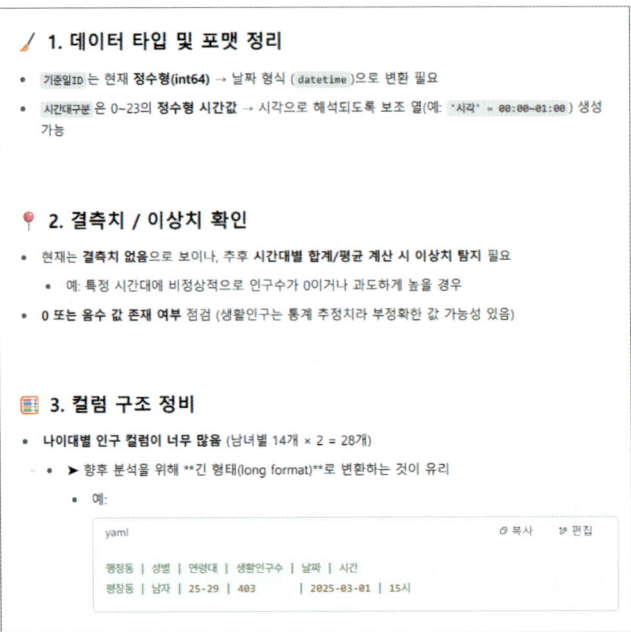

세 번째 단계인 탐색적 데이터 분석(EDA)에서는 비시각화 EDA를 실시해줘와 시각화 EDA를 실시해줘로 나누어 수행하는 것이 좋다. EDA는 탐색적 데이터 분석(Exploratory Data Analysis)의 약자로 데이터 분석 초기에 다양한 관점에서 데이터를 살펴보고 이해하는 과정으로, 데이터의 분포와 특징을 파악하고 분석 방향을 설정하는 데 필수다.

비시각화 EDA는 각 컬럼별 기초 통계량(평균, 표준편차 등)과 특이사항을 제공하며, 시각화 EDA는 데이터를 차트나 그래프로 시각화하여 보여준다.

TIP 한국어 데이터를 시각화할 경우 한글이 깨지는 문제가 발생할 수 있다. 이를 방지하려면 한글 폰트(ttf 형식)를 직접 업로드하거나 한글 라이브러리 파일을 함께 제공해 이 대화 내에서 한글 사용 환경을 설정하면 된다.

2. 총생활인구수 통계 요약

지표	값
평균	약 24,171명
표준편차	약 14,307명
최소	2,738명
25%	15,038명
중앙값(50%)	21,185명
75%	29,699명
최대	193,558명 ← 여의동(여의도)에서 기록

생활인구 수는 동마다 큰 차이를 보이며, 오피스 밀집 지역과 주거지 간 편차가 큼.

3. 평일 vs 주말 인구 비교

구분	평균 총생활인구수
평일	24,437명
주말	23,611명

👉 평일에 평균적으로 약 **800명** 정도 더 많은 인구가 활동함.
이는 직장인 중심 출퇴근 인구의 영향으로 해석 가능.

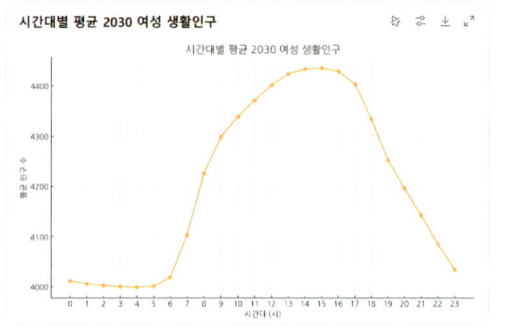

위 그래프는 **2030 여성(20~39세)**의 시간대별 평균 생활인구 분포입니다.

🔍 주요 해석 포인트:

- **정오~오후 5시(12~17시)** 사이에 인구가 가장 많음
- **오후 3시(15시)**에 **최고치**를 기록
- 오전 시간대와 야간 시간대에는 상대적으로 활동이 적음

이 결과는 카페, F&B, 뷰티, 샐러드 프랜차이즈와 같은 타겟층 기반 매장 운영 시
오후 시간대를 중심으로 마케팅, 이벤트, 운영 인력을 집중하는 것이 효과적이라는 시사점을 줍니다.

EDA 과정을 거친 후에는 **분석 과제를 설정하고 인사이트를 도출**한다. 예시에서는 가상의 샐러드 프랜차이즈 입장에서 유동인구 데이터를 기반으로 분석해볼 만한 과제를 도출하도록 요청하였다.

ChatGPT는 서울 주요 상권 중 젊은 여성 유동인구 비율이 높은 지역 분석, 시간대별 소비 타깃 인구 변화 분석, 동별 상권 경쟁력 스코어링 등 다양한 과제를 제안해 준다.

가설을 세워 분석하고 싶은 과제를 ChatGPT와 함께 분석할 수도 있지만, 이처럼 역으로 ChatGPT에게 분석해볼 만한 과제나 이 데이터로 검증해볼 만한 가설을 제안해보라고 요청하는 것도 훌륭한 메타적 프롬프트 활용법이다. 이러한 방식은 사용자가 미처 떠올리지 못했던 관점을 제공해주며, 분석 대상을 더욱 다채롭고 깊이 있게 탐색하는 데 큰 도움이 된다.

🍑 이 데이터를 기반으로 한 심화 분석 과제 제안 (샐러드 프랜차이즈 관점)

1. 🔥 2030 여성 집중 동(洞) 및 시간대 도출 → 입지 후보지 선정
- **목표**: 가장 많은 타겟 유동인구가 있는 "동 + 시간대" 조합 파악
- **방법**:
    - 하루 평균 기준, 동별 2030 여성 인구 추출
    - 상위 TOP 10 도출
    - 추가로 시간대별 분포도 함께 고려
- **활용**: 신규 점포 개설 시 1순위 입지 후보 도출

2. 🕐 시간대별 수요 예측 → 매장 운영 최적화
- **목표**: 2030 여성 유동인구가 몰리는 시간대 집중 파악
- **방법**:
    - 요일별, 시간대별 평균값 분석
    - 평일 vs 주말 비교
- **활용**:
    - 운영 시간 조정 (예: 오전/저녁 타임 줄이고, 점심~오후 타임 강화)
    - 타임딜, 타임세일 이벤트 타겟팅

이렇게 제안된 분석 과제 중 특정 과제를 골라 ChatGPT에게 질문하면 된다. 또한 특정 질문, 예를 들어 일반적인 인식으로는 유동인구가 많지 않은데 데이터상으로는 유동인구가 높은 지역을 찾아줘라는 요청을 통해 가산동, 한강로동, 서초3동, 논현2동, 한양동과 같은 유의미한 정보를 얻을 수 있다. 입점 전략을 만들어 봐라고 요청하면 상권별 입점 전략과 입점 우선순위까지 분석해준다.

ChatGPT로 다양한 분석 과제를 충분히 수행했다면 마지막으로 위 분석 결과를 종합해서 신규 샐러드 매장 입점 전략 보고서를 작성해줘라고 요청한다. ChatGPT는 하나의 대화 흐름 안에서 축적된 분석 내용을 바탕으로 종합 보고서를 생성해준다. 이처럼 마지막에 지금까지 분석한 내용을 정리하도록 하는 게 전문적인 답을 얻을 수 있는 방법이다.

특히 보고서 작성 전에 어떤 개요로 작성할지 핵심 아이디어만 간략하게 작성해 봐라고 요청하면 먼저 초안을 검토한 후에 세부 항목별로 정제된 보고서를 단계적으로 완성해나갈 수 있다. 이 과정을 거치면 ChatGPT로부터 더욱 전문적이고 완성도 높은 최종 결과물을 얻을 수 있다.

유형	지역 예시	전략 키워드	입점 전략
A. 프리미엄 상권 (2030 여성 최다 밀집)	역삼1동, 서교동, 여의동	높은 인구 밀도 / 높은 임대료	Flagship 매장 운영, 브랜드 노출 & 트렌디 메뉴 출시
B. 전략형 상권 (유입 밀도 높고 피크 집중)	신촌동, 종로1,2,3,4가동	직장/대학/관광지 기반 소비	브런치/런치 중심 시간대 최적화 + 평일 집중 프로모션
C. 저평가 고효율 상권 (의외의 유동 인구)	가산동, 한강로동, 화양동	저렴한 임대료 + 높은 2030 유동 인구	저비용 테이크아웃/배달 특화 매장 우선 입점
D. 지역 거점 상권 (2030 여성 생활 기반)	성북동, 중계본동 등	주거 기반 유입 / 가족 or ...	소형 매장 + 주말형 메뉴 + ...

정성적 데이터 분석

정성적 데이터 분석은 고객 리뷰나 후기 같은 텍스트 데이터를 분석하는 방법이다. 기존에는 이런 비정형 데이터를 다루는 것이 어렵고 번거로운 작업이었지만, ChatGPT를 활용하면 쉽게 인사이트를 도출하고 유의미한 보고서를 작성할 수 있다.

정성적 텍스트 분석을 할 때는 전체 데이터를 엑셀로 정리해 업로드하는 것보다는 텍스트를 직접 복사해 붙여 넣은 것이 경험적으로 더 나은 결과가 나왔다.

텍스트를 전체를 그대로 입력해 요청했을 때 조금 더 정확하게, 누락 없이 텍스트 분석을 할 수 있었다. 내용이 정리된 엑셀 파일로 요청하면 코드 인터프리터(파이썬)로 분석하게 되는데, 자연어 처리 능력이 상대적으로 떨어져 분석 품질이 낮아진다.

예를 들어 교육 과정 수강생 후기 텍스트를 분석할 때 **이 리뷰 내용들을 긍정, 중립, 부정으로 분류해줘**라고 요청하면 ChatGPT가 모든 리뷰를 읽고 각각을 긍정, 중립, 부정으로 분류해준다. 이어서 **분류한 내용을 구조화해서 정리해줘**라고 요청하면 각 카테고리별 공통 의견을 요약해 정리된 형태로 제시한다.

① 응답별 감정 분류 (인덱스 / 원본 10자 / 감정)

인덱스	응답 (앞 10글자)	감정
1	아나운서분들	긍정
2	1. 각각 들어	긍정
3	유익한 강의였	긍정
4	친근한 분들의	긍정
5	좋아요	긍정
6	감사합니다	긍정
7	불편할 수 있	긍정
8	유명한 분들께	긍정
9	현재 콘텐츠도	긍정
10	인권이 강화되	긍정
11	배경지식으로	긍정
12	성희롱 예방+	긍정
13	좋은 내용 잘	긍정

이런 분석을 통해 긍정 의견에는 '유익하고 도움이 된다', '사례 중심이어서 좋았다', '재미있고 지루하지 않았다' 등이 있고, 중립 의견에는 '보완이 있었으면 좋겠다', '시스템 개선이 필요하다' 등이 있으며, 부정 의견에는 '시스템 재생에 대한 불만', '강의가 길고 지루하다', '의무 교육 자체가 싫다' 등이 있음을 구조화해서 파악할 수 있다.

2023 법정필수교육 (성희롱 예방+개인정보보호+직장 내 장애인 인식 개선+직장 내 괴롭힘 예방) 긍정 후기 종합 분석

- 전체 답변 129건 중 114건 (약 **88.4%**)

1) "유익하고 도움이 된다"는 평가

- 설명: 교육 내용이 실제 업무나 일상에 큰 도움이 되고, 배운 내용을 적용할 수 있다고 언급
- 관련 수강후기 목록: 3, 7, 120
    - | 3: "유익한 강의였습니다."
    - | 7: "불편할 수 있는 내용을 접근하기 쉽고 이해도도 높게 잘 만들어진 교육자료인것 같습니다."
    - | 120: "필수과목이라 접했는데 요즘 사회적으로 많이 이슈되는 문제들을 교육하게 되어 많은 도움이 되었다"

> 2) "사례 중심으로 이해하기 쉽다"
> - **설명**: 구체적 예시·사례 제시로 교육 내용을 직관적으로 이해하게 된다는 평가
> - **관련 수강후기 목록**: 33, 57, 58
>   - | 33: "사례에 대한 설명으로 전반적으로 교육 내용을 이해하는데 많은 도움이 되었습니다."
>   - | 57: "구성 측면에서 수강자 이해하기 쉽게 잘 구성됨"
>   - | 58: "본 과정을 통해 직장 내 괴롭힘의 정의, 범위, 예시 그리고 후속조치 등을 명시한 것은 좋은 접근이었다고 생각한다"
>
> 3) "재미있고 지루하지 않다"
> - **설명**: 유명 연예인·개그맨이 진행해 흥미롭고, 교육이 부담스럽지 않다는 평가
> - **관련 수강후기 목록**: 8, 37, 85
>   - | 8: "유명한 분들께서 진행해 주셔서 좀더 컨텐츠를 보는 재미가 있었고…"
>   - | 37: "확실히 개그맨들이라 말하는게 재미있고 이해하기 쉽네요"
>   - | 85: "지루하지않고 재미있게 학습할수있는 콘텐츠입니다. 시간가는줄 모르고 보고있었습니다."

리뷰 내용을 단순히 긍정, 중립, 부정으로 분류하는 것 외에도 가격 불만, 배송 불만, 제품 자체 불만 등 나름의 기준에 따라 카테고리화할 수 있다. 이렇게 정성적 텍스트를 구조화하여 처리하면 방대한 내용을 모두 읽지 않아도 전체 리뷰의 구조와 의견을 종합적으로 파악할 수 있다.

정성적 텍스트 분석을 통해 도출한 인사이트는 보고서 작성이나 비즈니스 의사결정에 효과적으로 활용할 수 있다. 특히 ChatGPT는 비정형 데이터에서도 유의미한 패턴과 인사이트를 찾아내는 데 뛰어나므로 고객 피드백 분석, 시장 조사, 브랜드 평판 분석 등 다양한 영역에 폭넓게 활용할 수 있다.

단계적 프롬프팅과 다차원적 분석

ChatGPT를 통한 데이터 분석은 단계적 프롬프팅을 통해 더욱 깊이 있는 인사이트를 도출할 수 있다. 앞에서 다룬 서울시 유동인구 데이터 분석 사례에서 알 수 있듯이, ChatGPT는 표면적인 데이터 해석을 넘어 비즈니스적 함의를 포함한 다차원적 분석을 수행한다.

단순히 '어느 지역에 여성 인구가 많은가'라는 일차원적 분석을 넘어서 '시간대별 타깃 인구의 변화 패턴'이나 '저평가 고효율 상권' 같은 복합적 인사이트를 제공한다.

이처럼 ChatGPT는 인간이 미처 생각하지 못한 분석 방향을 제안할 수 있다. 인간의 경험이나 직관에 의존한 기존 분석을 넘어 데이터 패턴 기반의 새로운 관점을 도출함으로써 인사이트의 깊이와 폭을 확장시킨다. 예를 들어 특정 동의 유동인구가 특정 시간대에 급증하는 현상을 포착하고 이에 대한 추가 분석을 제안하는 식이다.

정성적 데이터 분석에서도 ChatGPT는 텍스트에서 명시적으로 드러나지 않는 잠재적 패턴이나 감성을 파악하는 데 탁월하다. 고객 리뷰 데이터를 단순히 긍정/부정으로 분류하는 데 그치지 않고, 특정 제품이나 서비스의 어떤 측면에 대해 고객들이 만족하거나 불만족하는지, 그 이유까지 심층적으로 분석할 수 있다.

체계적 보고서 작성과 실용적 활용

ChatGPT는 분석한 데이터를 바탕으로 체계적이고 전문적인 보고서를 작성할 수 있다. 하나의 대화창에서 분석과 보고서 작성을 이어서 진행하면 분석 결과가 인-컨텍스트 러닝을 통해 보고서에 잘 반영된다.

이 보고서는 단순히 분석 결과를 나열하는 것이 아니라 데이터의 배경과 맥락, 분석 방법론, 주요 발견 사항, 비즈니스 함의, 실행 가능한 제안까지 포함한 완결된 구조를 갖춘다.

샐러드 프랜차이즈 입점 전략 보고서 사례에서 보았듯이, ChatGPT는 데이터 분석 결과를 바탕으로 구체적인 행동 계획까지 제시할 수 있다. 각 지역별 입점 우선순위와 전략적 접근 방식을 상세히 기술해서 실제 비즈니스 의사결정에 직접 활용할 수 있는 실용적인 보고서를 작성한다.

특히 중소기업이나 스타트업처럼 전문 데이터 분석팀을 갖추기 어려운 조직에서는 ChatGPT가 실질적인 대안이 된다. 공개 데이터나 자체 보유 데이터를 활용해 ChatGPT로 분석을 수행함으로써, 제한된 자원 내에서도 데이터 기반의 의사결정을 내릴 수 있는 역량을 확보할 수 있다.

또한 ChatGPT는 분석 과정에서 사용자와의 상호작용을 통해 분석 방향을 조정하고 심화할 수 있다. 초기 분석 결과에 대해 추가로 질문하거나 다른 관점에서 분석을 요청함으로써 점진적으로 더 깊이 있는 인사이트를 발굴할 수 있다.

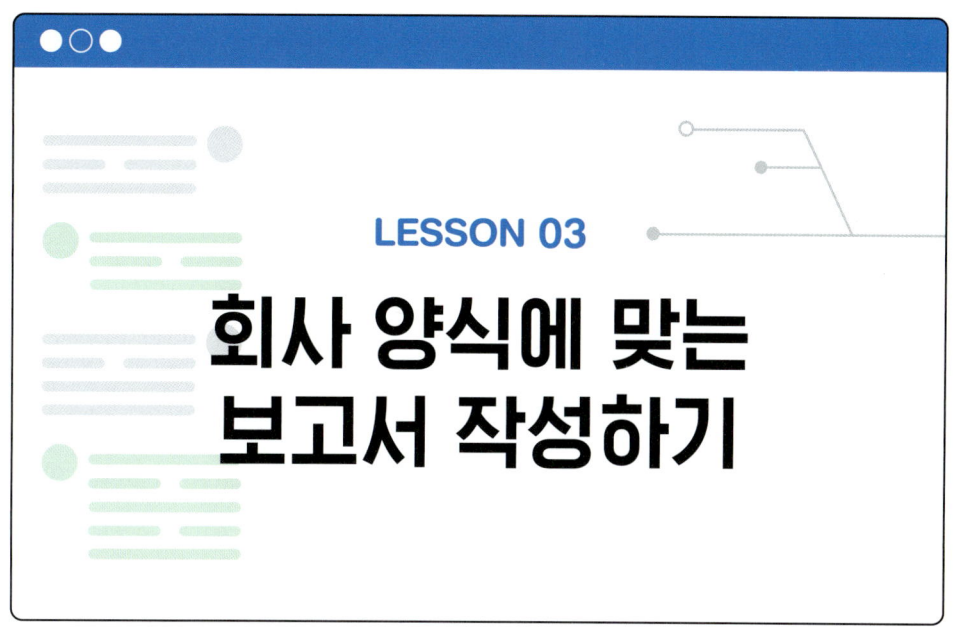

LESSON 03
회사 양식에 맞는 보고서 작성하기

루틴한 보고서와 심층 보고서

ChatGPT 같은 AI를 활용한 회사 보고서 작성이 고민이라면 **내용과 형식 두 가지 측면을 함께 고려**해야 한다. 직장인의 보고서 작성에서 이 두 요소는 결코 허투루 할 수 없는 부분이기에 내용과 형식 측면에서 프롬프트를 어떻게 구성하는지 눈여겨보면 분명 도움이 될 것이다.

내용 측면에서는 보고서를 두 가지 유형으로 구분하여 각각에 맞는 작성 요령을 안내하고자 한다. 하나는 효율성이 중요한 일상적 루틴한 보고서이고, 다른 하나는 전문성과 창의적 사고가 필요한 심층 보고서이다.

루틴한 보고서는 신속성과 안정적인 결과물의 재현에 초점을 맞춰 프롬프트를 작성한다. 반면 **심층 보고서**는 전문성을 극대화하는 것을 목표로 단계적으로 프롬프트를 작성한다.

우리 회사 양식에 맞는 루틴한 보고서 작성

많은 사람들이 프롬프트를 통해 ChatGPT에게 내용과 맥락만 설명하고 답변을 생성하지만, 결과물 형식 역시 프롬프트를 통해 지정할 수 있다.

결과물 형식을 ChatGPT에게 제공하는 가장 간편한 방법은 보고서 샘플이나 양식 파일을 업로드하는 것이다. 특히 회의록이나 품의서처럼 어느 정도 동일한 포맷으로 반복 작성하는 문서는 이런 방식으로 생성하면 매우 효과적이다. ChatGPT는 반복적인 형식의 문서를 생성하는 데 특히 강점을 지니므로 회사 양식에 맞는 보고서를 효율적으로 작성할 수 있다.

그렇게 하려면 일단 양식 파일을 ChatGPT에 업로드하고 어떤 내용을 채워야 하는지 분석하도록 지시한다. 양식을 그대로 업로드한 후 입력 항목을 정리해 달라고 요청하면 된다. 이는 양식 파일을 프롬프트에 집어넣기 위해 언어화하는 과정이고, 이런 과정을 통해 양식 파일을 템플릿화할 수 있다. 다만 파일 업로드 시 한글(hwp) 파일은 지원되지 않으므로 PDF로 변환해 사용해야 한다.

품의서 작성 연습

먼저 품의서 양식 파일을 업로드하고 ChatGPT에게 해당 양식을 분석하게 하여 작성해야 할 내용을 정리시켜보자. 이렇게 실행하면 ChatGPT는 품의서 양식을 기반으로 입력이 필요한 요소들을 파악하고 이를 템플릿 형태로 구조화해 제시한다.

기안 부서, 기안자, 결제 라인 등을 포함해서 합의 및 확인 사항, 제목, 품의 내용,

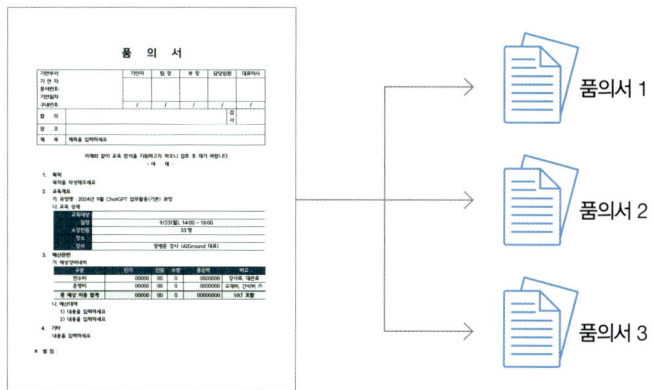

▲ 하나의 품의서 템플릿을 통해 품의서 작성을 자동화하기

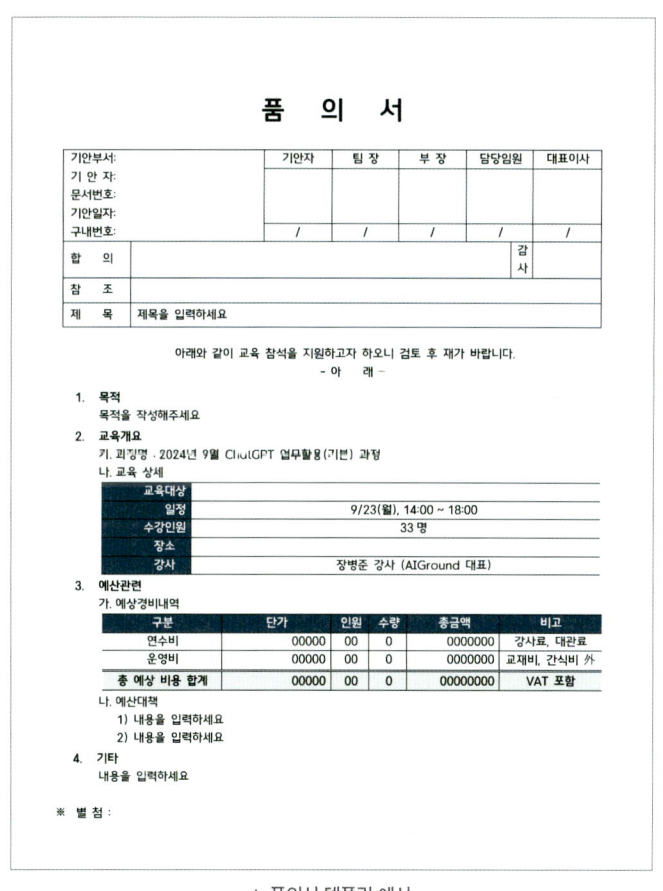

▲ 품의서 템플릿 예시

세부 내용, 주요 내용, 예산 내용, 예산 대책, 기타 사항, 별첨 등의 항목을 구성한다. 이 중에서 필요한 항목만 남기고 불필요한 항목(기안 정보, 합의 및 확인 사항 등)은 제외할 수 있다.

이렇게 하면 ChatGPT가 작성할 내용들이 템플릿 형태로 정리된다. 이처럼 문서를 업로드하고 템플릿화하는 과정은 매우 중요하다. 이렇게 템플릿화해야 ChatGPT가 문서 구조를 이해하고 동일한 형식을 기반으로 재작성하거나 반복 활용할 수 있기 때문이다.

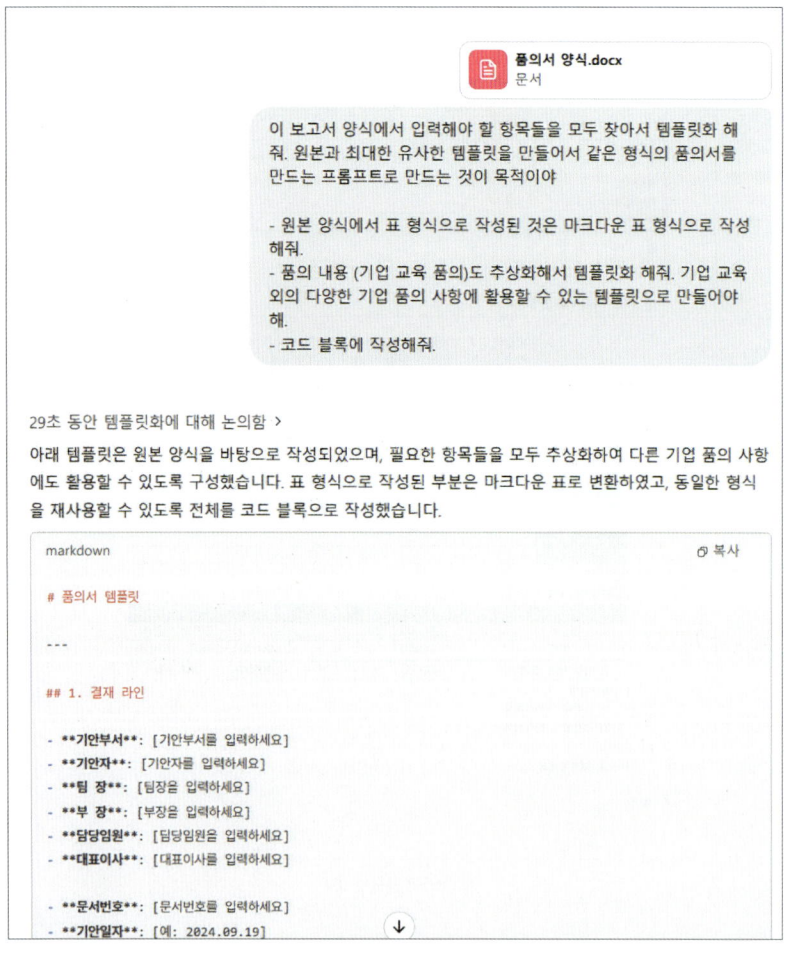

목표
아래와 같은 품의서 템플릿에 맞춰서, 업무용 맥북 10대를 구매 품의하는 품의서를 작성해줘. 인터넷 검색을 통해 아래 구매할 제품 링크의 정보를 참고해서 품의서를 작성해줘.

site:https://www.apple.com/kr/shop/buy-mac/macbook-pro/14-%EC%8A%A4%ED%8E%98%EC%9D%B4%EC%8A%A4-%EB%B8%94%EB%9E%99-%EC%8A%A4%ED%83%A0%EB%8B%A4%EB%93%9C-%EB%94%94%EC%8A%A4%ED%94%8C%EB%A0%88%EC%9D%B4-apple-m4-%EC%B9%A9(10%EC%BD%94%EC%96%B4-cpu-%EB%B0%8F-10%EC%BD%94%EC%96%B4-gpu)-16gb-%EB%A9%94%EB%AA%A8%EB%A6%AC-512gb

품의서 템플릿
{이전에 생성한 품의서 템플릿}

그다음에 ChatGPT에게 특정 물품을 구매 품의하는 문서를 작성하도록 요청해보자. 예를 들어 템플릿에 맞춰서 맥북 프로 14인치 10대를 구매하는 품의서를 작성할 수 있다.

앞서 만든 템플릿을 결과물 형식으로 복사해서 붙여 넣으면 ChatGPT는 그 형식에 맞춰 내용을 정리하는 데 탁월한 능력을 발휘한다. 또한 특정 웹사이트를 출처로 한정히고 그 내용을 기반으로 작성하라고 지시하면 ChatGPT는 해당 웹페이지의 정보를 근거로 정확하고 일관된 형식의 품의서를 작성한다.

이와 같은 방식으로 요청하면 맥북 프로 14인치 10대 구매에 관한 품의서가 작성된다. 별도의 설명 없이도 품의 내용과 목적이 자연스럽게 구성되며, 대상, 일정, 장소, 담당자, 가격 정보 등도 웹페이지에서 제공된 정보(239만 원×10대=2,390만 원)를 정확히 반영한다. 이렇게 품의서 양식에 맞춰서 작성된 내용을 문서에 적절히 집어넣으면 손쉽게 보고서를 완성할 수 있다.

이처럼 템플릿을 기반으로 품의서를 반복 생성하는 방식은 작업 효율성을 크게 높일 수 있다. 추후에 GPTs라고 하는 기능을 통해 이 지침을 GPTs로 제작하게 되면 품의서 양식에 맞춰 반복적으로 내용을 생성하는 작업도 더 효율적으로 할 수 있다.

TIP GPTs에 대한 내용은 PART 02-CHAPTER 03의 LESSON 02를 참고한다.

상호작용을 통한 품질 개선

ChatGPT로 문서를 생성할 때 또 하나의 요령이 있다. 바로 ChatGPT에게 이것저것 많이 질문해보는 것이다. **왜 이렇게 작성했니?**, **더 잘하기 위해선 어떻게 해야 하니?**, **너에게 어떤 정보를 제공하면 결과가 더 좋아질 것 같니?** 같은 질문들을 많이 하는 것이 효과적이다.

내용을 더 정확하고 상세하게 작성하기 위해 내가 어떤 정보를 너에게 제공하면 좋을까와 같이 역으로 물어보면 ChatGPT가 어떤 정보를 요구하는지 알게 된다. 이 내용을 검토하고 필요한 정보를 제공하면 ChatGPT가 이를 보강해서 문서를 다시 작성해준다. 이런 식으로 ChatGPT와 상호작용하면서 결과물을 반복적으로 다듬어 나가면, 회사의 보고서 양식에 적합하면서도 품질이 높은 문서를 신속하게 완성할 수 있다.

전문적이고 심층적인 신규 사업 계획서 작성

품의서 같은 루틴한 보고서 외에도 더 전문적인 보고서, 예를 들어 신규 사업 계획서도 작성할 수 있다. 마찬가지로 형식과 내용으로 나눠서 접근하면 효과적이다.

먼저 작성하고자 하는 보고서 양식을 ChatGPT에게 업로드하고 어떤 구성과 형식으로 작성해야 하는지를 분석하도록 지시한다. 그러면 ChatGPT는 업로드된 파일을 바탕으로 구성과 요건 등을 살펴보고 작성 가이드를 정리해준다.

특히 입찰 제안서, 과제 이행 계획서, 연구 계획서처럼 B2B, B2G 문서를 작성할 때는 이렇게 양식에 대한 분석부터 수행하면 매우 유용하다. 문서 작성 계획을 세우는 초기 단계에서 아웃라인을 명확히 구성할 수 있을 뿐만 아니라, 이후 프롬프트를 통해 ChatGPT가 해당 구조에 맞게 보고서를 작성할 수 있도록 기반을 마련하는 데에도 도움이 된다.

전문 보고서의 체계적 작성 방법

이번엔 양식에 맞춰 전문적인 보고서 내용을 작성해보자. 앞서 설명했던 프롬프트 작성 전략을 적극적으로 적용하는 것이 핵심이다.

프롬프트 하나하나에 공을 들여 좋은 생각이 쌓이도록 빌드업해야 한다. 양질의 참고 자료를 제공해야 하고, 요청사항도 한 번에 작성하지 말고 단계적으로 작성하는 전략을 적용해보자.

특히 사업 계획서나 입찰 제안서 등의 보고서 작성에는 심층 리서치 연구 결과와 같은 신뢰할 수 있고 상세한 참고 자료를 제공하는 게 효과적이다. 이렇게 양식과 함께 좋은 내용을 제공하면 ChatGPT는 이 두 가지를 결합해 회사 보고서 양식에 맞는 우수한 결과물을 만들 수 있다.

예를 들어, ChatGPT의 심층 리서치 기능을 이용해서 '막걸리 글로벌 시장 진출 전략'과 '글로벌 주류 시장에 대한 조사 결과'에 대한 리서치를 진행한 다음, 현재 글로벌 주류 시장의 트렌드와 국내 막걸리의 글로벌 시장 진출 전략과 관련된 조사 내용을 바탕으로 보고서를 작성할 수 있다.

사업 계획서 양식을 업로드하면 ChatGPT가 파일을 분석해 작성해야 할 항목과 요령을 추출하고 이를 템플릿화할 수 있다. 이렇게 정리된 템플릿은 아웃라인 구조를 제시해 주며 이후 다른 프롬프트에 제공하면 해당 형식에 맞춘 결과물을 안정적으로로 생성할 수 있다.

섹션별 분할 작성의 효과

형식과 내용을 결합해 전문적인 보고서를 작성할 때에는 곧바로 본문 작성에 들어가기보다 전체 아웃라인을 먼저 구성하는 것이 효과적이다. 특히 아웃라인을 한 번에 모두 생성하기보다는 섹션별로 나누어 작성하는 것이 바람직하다. 이렇게 하면 각 프롬프트의 범위가 좁아져 더 세밀한 결과물이 나오고, 결국 더 길고 완성도 높은 보고서를 얻을 수 있다.

섹션별로 나눠서 생성한 후에는 마지막에 **이전에 생성한 결과물을 하나로 연결하여 완성된 보고서를 작성해줘. 임의로 요약하거나 수정하지 말고 이전에 작성한 것들을 연결해서 완성해줘**와 같은 요청 사항을 통해 사후적으로 하나로 합치면 우수한 결과물을 얻을 수 있다.

물론 섹션별로 나누어 작성하는 절차 안에서 사용자가 중간 결과물을 직접 검토하고 피드백을 제공하는 절차는 필수적이다. 혹시 틀린 내용이 없는지 검증하는 것은 인간의 몫이다. 또한 앞서 설명했던 요령처럼 보고서 작성 후 더 나은 결과를 위해 어떤 정보가 더 필요한지 역으로 물어봐서 개선할 수도 있다.

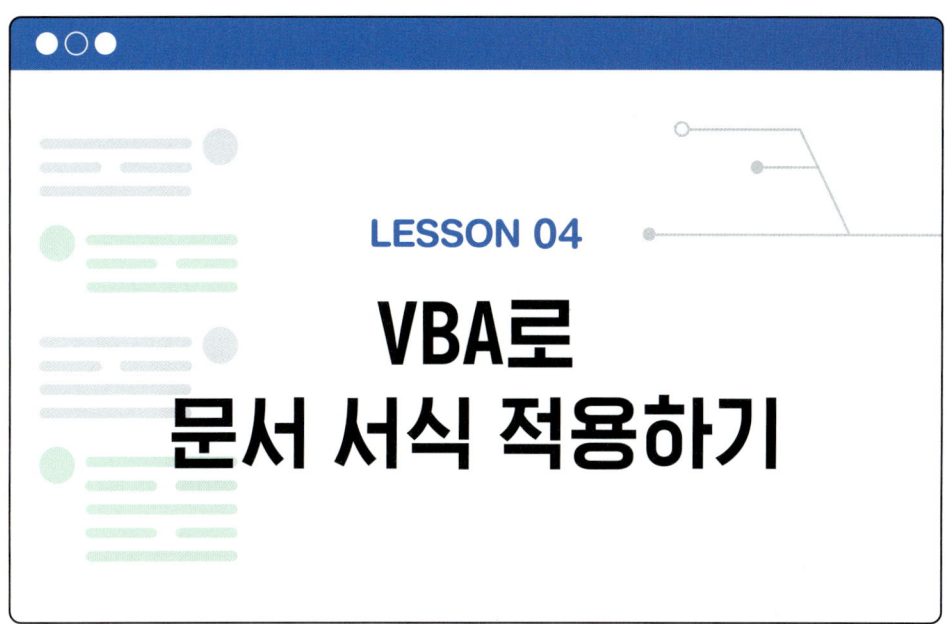

LESSON 04
VBA로 문서 서식 적용하기

VBA 코드를 활용한 서식 자동화

ChatGPT에서 생성한 전문적인 보고서는 **워드 파일로 만들어줘**라고 요청하면 워드 파일로 변환할 수 있다. PDF 파일로 직접 변환할 수도 있지만 한글이 깨질 수 있으므로 워드 파일로 먼저 추출한 후 PDF로 변환하는 것이 좋다.

다만 ChatGPT에서 생성한 결과물은 워드 파일 서식이 적용되지 않는다는 한계가 있다. ChatGPT에서 생성한 결과물을 복사하여 붙여 넣더라도 서식을 따로 지정해야 한다. 폰트 종류나 크기, 색상, 표 디자인 등은 ChatGPT에서 프롬프트로 통제하기 어렵다.

하지만 서식 요소를 해결하는 방법이 있다. 바로 워드, 엑셀, 파워포인트 같은 오피스 문서를 통제하는 VBA 코드를 활용하는 것이다.

ChatGPT는 코드를 워낙 잘 작성하므로, 원하는 서식을 구체적으로 설명하면 해당 서식을 적용할 수 있는 VBA 코드를 작성해준다. 이렇게 생성된 VBA 코드를 워드 파일에서 실행하면 코드에 따라 서식이 자동으로 변환된다. VBA 코드가 잘 작성되어 있거나 잘 작성된 VBA 코드를 매크로화하면 회사 보고서 양식에 가깝게 ChatGPT의 결과물을 찍어낼 수 있게 된다.

VBA는 MS 오피스를 제어하기 위해 내장된 개발 언어로, 직장인이라면 한 번쯤 들어본 적 있을 것이다. 보통 엑셀 책 가장 뒤쪽에 고급 기능으로 소개되지만, 실제로 직접 활용해본 사람은 많지 않다.

그러나 ChatGPT를 활용하면 이야기가 달라진다. 코드를 다룰 줄 모르는 비개발자라 하더라도, 상황을 구체적으로 설명하면 ChatGPT가 요구에 맞는 VBA 코드를 작성해준다. 사용자는 단지 이 코드를 자신의 MS 오피스 파일에서 실행하기만 하면 된다. 직장인 입장에서는 VBA야말로 AI를 활용한 바이브 코딩을 실천하는 대표적인 사례라 할 수 있다.

일잘러의 NOTE | VBA 실행 환경 설정

ChatGPT에서 작성한 VBA 코드를 워드 파일이나 엑셀 파일에서 실행하려면 [옵션]을 열고 [리본 사용자 지정] 탭에서 [리본 메뉴 사용자 지정] - [개발 도구]에 체크해야 한다. 기본적으로 이 메뉴는 비활성화되어 있어 VBA 실행 메뉴가 보이지 않으므로, 활성화해야 VBA 코드 작업을 진행할 수 있다.

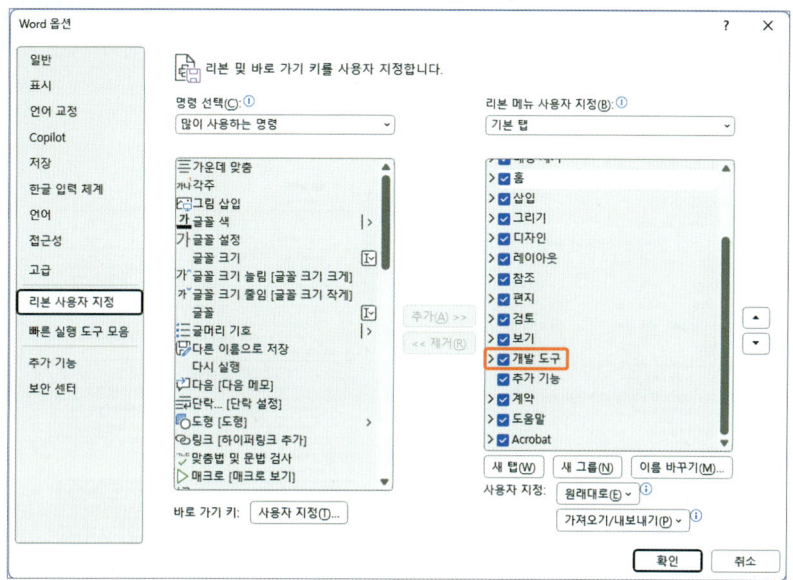

워드 화면의 [개발 도구] 메뉴에서 [Visual Basic]을 클릭하면 VBA 편집기가 실행되고, 현재 문서나 모듈을 더블 클릭하면 코드를 입력할 수 있는 화면이 나타난다.

이 화면에 ChatGPT에서 작성한 코드를 붙여 넣고 [실행] 버튼을 누르면 코드가 문서에서 동작하여 보고서 내용에 서식이 적용된다. 그 결과 세련된 폰트와 양식이 자동으로 반영된 문서를 얻을 수 있다. 단, 문서에 VBA 코드를 적용하면 일반적인 워드 문서 파일(docx)이 아닌 매크로 사용 문서(docm)로 저장해야 한다. 워드에 VBA를 적용하는 자세한 방법은 이 책의 노션 안내 페이지를 참고한다.

우선 코딩 역시 일종의 글쓰기라는 점을 말하고 싶다. 주장하는 바를 글로 설명할 때도 하나의 글만 있는 게 아니듯이 코딩 역시 다양한 접근 방식이 가능하다. 수학처럼 답이 정해져 있는 게 아니다.

그래서 꽤 오류가 잘 나기도 하고 요청할 때마다 매번 코드가 달라지기도 한다. 이런 불확실성이 코드 문외한의 입장에서 두려움으로 다가올 수 있다. 하지만 글을 쓰듯이 코딩을 반복하다 보면 점차 익숙해지고 금세 괜찮은 결과물을 만들고 있는 자신을 발견하게 될 것이다.

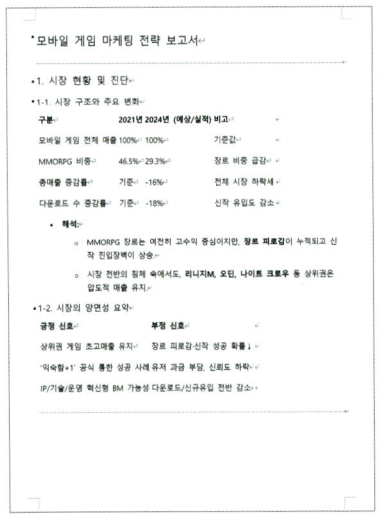 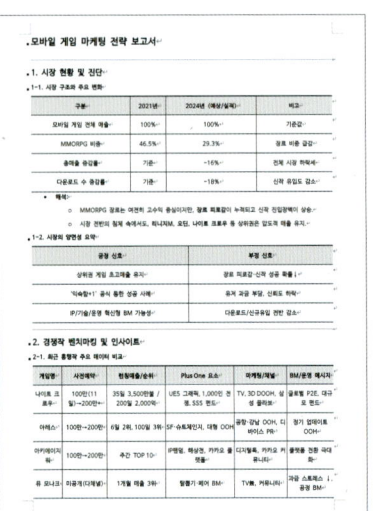

▲ VBA를 활용한 서식 적용 전, 후 사례

VBA 코드를 생성하는 실용 팁

AI를 통해 VBA 코드를 생성하는 몇 가지 유용한 팁을 정리하면 다음과 같다.

① 모듈화하여 요청하기

모든 요구사항을 한꺼번에 요청하지 말고 모듈화하여 나눠서 요청해보자. 글을 쓸 때도 한꺼번에 모든 글을 생성하라고 하면 전체적인 품질이 떨어지는 것처럼 코드도 마찬가지다. 코드 역시 작은 단위로 나눠서 생성할 때 품질이 좋아진다.

워드 파일의 서식을 회사 양식에 맞게 수정하고자 할 때도 텍스트 서식(폰트, 크기, 색상), 단락 서식(줄 간격, 단락 간격, 들여쓰기, 정렬), 글머리 기호 서식(불릿, 숫자 기호), 표 서식(테두리, 음영, 자동 맞춤) 모듈로 나눠서 VBA 코드를 작성할 때

코드 결과물이 더 안정적으로 나온다.

이렇게 모듈 단위로 작성해야 코드 자체 품질도 향상되고 각 모듈을 개별적으로 검증할 수 있어 오류의 원인을 쉽게 파악하고 수정할 수 있다. 또한 모듈화된 코드는 다른 작업에도 재사용할 수 있어 활용성도 높다.

② 스크린 캡처 적극 활용하기

원하는 문서 서식을 설명할 때 텍스트로만 전달할 수도 있지만, 대체로 스크린 캡처를 활용하는 것이 훨씬 간편하고 원하는 바를 더 명확하게 전달할 수 있다.

또한 ChatGPT가 만든 코드가 오류로 인해 실행되지 않을 때에도 오류 메시지를 그대로 캡처해서 해결해 달라고 요청하면 문제를 적절히 해결해준다. 이처럼 스크린 캡처를 적극적으로 활용하면 텍스트로 설명하기 어렵거나 번거로운 부분을 효과적으로 보완할 수 있다.

③ 새 대화로 다시 시작하기

오류 해결을 시도했음에도 같은 문제가 세 번 이상 반복되고, 마치 같은 자리를 맴도는 듯한 느낌이 든다면 새로운 대화를 열어 처음부터 다시 시작해보자. 코드를 이해하고 스스로 문제를 해결할 수 있는 개발자가 아니라면, 오류 메시지를 제공하며 수정 요청을 하더라도 문제가 해결되지 않고 같은 오류가 계속 반복될 수 있다.

간혹 코드의 문제를 해결하는 과정에서 마치 아랫돌을 빼서 윗돌을 괴는 듯한 악순환이 반복될 수 있다. 이때는 기존 코드와 오류 메시지를 정리해 새로운 대화에서 다시 제공하는 편이 오히려 더 효율적이다.

④ 코드 자산화하기

잘 동작하는 코드는 반드시 기록해두고 자산화하는 것이 중요하다. 글쓰기 프롬프트에서도 잘 쓴 글 예시를 제공할 때 좋은 결과물이 나오는 것처럼, 코드의 경우에도 비슷한 상황에서 잘 동작하는 코드를 기록해두었다가 예시로 제공하면 결과물이 안정적으로 나온다.

그렇기에 ChatGPT와 상호작용을 통해 원하는 기능을 구현하는 VBA 코드를 완성했다면, 그 코드를 별도로 자신이 쉽게 볼 수 있는 곳에 메모해 저장해두자. 추후 유사한 문제를 해결할 때 큰 도움이 된다.

이런 식으로 회사의 요구에 맞는 내용을 회사 양식에 맞게 보고서로 생성하고, 생성한 보고서의 서식을 VBA 코드를 통해 변환하면 보고서 작성 과정을 빠르고 효과적으로 수행할 수 있다. 직장인 업무에 상당 시간을 소요하는 보고서 작성에 ChatGPT를 적극 활용해보자.

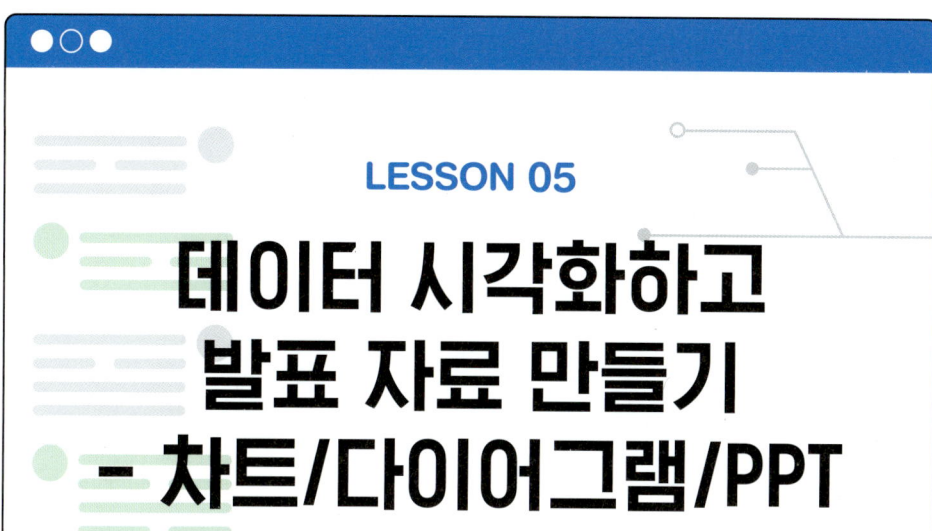

다양한 데이터를 시각화하는 방법

기본 데이터를 바탕에 두고 ChatGPT를 활용하면 차트나 다이어그램 형태로 손쉽게 시각화할 수 있다. ChatGPT의 데이터 시각화 능력은 상당히 정교하며, 이를 보고서에 활용하면 훨씬 풍부하고 설득력 있는 결과물을 만들 수 있다.

특히 방대한 보고서 내용을 시각화하는 과정은 단순히 보고서 작성에만 도움되는 것이 아니라, 더 깊은 인사이트를 도출하는 데도 중요한 역할을 한다. AI 도구를 활용해서 복잡한 데이터나 분석 내용을 시각화하는 과정에서 숨겨진 패턴이나 새로운 관점을 발견할 수 있기 때문이다. 따라서 데이터 시각화는 단순히 보기 좋은 차트나 다이어그램을 만드는 수준을 넘어, 데이터의 의미를 명확하게 드러내고 의사 결정에 실질적인 통찰을 제공하는 중요한 도구라 할 수 있다.

데이터나 분석 결과를 AI로 시각화하는 방법은 여러 가지가 있다. 예를 들어, AI 이미지 생성 모듈을 사용해 전체 내용을 핵심만 간략하게 이미지화할 수도 있고, 파이썬(Python) 코드 인터프리터 모듈을 활용해 시각화를 구현할 수도 있다.

그러나 이번에는 html, css, javascript를 활용한 시각화를 중점적으로 다룬다. html, css, javascript는 웹사이트를 만들 때 많이 사용하는 개발 언어이지만 직접 코드를 작성할 필요는 없다. 여기서는 AI에게 코드를 요청할 것이다.

거대 언어 모델(LLM) AI는 심미적인 웹사이트 사례를 방대하게 학습해서 코드 형식으로 시각화를 요청했을 때 차트, 다이어그램, 카드와 같은 결과물이 대체로 잘 나오는 편이다.

여기에 더해 ChatGPT, Gemini, Claude와 같은 주요 거대 언어 모델은 html, css, javascript로 짠 코드를 직접 실행해서 결과를 보여주는 기능이 있다. 덕분에 사용자가 결과를 바로 확인할 수 있고, 보고서나 프레젠테이션에 편리하게 활용할 수 있다.

ChatGPT로 시각화 보고서 생성하기

시각화할 전체 보고서 내용을 복사해 붙여 넣고, 시각화를 위한 프롬프트를 작성한다. **임원 보고용으로 핵심 정보만 요약해서 시각화해줘. html, css, javascript 코드를 사용해서 시각화해줘**라고 프롬프트를 작성해보자.

원한다면 각 디자인 요소가 어떻게 표현되면 좋겠는지 상세히 요청하거나 참고할 레퍼런스를 이미지로 제공해도 좋다. 예시에서는 펫 보험 관련 국내외 자료를 종합해 제공하고 프롬프트를 다음과 같이 작성했다.

> TIP 모든 모델에서 html, css, javascript 시각화는 가능하다. 다만 더 상세한 결과를 원한다면 추론 모델(심층 리서치 혹은 Thinking)에서 실행할 것을 추천한다.

> # 목표
> 위 내용에 대해서 분석하여 임원 보고용으로 핵심 정보만 요약 및 시각화해줘.
> HTML, CSS, Javascript를 활용해서 주요 정보를 시각화해줘.
>
> # 절차
> 1. 보고서 내용에서 시각화할 만한 요소를 추출해서 간략히 설명
> 2. 결과물 상단에 핵심 지표 또는 핵심 문장을 카드 형식으로 디자인할 것. 카드에 직관적인 아이콘을 추가해서 디자인할 것.
> 3. 구체적인 지표는 막대(bar), 도넛(doughnut), 라인(line) 차트를 적절히 혼합하여 시각화할 것
> 4. 내용 전달 카드, 그래프, 인포그래픽을 적절히 배치할 것

이렇게 프롬프트를 전달하면 ChatGPT는 사용자의 시각화 계획에 따라 html, css, javascript 코드를 작성한다. 코드를 이해하지 못해도 상관없다. 어차피 작성된 코드 결과물을 바로 확인할 수 있기 때문이다.

ChatGPT가 길게 작성해준 것은 단지 코드에 불과하지만, 캔버스의 미리 보기 기능을 활용하면 이 코드를 직접 실행해볼 수 있다. 번거롭게 개발 환경을 따로 설정하지 않더라도 바로 시각화 코드의 결과물을 확인할 수 있는 것이다.

TIP 만약 코드만 표시되고 코드가 실행되는 미리 보기가 활성화되지 않는다면, 프롬프트 입력창의 [더 보기]-[캔버스]를 클릭해 기능을 활성화하거나 **캔버스에 코드를 작성해줘**라고 요청하면 된다.

작성해준 코드를 실행해보면 펫 보험 시장 현황이 귀여운 아이콘과 차트를 활용해 시각적으로 깔끔하게 표현된다. ChatGPT를 활용하면 이처럼 주요 내용을 한눈에 파악할 수 있도록 시각화할 수 있으며, 그중 마음에 드는 부분은 캡처하여 보고서에 활용할 수 있다. 다만 캡처한 결과물은 폰트 종류나 색상, 배치 등을 임의로 수정할 수 없다.

▲ ChatGPT에서 대시보드 작성을 요청한 결과

SVG 형식으로 수정 가능한 파일 생성하기

ChatGPT가 시각화한 결과물을 사용자 입맛에 맞게 수정할 수도 있다. html, css, javascript로 시각화한 결과물을 SVG라는 이미지 형식으로 제공해 달라고 요청하면 된다.

SVG는 코드로 만드는 이미지 포맷이다. 벡터 이미지 형식이라 일부 요소 디자인을 수정해서 사용할 수 있어 매우 유용하다. 프롬프트에서 SVG로 변환을 요청할 때는 <mark>이 시각화된 결과물에서 펫 보험 가입률 비교 부분만 SVG 형식으로 변환해줘</mark>처럼 일부만 선택적으로 변환을 요청하는 것이 안정적이다.

PPT에서 편집하고 활용하기

SVG 형식으로 변환 요청한 파일을 다운로드하면 생성한 결과물을 PPT에 삽입할 수 있고, 자신이 원하는 폰트와 색깔로 수정해 사용할 수 있다.

SVG 파일을 PPT에서 불러오면 하나의 이미지처럼 보인다. 하지만 그룹을 해제하게 되면 내부 요소들이 모두 분리된다. 그러면 텍스트는 좋아하는 폰트로 바꿀 수 있고 색상도 원하는 대로 바꿀 수 있다.

TIP SVG 파일을 PPT에 삽입하려면 파워포인트 2019년 이상 버전이 필요하다. 이전 버전에서는 SVG 파일이 제대로 열리지 않거나 편집 기능이 제한될 수 있다. 이 경우에는 Figma와 같은 무료 온라인 이미지 에디터에서 SVG 파일을 불러와 수정한 후 png 파일로 저장해 사용하면 된다.

Gemini와 Claude로 시각화 보고서 생성하기

ChatGPT만으로도 html, css, javascript를 이용해 미려한 시각화 보고서를 만들 수 있다. 하지만 ChatGPT보다 Gemini가 대체로 약간 더 우수한 시각화 결과물을 제공하며, Claude는 Gemini보다도 더 예쁜 시각화 보고서 결과물을 만들어주는 편이다.

Gemini나 Claude 모두 ChatGPT와 유사한 거대 언어 모델(LLM)로, 무료로 사용하더라도 시각화 프롬프트를 통해 보고서를 생성하는 데 기능의 제한은 없다. 따라서 ChatGPT는 유료로 사용하면서 Gemini와 Claude는 보완적으로 사용해도 충분하다.

Gemini, Claude 모델의 시각화 활용

마찬가지로 시각화할 보고서 내용을 복사해서 Gemini와 Claude에 붙여 넣고, 준비한 시각화 프롬프트를 작성한다. 실행해보면 Gemini와 Claude 역시 어떻게 시각화할지 기획하고 ChatGPT와 유사하게 코드를 생성해준다. ChatGPT와 Gemini에서는 이 기능을 **캔버스**라고 부르고 Claude에서는 **아티팩트**라고 부른다. 이름은 다르지만 유사한 기능이다.

Claude가 생성한 시각화 결과물은 ChatGPT에 비해 훨씬 더 시각적으로 미려한 편이다. 상품별로 레이더 차트를 구성하거나, 보험사별 상품 특징을 카드 형식으로 상세히 비교한다든가, 요소 디자인도 조금 더 예쁘게 표현해준다.

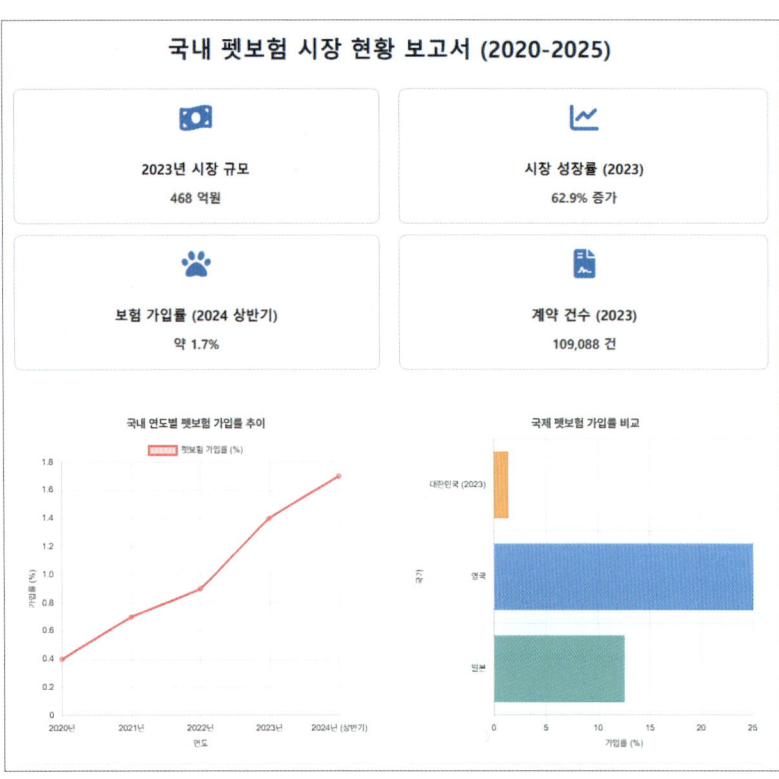

▲ Gemini의 대시보드 작성 예시

▲ Claude의 대시보드 작성 예시

CHAPTER 02 업무 능력 10배 상승, ChatGPT 실무 활용 사례 147

Napkin으로 차트와 다이어그램 생성하기

차트/다이어그램 시각화의 훌륭한 대안 AI 도구로 Napkin[9]이 있다. 기본 기능은 무료로 제공되며, 시각화하고자 하는 보고서 내용을 넣으면 자동으로 다이어그램을 생성해준다. Napkin에서는 AI를 사용해 보고서나 자료를 생성할 수 있고, 데이터를 직접 입력하여 작업할 수도 있다.

ChatGPT와 같은 도구에서 작성한 보고서 내용을 Napkin에 붙여 넣고, 시각화하고 싶은 부분에서 [Generate Visual]을 클릭해보자. 그러면 잠시 후 해당 내용에 어울리는 다이어그램이 생성된다.

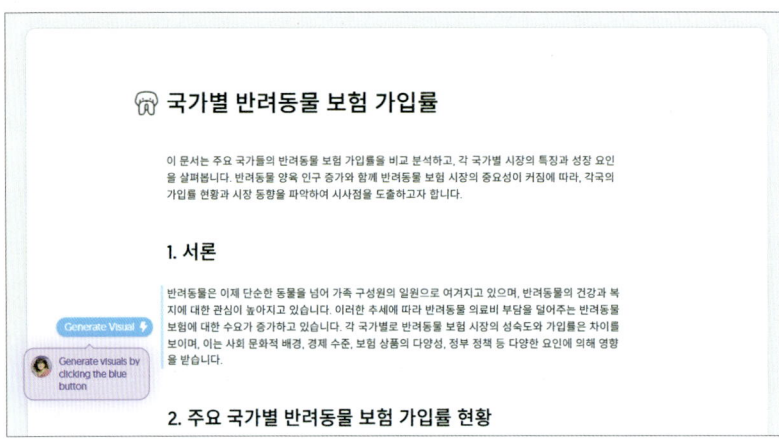

▲ Napkin에서는 보고서의 특정 부분에 [Generate Visual] 버튼이 자동으로 표시된다. 원하는 부분을 드래그해 블록으로 설정한 후 작업할 수도 있다.

예를 들어 한국의 펫 보험 가입률이 다른 나라보다 떨어진다는 내용도 시각화할 수 있다. 또한 정량적 내용뿐 아니라 정성적 내용도 블록으로 설정한 후 [Generate Visual]만 클릭하면 어울리는 디자인을 다이어그램으로 제공한다.

---

9 https://www.napkin.ai

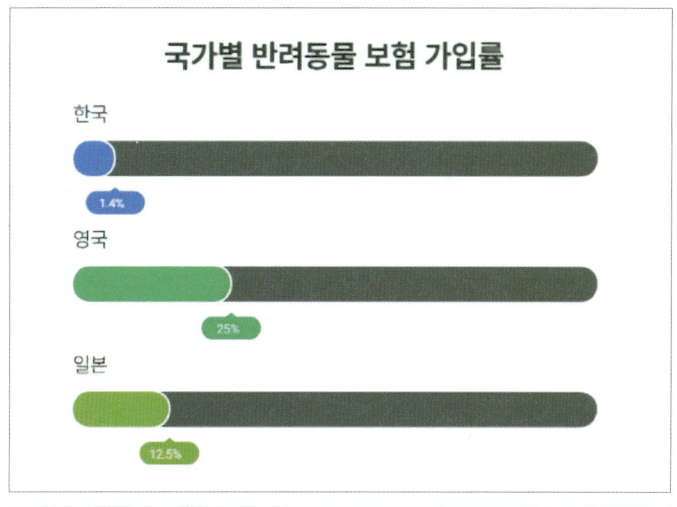

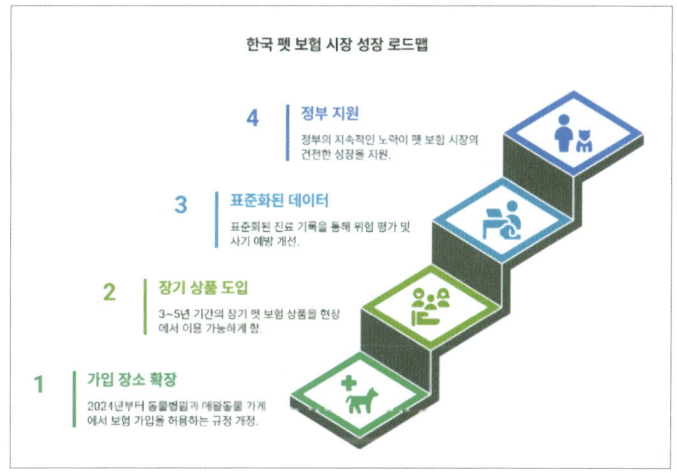

> **TIP** 생성된 다이어그램을 클릭하여 세부적인 부분을 직접 수정할 수도 있다. 단, 외국 서비스인 만큼 다양한 한글 폰트가 지원되진 않는다.

생성된 디자인을 다운로드하면 바로 활용할 수 있다. PNG 이미지 파일뿐 아니라 SVG 포맷으로도 변경 가능하므로, 폰트나 색상을 파워포인트에서 직접 수정할 수 있어 활용도가 높다. ChatGPT, Gemini, Claude, Napkin 등의 도구를 이용해 보고서용 다이어그램을 생성하면 훨씬 풍부한 보고서 결과물을 만들 수 있다.

Genspark로 PPT 슬라이드 생성하기

프롬프트만으로 결과물의 서식을 100% 통제하는 것은 불가능하다. 이러한 한계 때문에 그동안 AI 기반 PPT 제작 도구의 발전은 다소 더딘 편이었다. Gamma, Beautiful.ai, AI PPT, 미리캔버스 같은 슬라이드 제작 AI 도구들도 템플릿에 사용자 입력 내용을 단순히 끼워 넣는 수준이라 만족스럽지 않았다. 간단한 교육용 자료면 모를까 직장인이 실무에 쓸 정도의 결과물을 만드는 것은 아직 한참 멀었다고 생각했다.

그런데 Genspark[10]의 등장으로 상황이 바뀌었다. Genspark는 다양한 AI 에이전트를 제공하는 통합형 서비스로, 초기에는 심층 리서치 에이전트, 데이터 수집 에이전트 등을 중심으로 운영되었으나, 2025년 4월에 AI 슬라이드 에이전트 기능을 새롭게 도입하면서 슬라이드 제작 분야에서도 주목받기 시작했다.

특히 html, css, javascript 같은 웹사이트 코드 언어로 슬라이드를 만드는 방식이라 디자인 제약이 적다. 덕분에 상세한 컨설팅 스타일의 슬라이드도 만들 수 있으며, 무엇보다 시각적인 측면에서 전문가 수준의 미려한 구성을 구현할 수 있다.

Genspark의 AI 슬라이드 기능 역시 사용법은 간단하다. 시각화하고 싶은 보고서 내용을 참고 자료로 제공하고 **몇 장의 ppt로 만들어줘**라고 간단히 요청하면 된다. 원하는 강조색이나 선호하는 디자인 스타일이 있다면 텍스트로 설명하거나 참고 이미지를 제공하면 비슷하게 재현해낸다. AI 슬라이드 제작 기능은 하루 한 번 무료로 사용할 수 있다.

---

10 https://www.genspark.ai/

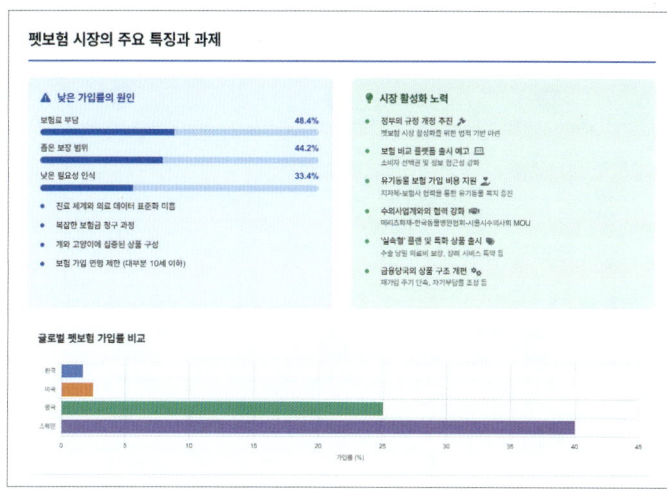

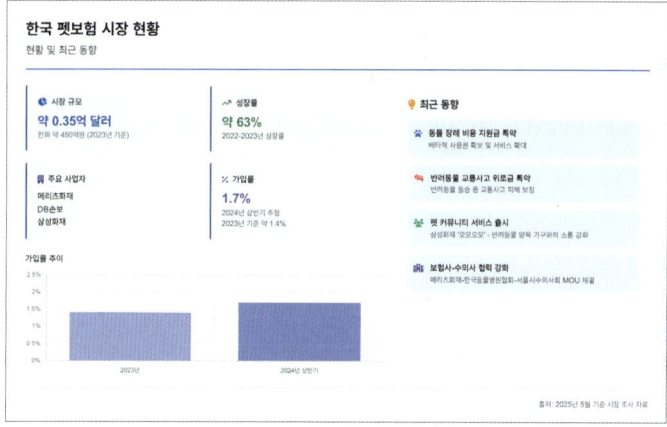

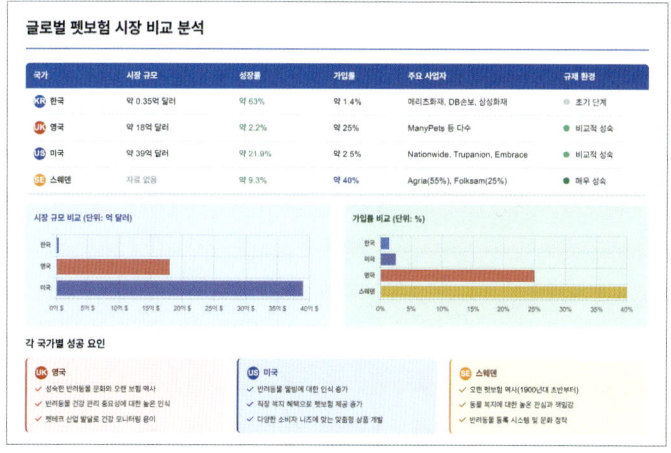

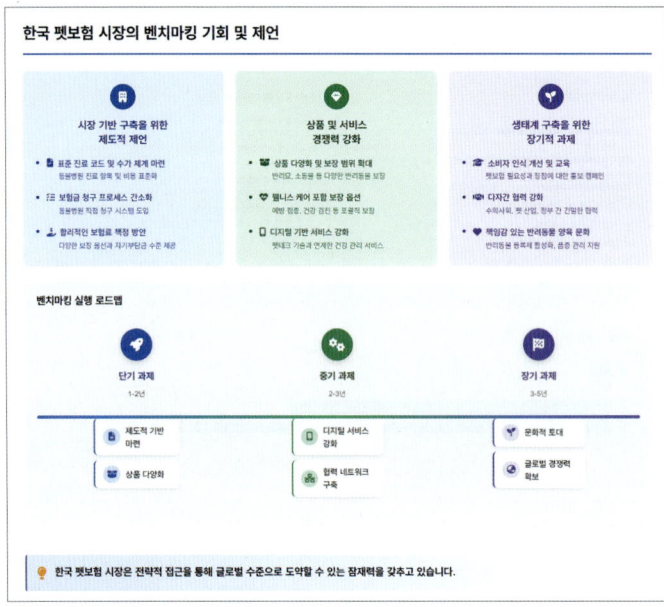

▲ 미리 작성한 보고서 내용을 Genspark를 활용해 PPT 슬라이드로 생성한 예시

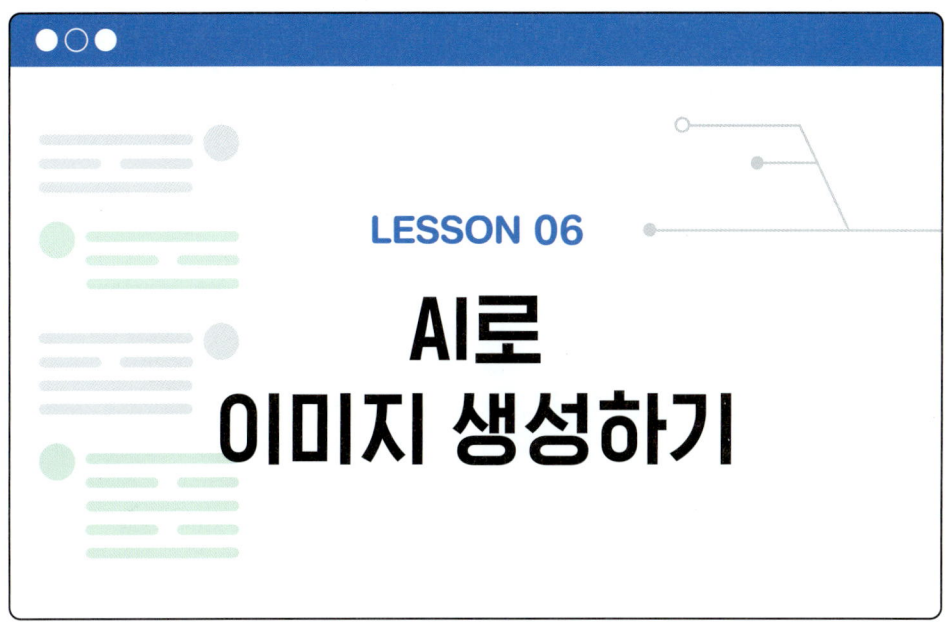

LESSON 06
AI로 이미지 생성하기

AI 이미지 생성을 배워야 하는 이유

AI 이미지 생성 기능은 AI를 업무에 활용하고자 하는 직장인이라면 반드시 익혀야 할 핵심 기능이다. 이제는 말로 묘사할 수 있는 실사 이미지나 일러스트 이미지를 외부 디자이너에 의존하지 않고 누구나 생성할 수 있게 되었다. 덕분에 창작 활동에서 개인의 역량이 크게 확대되었으며, 업무 전반에서도 시각 자료 제작에 대한 접근성이 높아졌다.

AI 이미지 생성 기능을 잘 활용하면 개인의 창작 능력을 대폭 향상시킬 수 있을 뿐 아니라, 동료나 고객과의 커뮤니케이션에도 유용하게 활용할 수 있다.

특히 1인 기업이나 스타트업, 중소기업은 제한된 인원과 예산 내에서도 아름답고 전문적인 디자인 결과물을 만들 수 있어 AI 이미지 생성 기능을 매우 유용하게 쓸 수 있다. 필자 역시 새로운 강의 프로그램 광고 소재나 유튜브 섬네일 제작에 AI 생성 이미지를 적극 활용하고 있다.

▲ AI로 만들어서 활용한 강의 광고 소재

AI 이미지 생성 도구는 종류도 다양하고 전문가용 복잡한 도구들도 많다. 하지만 디자이너가 아닌 일반 직장인에게는 ChatGPT만으로도 충분하다. ChatGPT의 이미지 생성 기능은 사용법이 간편하여 입문자에게 적합하고, 다양한 업무 영역에 활용할 수 있는 전문적 수준의 이미지를 생성할 수 있다.

한때 지브리 스타일 프로필 이미지 만들기가 유행했던 것도 많은 사람들이 ChatGPT 이미지 생성 기능이 뛰어난 사용성과 결과물을 제공한다는 점에 공감했기 때문이다. 그래서 이번 LESSON에서는 다양한 AI 이미지 생성 도구 중에서도 ChatGPT를 중심으로 활용 가이드를 제공하고자 한다.

TIP 이미지 생성 기능은 대표적으로 Midjourney와 같은 전문 AI 이미지 생성 도구를 비롯해 Gemini, Grok 등 다양한 서비스에서 사용할 수 있다. 기본적인 프롬프트 작성 원리는 거의 비슷하지만 이미지 생성 스타일이나 특화된 기능이 조금씩 다르므로 자신의 작업 스타일에 맞는 도구를 사용하면 된다.

▲ ChatGPT의 지브리 스타일 이미지 생성 챌린지 예시

ChatGPT 이미지 생성의 강력한 기능

ChatGPT 이미지 생성 기능의 놀라운 점은 자연어로 거의 모든 요청이 가능하다는 것이다. 문제 상황을 설명하고 원하는 것을 묘사하면 이를 시각화해 이미지를 생성해준다. 가장 큰 장점은 리서치나 글쓰기 등 대화 속에서 자연스럽게 맥락에 맞는 이미지나 다이어그램도 요청할 수 있다는 것이다.

예를 들어 환경 보호 캠페인 공문을 생성하다가 도중에 현재 공문에 어울리는 포스터를 이미지로 만들어줘. 푸른 지구와 나무, 재활용 마크가 조화롭게 어우러진 친환경적인 디자인으로라고 요청해도 그럴싸한 이미지를 만들 수 있다.

교육용 발표 자료를 만들면서 학습자가 개념을 이해하기 어려워하는 상황을 표현하는 일러스트를 만들어줘. 복잡한 수식들이 머리 위에 떠다니고 있는 학생 모습으로라고 자연어로 설명하면, 교육 맥락에 적합한 친근하고 이해하기 쉬운 삽화를 제공한다. 업무 맥락의 연속성을 유지하면서 상황과 목적에 맞는 이미지를 바로 생성해준다는 점에서 ChatGPT의 이미지 생성 기능은 매우 강력한 도구라고 할 수 있다.

다양한 스타일과 형태로 결과물을 생성하는 방법

ChatGPT 이미지 생성 기능의 또 다른 장점은 매우 다양한 형태의 이미지 결과물을 생성할 수 있다는 점이다. 일반적으로 AI 이미지라고 하면 떠오르는 실사 느낌의 이미지나 일러스트 스타일 이미지는 물론, 상상할 수 있는 시각적 결과물은 거의 다 만들 수 있다고 해도 과언이 아니다.

텍스트 정보를 인포그래픽으로 제작하거나, 포스터를 만들거나, 이모티콘을 제작하거나, 4컷 만화를 그리거나, 유튜브 썸네일 이미지를 만드는 등 다양하게 활용할 수 있다.

▲ ChatGPT로 생성한 4컷 만화

이미지를 생성하는 구체적인 지시 팁

ChatGPT의 이미지 생성 기능을 더 효과적으로 쓰기 위한 구체적인 지시 팁 세 가지를 정리하면 다음과 같다.

첫째. 특정 '요소'의 모방이다. 이미지에 포함하고 싶은 특정 대상을 업로드하고, 그것을 그대로 반영해 달라고 요청하는 방식이다. 예를 들어, 향수 사진을 업로드하고 해당 향수를 모델이 들고 있는 사진처럼 해달라고 하면 된다. 특정 개체를 그대로 반영하는 방식이다.

첨부 이미지의 향수 제품을 세련되고 스타일리시한 옷을 입고 있는 여자 K팝 아이돌이 손에 들고 있는 광고 이미지를 만들어줘. 스튜디오 촬영의 느낌으로 만들어줘.

이미지 생성됨

둘째, 스타일에 대한 모방이다. 이미지의 분위기나 느낌, 표현 방식을 참고하도록 요청할 수 있다. 즉, 레퍼런스 이미지를 업로드하고 이와 비슷하게 생성해 달라고 요청하는 방식이다.

예를 들어, 홍보하고 싶은 행사를 카카오톡 대화 스타일로 만들고 싶다고 하자. 이 때 카카오톡 대화창을 스크린 캡처해서 업로드하고 홍보하고 싶은 내용을 같이 업로드하면, 마치 카톡 대화를 나누는 것처럼 연출된 이미지를 생성할 수 있다.

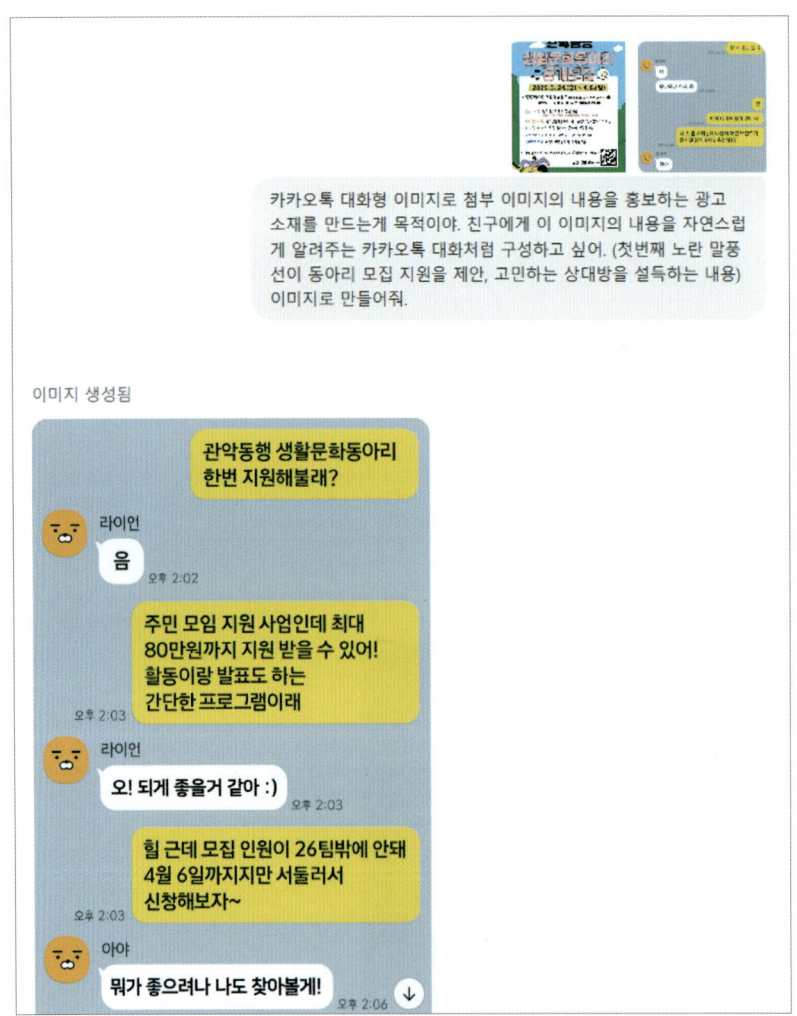

셋째, 배치나 레이아웃에 대한 모방이다. 어떤 식으로 이미지를 배치하고 표현해야 하는지를 설명하면 이를 준수해서 이미지를 만들어준다.

결과물 이미지의 레이아웃을 ppt 슬라이드에 상자로 대략 표현한 후 이미지를 만들어달라고 하면, 제시한 배치에 맞게 결과물을 만들어준다. ChatGPT는 손글씨 이미지도 잘 이해하므로, 대략적으로 어떻게 표현해야 하는지 손글씨나 스케치로 설명하는 것도 좋은 방법이다.

▲ ChatGPT에 세부적인 이미지 구성 지침을 전달해 생성한 이미지

첨부의 스케치를 참고로 하여 유튜브 썸네일을 만들어줘. 함께 첨부한 내 사진을 상반신까지만 스케치의 사람 대신에 넣어줘. 최대한 현실적인 느낌으로 표현해줘. "ChatGPT Prompt Guide"라는 책이 불이 붙어 있고, 그걸 내가 손으로 들고 있는 느낌으로 연출해줘. 우측 상단 여백에는 "ChatGPT 프롬프트 잘 쓰는 법"이라는 텍스트를 썸네일 스타일로 표현해줘.

▲ 손으로 직접 그린 이미지와 프롬프트로 이미지를 생성할 수도 있다

홍보용 이미지 생성 사례

펫 보험 상품의 홍보용 이미지를 ChatGPT로만 제작해보는 시도를 했다. 〈Call Me by Your Name〉이라는 유명한 영화 포스터를 업로드하고, 펫 보험이므로 아픈 강아지, 고양이 사진을 각각 추가로 업로드했다. ==이 모델을 강아지와 고양이로 바꿔줘. 포스터의 분위기와 구조를 살리고 강아지, 고양이 모델의 일관성을 유지해서 모델을 교체해줘==라고만 지시했다.

 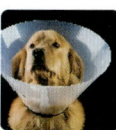 

이 포스터의 원본 인물 대신에 별도로 첨부한 강아지와 고양이를 넣어줘. 포스터의 분위기와 구도는 살리고 강아지와 고양이 모델의 일관성은 유지한 채 포스터의 인물을 강아지와 고양이로 교체해줘. 포스터에 있는 원본 인물과 옷은 모두 제거할 것. 그림 내 텍스트도 제거할 것.

이미지 생성됨

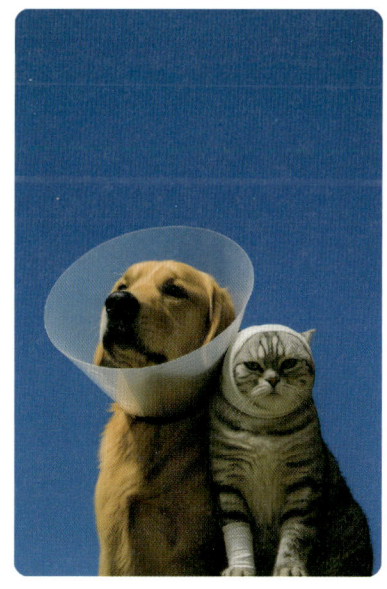

이렇게 원본의 구도를 살려 이미지를 만들어주었다. **여기에 캘리그래피 스타일로 텍스트를 'I'm Fine Don't Worry'로 바꿔줘**라고 하니 이미지 상단에 해당 문구가 자연스럽게 추가되었다. 충분히 펫 보험의 포인트 이미지로 활용할 만한 디자인이 되었다.

이번에는 아픈 강아지 이미지를 업로드하고 **스튜디오 샷처럼 만들어줘. 한국인 여성 모델이 들고 있는 모습으로 해줘**라고 했더니, 한국인 여성이 해당 강아지를 안고 있는 듯한 모습의 이미지가 생성되었다.

TIP ChatGPT에게 이미지를 제공할 때 적절한 원본 이미지를 찾지 못했다면, AI 이미지 생성으로 먼저 이미지를 생성한 후 이를 다시 제공하는 방법도 충분히 활용할 수 있다.

이미지 그리기 첨부한 강아지를 품에 안고 정면을 바라 보며 웃고 있는 20대 수수한 분위기의 한국인 여성 모델 정면 스튜디오 샷을 만들어줘. 이 AI 모델의 피부 질감을 사실적으로 리텍스쳐링 해줘. 매끈한 피부결에 전체적인 톤은 살짝 화사하게 표현해줘. 질감은 절대 징그럽게 표현되어서는 안돼. 이 모델 이미지를 프론트 뷰에 살짝 로우 앵글로 표현하고 모델 상단의 약간의 여백을 둔 이미지를 제작해줘.

이미지 생성됨

변경하려는 이미지와 참고하려는 이미지를 함께 제공하면서 **이 이미지를 예시 이미지처럼 변경해줘**라고 하면 참고 이미지를 모방해 새로운 이미지를 생성한다. 여기서는 앞에서 만든 이미지와 참고 일러스트를 첨부하고 **이 스타일을 모방해서 다시 만들어줘**라고 하니까 원본 이미지를 일러스트 스타일처럼 변형해주기까지 한다.

첨부의 두번째 일러스트 스타일을 모방해서 첫번째 실사 이미지를 일러스트 스타일로 다시 그려줘. 실사 이미지의 모델과 구도는 그대로 두고, 첨부의 일러스트 스타일만 모방해줘.

이미지 생성됨

이렇게 상세한 지시 사항과 참고 이미지 제공을 통해 실무에 활용할 수 있는 수준의 이미지를 쉽게 생성할 수 있다.

저작권과 초상권 관련 팁

ChatGPT에는 저작권이나 초상권 보호 기능이 적용되어 있어 사람 이미지를 첨부해도 해당 인물을 완벽하게 그대로 재현하지는 못한다. 반면에 동물은 초상권 제약이 없기 때문에 원본 이미지와 매우 유사한 결과물이 생성된다.

또한 지브리와 같이 특정 스타일로 생성하거나 그려달라는 지시를 수행하지 않는 경우가 발생하는 것도 저작권 때문이다. 따라서 이런 저작권과 초상권의 영향을 최소화하려면 프롬프트에 <mark>그려줘</mark>, <mark>생성해줘</mark>라고 요청하기보다는 <mark>변환해줘</mark>와 같이 완곡하게 요청하는 것이 좋다.

그러면 인물에 대한 묘사나 스타일에 대한 모방을 약간 변형해서 적용하기 때문에, 저작권이나 초상권 문제를 피해 좀 더 안정적으로 이미지를 생성할 수 있다. 인물을 정확히 유지하고 재현하려면 ChatGPT보다는 전문 이미지 편집 도구를 이용해 합성하는 게 더 나은 방법이다.

또한 대화를 계속 이어가다 보면 인물, 캐릭터의 일관성이 유지되지 않는 경우가 생긴다. 이때는 일관성을 유지하려고 하는 인물이나 캐릭터 이미지를 한 번 더 첨부하면 보다 안정된 결과를 얻을 수 있다.

> **TIP** ChatGPT가 생성한 결과물일지라도 인물이나 캐릭터의 일관성을 유지하려면, 해당 이미지를 다운로드하고 다시 업로드한 후 생성을 요청하는 게 좋다.

일잘러의 NOTE | AI 이미지 생성 기술의 발전과 다른 도구들

AI 이미지 생성 기술은 발전 속도가 매우 빠르다. 1년 전만 해도 손가락 표현이나 캐릭터 일관성 유지에 한계가 있었지만, 최근에는 실제와 구분이 어려운 수준의 고퀄리티 이미지를 쉽고 빠르게 생성할 수 있는 수준에 도달했다. 덩달아 AI 영상 생성 기술도 빠르게 발전하고 있다.

이처럼 변화가 빠른 분야에서는 하나에만 의존하지 말고 여러 툴을 비교해 써보면서 그때그때 최적의 툴을 사용하는 것이 바람직하다.

현재 이미지 생성 AI로는 ChatGPT 외에도 Midjourney, Firefly, Recraft라는 툴들이 쉽고 우수하며 사용자가 많다. 영상 생성 분야에서는 Sora, Kling, Runway 등이 인기 있는 도구들이다. 이런 대안 AI 이미지 생성 도구들도 한 번씩 사용해보고 업무에 적용해보길 바란다.

 **MEMO**

CHAPTER 03

고단한 반복 업무 GPTs로 자동화하기

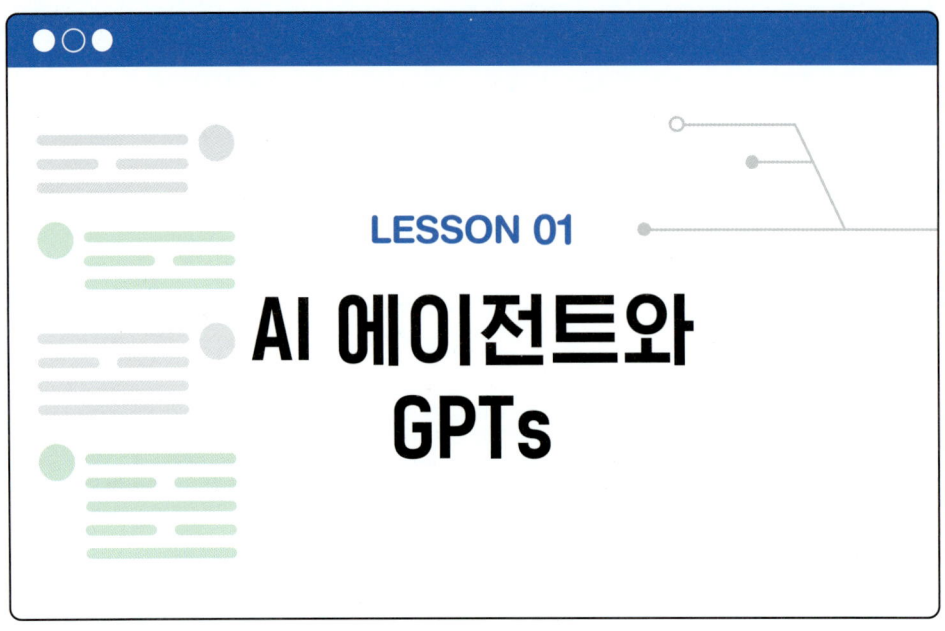

LESSON 01
AI 에이전트와 GPTs

AI 에이전트란 무엇인가

AI 에이전트는 인간을 대체해 마치 사람처럼 일을 처리하는 것을 목표로 한다. 하나의 프로젝트에서 어떤 사람은 인터넷에서 자료를 찾고, 어떤 사람은 ERP에서 매출 자료를 뽑아 엑셀로 정리하는 것처럼, AI가 여러 도구를 활용해 업무 단위별로 역할을 나누어 처리한다. 이런 AI를 AI 에이전트라고 부른다.

AI 에이전트는 거대 언어 모델(LLM)과 달리 말만 하는 존재가 아니다. 여러 도구를 종합해 활용하며 실제 사람이 일하듯 동작한다는 점이 핵심 차별점이다. AI 에이전트 서비스는 이미 많이 상용화되어 있으며 실제 업무를 높은 수준으로 처리한다. ChatGPT Operator, Manus AI, Genspark Super Agent 같은 서비스가 출시되었고, 이 외에도 다양한 LLM 기반 플랫폼에서 AI 에이전트를 활용할 수 있다.

기본적인 사무 작업 외에도 사람처럼 프로그램을 개발하고 배포하는 개발 에이전트 Devin, 레퍼런스를 수집하고 디자인 툴로 작업하는 디자인 에이전트 Lovart 등, 회사 차원의 프로젝트를 수행하기 위해 고용(구독)하는 AI 에이전트도 등장하고 있다.

이러한 AI 에이전트는 계속해서 새롭게 등장하며 기술 수준 또한 빠르게 발전하고 있어, 결국 인간을 대체하는 방향으로 나아갈 가능성이 크다. 물론 아직 AI가 모든 업무를 사람처럼 처리하기에는 한계가 있다. 현재의 AI 에이전트는 인간의 모든 일을 대체하지는 못하며, 주로 단순하고 반복적인 업무를 위임받아 자동화하는 방식으로 활용된다.

AI 에이전트라는 개념이 새롭게 주목받으면서 기존 기술과는 완전히 다른 것으로 오해할 수 있다. 그러나 실제로는 거대 언어 모델과 본질적으로 크게 다르지 않다. AI 에이전트는 기본적으로 LLM 기반이며, 특정 업무 수행 목표와 지침 그리고 도구를 추가로 부여받았다는 점에서 차이가 있을 뿐이다.

AI 에이전트를 진정한 업무 대리인으로 만드는 핵심은 다양한 디지털 도구를 직접 활용할 수 있도록 연결하고, 기업의 데이터베이스에 접근하고 이를 수정할 수 있는 권한을 부여하는 데 있다. 이처럼 환경이 갖춰지면, AI 에이전트는 단순히 말만 하는 존재가 아니라 실제로 인간처럼 업무를 수행하는 주체로 기능하게 된다.

GPTs로 AI 에이전트 시작하기

AI 에이전트는 앞으로 업무 환경에서 점차 보편화되겠지만, 현시점에서 가장 쉽게 AI 에이전트를 만들고 운영하는 방법은 ChatGPT의 GPTs를 이용하는 것이다. GPTs는 특정 목적에 최적화된 커스텀 ChatGPT를 만드는 기능으로, ChatGPT 왼쪽 사이드바의 [GPT] 메뉴를 클릭하여 직접 만들고 사용할 수 있다.

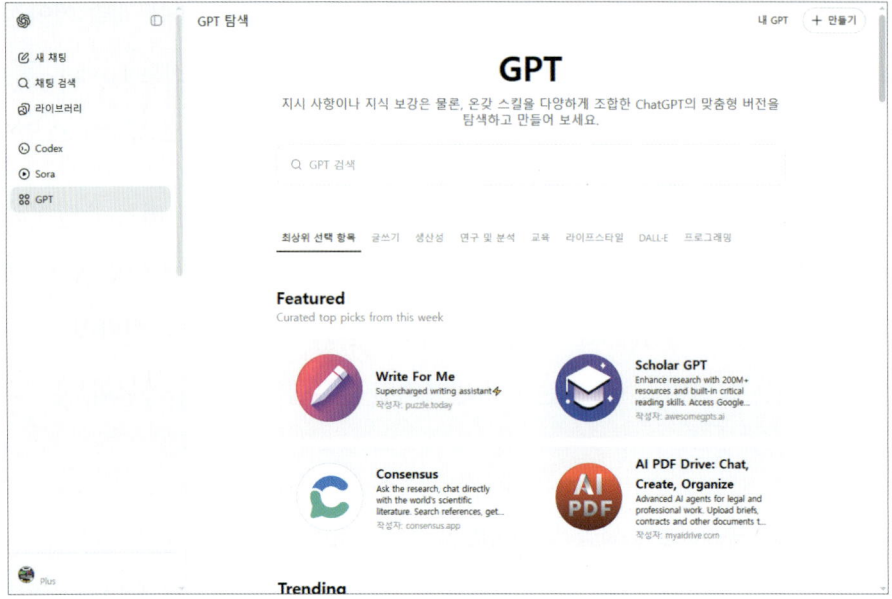

▲ ChatGPT의 GPTs 화면

GPTs는 제작 단계에서 업무 목적에 맞는 맞춤형 지침(Instructions)을 넣고, 지식(knowledge)에 외부 자료를 파일 형태로 첨부하거나, 작업(Actions)에 API로 외부 디지털 도구 사용 권한을 부여할 수 있다. 이런 점들이 AI 에이전트를 구성하는 요소 및 작동 방식과 유사하며, GPTs를 최소한의 AI 에이전트 형태로 볼 수 있는 이유이기도 하다.

GPTs는 특별해 보이지만 사실 단순하다. 자주 사용하는 프롬프트를 사전에 프리셋으로 넣어둔 것이라 이해하면 편하다. 업무 수행 방식을 프롬프트 형태로 정의해 미리 넣어두면 다음에는 별도의 프롬프트 입력 없이도 동일한 방식으로 작업을 반복할 수 있다. 명확한 동작 정의로 더 일관되고 효율적으로 일할 수 있는 것이다.

실제로 필자는 ChatGPT를 쓰다가 특정 프롬프트가 유용하고 견고해 원하는 결과물이 잘 나온다고 판단되면 이를 GPTs로 제작한다. GPTs로 만들어두면 매번 번거롭게 프롬프트를 입력하지 않아도 동일한 업무를 자동으로 처리할 수 있어 작업 효율이 크게 향상된다.

같은 일을 두 번 이상 할 것 같으면 반드시 해당 업무용 GPTs를 만들며 일하려 노력해보자. 회사 차원에서도 가능한 많은 세부 업무를 GPTs로 정의하도록 팀원들을 독려하는 방식을 고민해볼 수 있다.

예를 들어 기업 강의 출강 후 사례를 블로그로 정리하는 업무는 반복적으로 발생하지만, 창의성이 중요한 업무는 아니다. 이처럼 구조화된 반복 업무는 GPTs로 만들어 효율을 높이고 있다. 실제 기업 강의에서도 조직 내 업무 중 GPTs로 자동화할 과제를 정의하고, 이를 직접 제작해 조직 내에 확산하는 실습을 다수 진행하고 있다.

제작한 GPTs를 조직 내에서 공유하면 노하우가 전파되고, AI로 처리하는 일의 종류와 범위도 자연스럽게 넓어진다. 따라서 조직 전체가 AI 트랜스포메이션을 실천하는 가장 쉽고 실질적인 액션 플랜이 바로 GPTs 만들기라 할 수 있다.

GPTs 활용의 진정한 가치

GPTs 메인 화면인 [GPT 탐색]에서는 앱스토어처럼 다른 사람들이 만들어 공개한 GPTs를 살펴보고 직접 사용할 수도 있다. Canva, Veed, Kayak 등 유명 기업들도 자사 서비스를 더 쉽게 이용할 수 있도록 GPTs를 만들어 공개한다. 또한 개인들도 특정 목적을 잘 수행하는 다양한 GPTs를 공유하고 있다. 따라서 자신의 업무에 적합한 GPTs를 찾아 써보는 것만으로도 ChatGPT의 활용도를 크게 높일 수 있다.

하지만 GPTs의 진정한 가치는 나와 내 조직의 구체적이고 세분화된 업무를 효율적으로 처리하는 GPTs를 직접 만들어 사용할 때 드러난다. 유명 GPTs는 여러 사람이 쓸 수 있게 추상화되어 일반적이고 애매한 결과물을 얻을 가능성이 높다. GPTs를 제대로 활용하려면 유명 GPTs를 시도해보는 것에 그치지 않고 직접 만드는 것이 훨씬 중요하다.

물론 초보자라면 GPTs 지침 만들기가 어렵게 느껴질 수 있다. 그러나 이 이유만으로 GPTs 만들기를 망설일 필요는 없다. GPTs 구성은 생각보다 어렵지 않다. PART 02에서 연습했던 다양한 프롬프트 작성법을 그대로 적용하고, 필요에 따라 조금씩 수정해 나가면 충분히 업무에 쓸만한 GPTs를 만들 수 있다.

GPTs를 직접 만들고 써보면 혼자 업무를 수행하더라도 든든한 우군의 도움을 받는 느낌을 얻게 된다. 이 과정에서 원하는 결과물을 만들도록 ChatGPT와 적극적으로 소통하면 활용 숙련도도 자연스럽게 향상된다.

GPTs의 가장 큰 장점은 잘 만든 GPTs를 조직 내에 공유함으로써 조직 전체의 AI 활용도를 끌어올릴 수 있다는 점이다. 그러니 주저하지 말고 GPTs 만들기에 도전해보자. 처음에는 아주 작고, 세분화되며, 간단하고 반복적인 업무부터 시작하면 된다. 그렇게 하나씩 쌓아가는 것이 AI 업무 혁신의 출발점이 된다.

GPTs를 만드는 방법

GPTs는 무료 사용자도 사용할 수 있지만[11], 만들기는 유료 구독자만 가능하다. [GPT] 메인 화면에서 우측 상단의 [만들기]를 클릭하면 나만의 GPTs를 만들 수 있다.

---

11 GPT-5.1 모델 기준 5시간에 10회 한정으로 프롬프트 길이에 따라 달라질 수 있으며, 제한을 초과할 경우 mini 모델로 전환된다. Thinking 모드는 하루에 1회만 사용 가능하다. 이는 레거시 GPT-4o 모델도 동일하다.

▲ 우측 상단의 [만들기]를 클릭하면 새 GPTs를 생성할 수 있고 [내 GPT]를 클릭하면 기존에 생성한 GPTs를 수정할 수 있다

처음에는 창의성이 필요한 작업보다는, 특정 문제를 해결하는 데 집중한 ChatGPT를 만드는 것을 목표로 삼는 것이 좋다. 내가 문제를 해결하는 방식을 잘 모방하게 만든다는 원칙만 생각하면 된다. GPT에게 이러한 목표와 문제 해결 방식을 자연어로 명확하게 설명하면 되니 생각보다 어렵지 않다. 컴퓨터와 소통하기 위해 별도 프로그래밍 언어를 배우고 코딩해야 했던 것과 비교하면 이러한 제작 방식이 얼마나 쉬운지 체감할 수 있다.

GPTs 제작은 전문성이 요구되는 정직원을 채용하는 것이 아니라, 특정 문제만 전담할 인턴 사원에게 업무 방식과 절차를 설명하는 것처럼 접근하면 된다. 결국 GPTs를 만든다는 것은 반복적인 업무를 AI에게 일부 위임하는 것과 같다.

GPTs 만들기는 [만들기] 탭에서 AI와 대화하며 진행할 수도 있고, [구성] 탭에서 필요한 요소를 직접 업로드하고 입력할 수도 있다. [만들기] 탭에서 AI와 자연스럽게 대화하면 [구성] 탭의 주요 요소가 자동으로 채워진다.

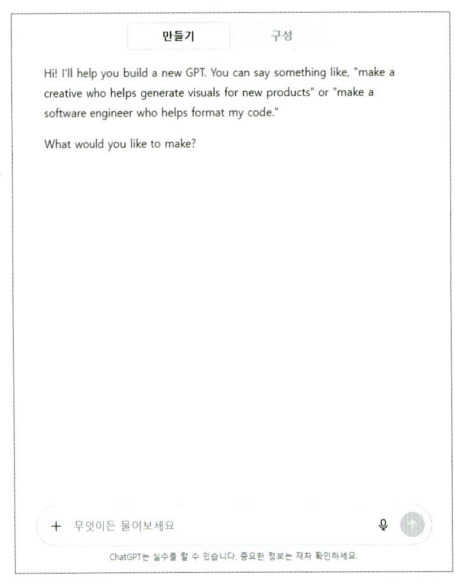

▲ GPTs 만들기 화면의 [만들기], [구성] 탭

일잘러의 NOTE | GPTs 만들기보다 구성이 더 중요한 이유

한 가지 명심할 점은 단순히 [만들기] 탭에서 ChatGPT 대화하며 제작하는 방식은 명확한 업무 해결이 목표라면 적합하지 않다는 점이다. 이 방식을 실제 업무에 비유하자면, 인턴에게 직접 지시를 전달하는 대신 통역사를 사이에 두고 지시하는 것과 유사하다. 당연히 직접 전달할 때보다 의도가 정확히 반영되지 않을 가능성이 높다.

특히 ChatGPT는 [만들기] 탭에서 대화한 사항을 축약하고 핵심만 정리해 지침으로 작성하는 경향이 있다. 또한 일부만 수정하려 해도 전체 지침의 맥락이 바뀌어 의도한 결과를 얻기 어렵고 제작 과정도 번거롭다.

GPTs의 프롬프트는 키워드 하나만으로도 전체 지침의 의미가 달라질 수 있고, 미세 조정이 어렵기 때문에 프롬프트 개선은 세밀하게 접근해야 한다. GPTs의 지침은 별도의 메모장이나 문서에 백업하면서 작성하는 것이 좋다. 실수나 오류에 대한 부담 없이 작업할 수 있기 때문이다. 따라서 [구성] 탭에서 직접 지침 프롬프트를 작성하는 방식으로 제작할 것을 강력히 권장한다.

GPTs 구성 요소 설정하기

[구성] 탭을 자세히 살펴보자. 입력할 것이 많아 보이지만 앞서 배운 프롬프트 구성 방식과 비교해서 새로운 건 없다. 각 구성 요소가 어떤 역할을 하는지 확인하고 하나씩 채우다 보면 금세 나만의 GPTs를 완성할 수 있다.

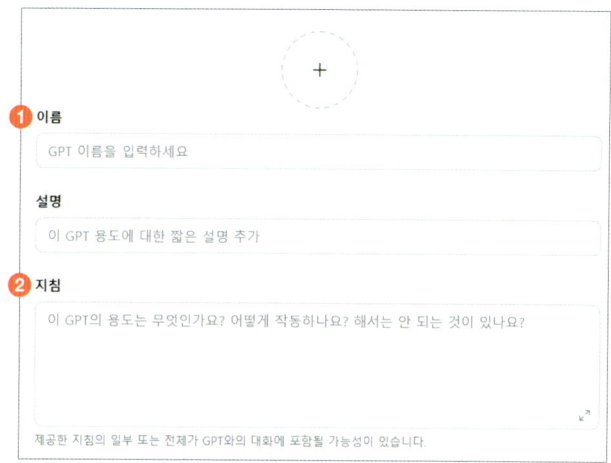

① **이름과 설명, 프로필 사진** : [이름]은 GPTs의 이름이고, [설명]은 기능이나 목적을 한 줄로 요약한 문구다. 성능에는 영향이 없으니 사용자들이 잘 식별할 수 있게만 적으면 된다. 프로필 아이콘 부분의 [+]를 클릭하면 이미지를 업로드하거나 DALL·E로 새로운 프로필 이미지를 생성할 수 있다.

TIP DALL-E로 생성한 이미지가 마음에 들지 않는다면 다시 시도해보자. 미려한 이미지를 원한다면 MidJourney와 같은 전문 이미지 생성 AI로 작업하고 업로드하는 것도 좋은 방법이다.

② **지침** : GPTs 구성에서 가장 중요한 요소다. 여기에 GPTs의 목표와 문제 해결 방식을 명확하게 정의해야 한다. 작성 방식은 기본적으로 프롬프트 작성법과 동일하다. 프롬프트 구성 요소를 고려해 구조화하여 작성하고, 일관성 있는 형식으로 명료하고 구체적으로만 작성하면 된다.

TIP [지침]에 작성한 내용은 시스템 프롬프트라고 부른다. 시스템 프롬프트는 이후 사용자가 입력하는 프롬프트와 병합되어 ChatGPT로 전달된다. 따라서 구체적인 값이나 데이터는 사용자가 입력하도록 하고, [지침]에는 해당 문제에 공통적으로 적용할 목표와 문제 해결 방식을 설명하는 것이 바람직하다.

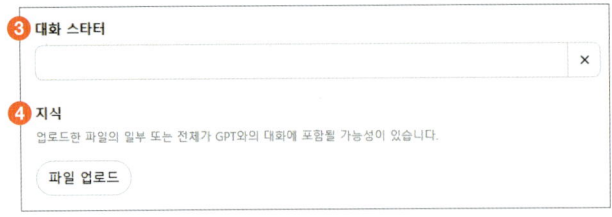

- ③ **대화 스타터** : 사용자가 무엇을 입력해야 할지 모를 때 참고할 수 있도록 버튼 형태로 첫 질문을 정의할 수 있다. 대체로 사용 가이드를 확인하는 질문이나 대표적인 작업 예시가 적당하다. 개인적으로 사용하거나 조직 내에서 목적이 명확하다면 굳이 설정하지 않아도 된다. GPTs 자체 성능과는 무관한 요소다.
- ④ **지식** : ChatGPT와 대화할 때 파일을 첨부하듯이, GPTs에게 참조할 파일을 제공하는 요소다. 신뢰성과 전문성이 높은 파일을 참고 자료로 제공하는 것과 동일한 원리다. 너무 큰 파일을 첨부하면 성능이 떨어질 수 있으므로 핵심적인 자료 몇 개만 제공하거나, 긴 문서라면 필요한 부분만 발췌해 제공하는 것이 효과적이다.

일잘러의 NOTE 많은 파일을 업로드하면 GPTs가 더 똑똑해질까?

ChatGPT 활용에 익숙하지 않은 사람들은 GPTs를 만들 때 [지식] 요소에 가능한 한 많은 파일을 업로드하려는 경향이 있다. 예를 들어 공무원 보고서 작성용 GPTs를 만들면서 '공무원 보고서 작성 요령', '공무원 보고서 양식', '보고서 작성 지침' 등 여러 참고 자료를 모두 제공하면 더 좋은 결과가 나올 것이라 기대한다.

물론 효과가 전혀 없는 것은 아니지만 기대만큼 효율적이지는 않다. 오히려 핵심적이고 꼭 반영했으면 하는 내용만 간추려 지침에 포함하거나 요약된 내용을 업로드하는 편이 훨씬 효과적이다. 이때 필수 지침, 양식, 문체 등 반드시 반영해야 할 사항만 ChatGPT에게 정리를 요청하고, 이렇게 정리된 내용만 반영해보자. 더욱 깔끔하고 정확한 결과물을 얻을 수 있을 것이다.

- ⑤ **권장 모델** : 해당 GPTs를 사용할 때 어떤 모델을 사용하는 것이 적합한지 지정하는 요소다.
- ⑥ **기능** : 유료 ChatGPT에서 제공하는 추가 기능의 사용 여부를 선택한다. 웹 검색, 캔버스(화면 분할 글/코드 작성), 이미지 생성, 코드 인터프리터 및 데이터 분석(파이썬 코드 기반 동작) 기능을 선택적으로 활성화할 수 있다. 특히 계산 작업, 데이터 분석, 파일 생성이 요구되는 GPTs라면 기본적으로 비활성화된 [코드 인터프리터 및 데이터 분석] 기능을 활성화해야 한다는 점을 기억하자.
- ⑦ **작업** : [작업]은 GPTs Action이라고도 하며, 다른 디지털 도구와 연동하는 API를 추가할 때 사용한다. 이를 통해 GPTs의 기능을 대폭 확장하여 여러 도구를 넘나들며 일을 처리하는 자동화 허브로 업그레이드할 수 있다.

  다만 현재 GPTs의 작업 기능은 MCP의 등장으로 과도기적 단계에 있다. 따라서 이 책에서는 GPTs Action 구현 가이드는 다루지 않는다. 이후 PART에서 MCP를 중심으로 학습하는 것이 향후 업무 자동화에 더 유용하다.

GPTs 테스트와 배포

모든 요소를 설정했으면 오른쪽 [미리 보기] 영역에서 여러 프롬프트로 테스트해보자. 이때 원하는 결과가 제대로 나오는지 반드시 확인해야 한다. 처음에는 입력한 지침과 지식 중 어떤 요소가 결과에 영향을 주는지 파악하기 어려워 최적화가 쉽지 않을 수 있다. 결과물이 다소 무작위로 나온다면 지침을 조금씩 바꿔가며 수정해보자. 몇 차례 수정을 거치면 의도한 바의 90% 이상을 충실히 수행하는 GPTs를 완성할 수 있다.

> 핵심 보장 내용을 정리할 때, 약관에 몇 페이지에 의거해서 정리했는지도 함께 써줘.

좋습니다! 요청하신 대로 **"핵심 보장 내용"**을 정리하면서, 각각이 약관의 몇 페이지에 근거했는지를 명확히 표기해드리겠습니다.

---

2. 핵심 보장 내용 (페이지 근거 포함)

1. **대인·대물 배상 (의무보험 + 확장)**
   - 타인의 인적·물적 피해 보장.
   - **대인 I**: 법정 의무 한도 내 보장 (자동차손해배상보장법 기준).
   - **대인 II**: 대인 I을 초과하는 손해를 무한으로 보장 (무한 가입 권장).
   - **대물**: 가입금액 선택(2천만 원 ~ 10억 원, 전기차는 최대 20억 원).
   - 👉 근거: 약관 **p.21~22** (대인배상 I·II, 대물배상 설명)

2. **내 신체 보장 (자기신체사고 vs 자동차상해)**
   - **자기신체사고**: 실제 치료비 중심, 상해 급수와 가입금액 한도로 지급.
   - **자동차상해(특약)**: 위자료·휴업손해 등 "실제 손해액 기준"으로 더 넓게 보장.
   - 👉 근거: 약관 **p.23** (자기신체사고, 자동차상해 비교 설명 및 표)

> 잘했어. 이렇게 결과물이 한번에 나오려면 현재 설정되어 있는 내 지침을 어떻게 수정해야 할지 알려줘. 전체 수정한 지침을 코드 블록에 다시 써줘.

좋은 피드백 감사합니다 👍
현재 설정되어 있는 지침은 "핵심 보장 내용 요약"에 중점을 두고 있는데, 여기에 **"항목별 약관 페이지 근거를 반드시 병기한다"**라는 조건을 추가하면 됩니다.
아래는 전체 지침을 수정한 버전입니다.

```markdown
# 목표
보험 약관의 주요 내용을 기반으로, 고객이 이해하기 쉽도록 핵심 내용을 요약 정리해줘.
특히 '핵심 가치 제안(슬로건)', '핵심 보장 내용', '보험금 지급 제한 사항', '가입 시 유의 사항', '종별 비교' 등 고객
⚡ 추가 규칙: 각 보장 항목 및 설명에는 반드시 **약관의 해당 페이지 번호**를 근거로 명시한다.

---

## 절차
1. 사용자가 입력한 보험 약관 또는 상품 설명서의 전문을 읽고, 핵심 정보를 선별한다.
   (보장 항목, 면책 조항, 유의사항, 보험 종류별 특징 등)
```

> 2. 고객이 이해하기 쉬운 언어로 각 항목을 재구성한다.
> 3. 다음 항목에 맞춰 정보를 요약한다. (항목별로 반드시 **약관 페이지 번호 근거 병기**)

▲ GPTs [미리 보기] 영역에서 GPT와 대화하며 테스트하는 예시

이때 지침에서는 단어 하나만 바꿔도 결과가 달라질 수 있으므로 핵심 지시 사항이 담긴 문장의 단어 선택을 조금씩 조정해보는 것이 좋다. 또한 프롬프트 문장에 비문이나 불필요한 수식어는 없는지, 서로 상충되거나 중복된 지시 사항이 없는지 꼼꼼히 검토하고 수정하는 것도 효과적이다. 꼭 반영해야 할 지침인데도 결과에 잘 드러나지 않는다면 마크다운 볼드 표시(**텍스트**)로 해당 문장이나 키워드를 강조하는 방법도 도움이 된다.

제작이 끝났으면 GPTs를 배포해보자. 배포 단계에서는 누가 이 GPTs에 접근할 수 있는지 정의할 수 있다. 누구나 접근할 수 있게 공개할 수도 있고, Team Plan 사용자는 같은 팀 내에서만 공유되도록 설정할 수도 있다. 또한 특정 사용자의 이메일을 직접 입력해 제한된 인원만 접근하도록 지정할 수도 있다. 이러한 접근 권한 설정을 통해 동료들과 GPTs를 함께 활용하면 조직 전체의 생산성을 높일 수 있다.

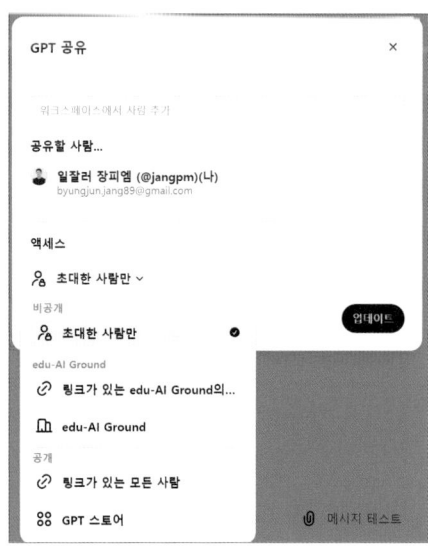

좋은 GPTs를 제작하는 방법은 곧 ChatGPT 프롬프트를 잘 작성하는 방법과 동일하다. 두려워하지 말고 GPTs 제작에 도전해보길 권한다. GPTs는 주로 반복적인 업무를 자동화한다는 목적에서 몇 가지 고유한 지침 작성 요령이 있지만, 기본 원칙은 결국 좋은 프롬프트 작성법과 같다. GPTs로 반복 업무를 효율화하고 조직 내에서 AI 활용 사례를 공유하는 문화가 자연스럽게 정착되기를 바란다.

> **TIP** ChatGPT를 구성할 때 일부 논문, 도서(저서), 선정적/폭력적인 콘텐츠, OpenAI의 보안정책에 위배되는 자료(특히 탈옥이라 부르는 보안 우회 프롬프트)가 포함된 지침이나 지식으로 업로드하면 GPTs 배포가 반려될 수 있다. 반대로 이러한 내용이 전혀 없는데도 문제가 발생한다면, PDF나 문서 내에 사람의 눈에는 보이지 않는 AI 활용 방지 요소가 들어 있는 경우일 수 있다. 이처럼 GPTs 배포 시 문제가 발생하면 지식에 첨부된 파일을 하나씩 제거하고 검토하면서 확인하는 것이 좋다.

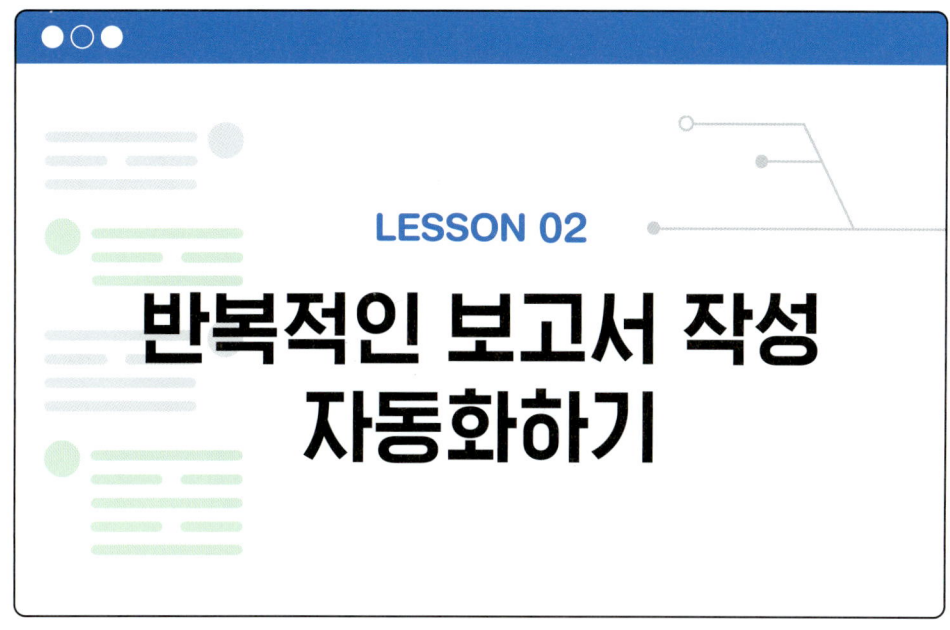

LESSON 02
반복적인 보고서 작성 자동화하기

자동화할 대상 업무 선정하기

어떤 업무부터 GPTs로 만들어볼까? 가장 추천하는 것은 '반복적인 비핵심 업무'부터 GPTs로 만들어 자동화/반자동화하는 것이다. 가장 쉽게 시도할 수 있으며 개인과 조직의 생산성 향상에 직접 기여할 수 있다.

업무의 분류와 자동화 대상

업무는 중요도와 긴급성을 기준으로 네 가지로 구분할 수 있다.

① 중요하고 긴급한 업무
② 긴급하지만 중요하지 않은 업무
③ 중요하지만 긴급하지 않은 업무
④ 중요하지도 긴급하지도 않은 업무

이 네 가지 업무 중 특히 주목해야 할 것은 **긴급하지만 중요하지 않은 업무**다. 대표적인 예로 보고서 양식에 맞게 글쓰기, 문서 취합하기, 회의록 작성하기 등이 있다. 이런 업무는 상당한 시간을 소요하지만 조직의 핵심 가치 창출에는 상대적으로 미치는 영향이 크지 않다. 또한 수행하는 사람에 따라 결과물의 품질 차이가 크지 않다는 특징도 있다.

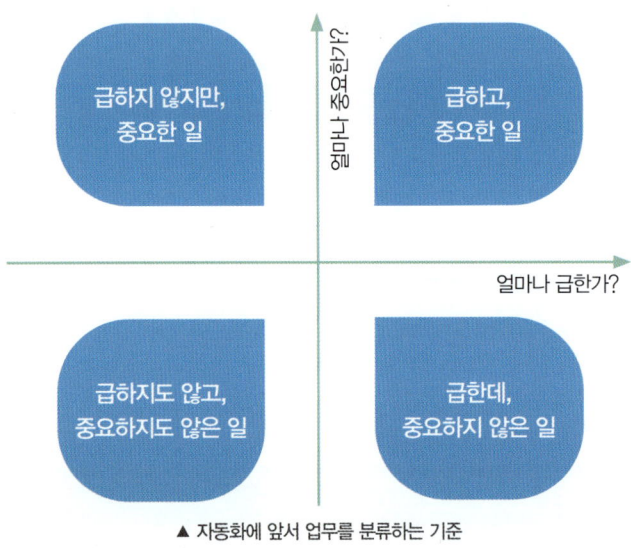

▲ 자동화에 앞서 업무를 분류하는 기준

이런 특징 때문에 GPTs는 반복적인 비핵심 업무를 처리하는 데 특히 적합하고 유용하다. 이들 업무는 대체로 명확한 지침과 규칙을 가지고 있어 GPTs에게 가이드하기 쉽다.

예를 들어 엑셀 문서를 취합하는 경우 어떤 행과 열, 셀을 어떻게 편집해야 하는지 구체적으로 설명할 수 있다. 설명하는 과정에서 주관적 판단이나 모호성이 거의 없기 때문에, GPTs로 자동화했을 때 결과물의 일관성이 높게 유지된다. 충분히 구체적이고 명료하게 지침을 제공하면 GPTs는 이를 안정적으로 재현할 수 있으며, 결과가 일정하게 나오므로 조직 내에서 공유해 활용하기에도 부담이 적다.

결국 반복적인 비핵심 업무를 GPTs로 자동화하면 시간과 자원을 효율적으로 활용할 수 있다. 직원들은 반복적이고 시간 소모적인 업무에서 벗어나 보다 창의적이고 전략적인 업무에 집중할 수 있다. 이런 이유로 GPTs를 처음 활용해 생산성을 높이고자 한다면 '반복적인 비핵심 업무'부터 자동화해보라고 권하는 것이다.

보고서 작성 자동화의 핵심

반복 업무에 강한 GPTs를 잘 활용할 수 있는 대표적인 영역이 바로 정해진 양식에 따라 루틴하게 작성하는 보고서를 자동으로 생성하는 것이다. 회의록, 품의서, 주간 보고서 같은 것들이 해당된다. 정형화된 보고서를 GPTs로 생성하면 작성 시간을 크게 단축할 수 있다.

안정적으로 동작하는 GPTs를 만들려면 지침 설계가 무엇보다 중요하다. GPTs의 존재 의의는 창의성을 발휘하는 것이 아니라, 정해진 규칙에 따라 안정적으로 결과물을 산출하는 데 있다. 따라서 지침을 얼마나 정확하고 디테일하게 설계하느냐에 따라 결과물의 품질이 달라진다.

프롬프트 구성 요소인 **# 목표**, **# 결과물 형식**, **# 주의사항**을 포함해 GPTs 지침을 설계한다. 안정적인 결과 재현을 원한다면 '#'을 사용해 결과물 형식을 명확히 지정하는 것이 가장 중요하다. 최종 결과물이 어떤 형태가 되어야 하는지 구체적으로 설명하거나 예시를 제공하는 방식으로 안내해야 한다.

> **TIP** ChatGPT는 마크다운 형식의 텍스트를 가장 잘 인식한다. 이때 '#'의 개수에 따라 제목의 위상을 구분할 수 있다. # 하나는 대제목, ##은 중제목, ###은 소제목, ####은 소소제목에 해당한다. 이를 활용하면 지침 구조를 더욱 명확하게 전달할 수 있다.

ChatGPT가 실수할 만한 부분을 주의사항으로 안내하면 그 점을 염두에 두고 작업해 의도를 반영한 결과가 잘 나온다. GPTs는 창의적인 결과를 내는 것보다 반복 업무를 안정적으로 재현하는 데 초점을 두므로, 원하는 결과를 구체적이고 정밀하게 설명하는 것이 핵심이다.

필자는 반복 업무를 수행하는 GPTs의 지침 설계를 돕는 **나만의 GPT 지침 설계 도우미**도 직접 만들어 활용하고 있다. 구성 요소에 맞춰 지침을 설계할 수 있도록 사용자에게 적절히 질문하며 지침 초안을 대신 설계해준다. 나에게 맞는 GPTs를 만들기 막막한 초보자라면 이 GPTs를 활용하면 된다.[12]

나만의 GPT 지침 설계 도우미

작성자: AI Ground

반복적으로 수행하는 루틴한 보고서 작성, 데이터 취합, 컨텐츠 생성에 활용할 수 있는 나만의 GPT를 만들 수 있게 도와드립니다.

품의서 작성하는 gpts 만들고 싶어

좋습니다! 이제 **Phase 1. GPTs의 목표와 절차 정의** 단계로 시작할게요.

우선 다음 두 가지를 명확히 하고 싶습니다:

1. **GPTs의 목표**
 "품의서 작성"이라고 하셨는데, 이 GPT가 어떤 상황에서 누구를 위해 어떤 종류의 품의서를 작성하게 하고 싶은지 구체적으로 설명해주실 수 있을까요?
 예: 예산 승인 요청, 출장 계획, 구매 요청 등등?
 또는 원하시면 제가 임의로 예시를 들어서 작성 도와드릴 수도 있습니다.

2. **작업 절차 정의**
 이 GPT가 안정적으로 품의서를 작성하려면 어떤 순서로 어떤 정보를 입력받고 어떤 기준에 따라 해야 하는지도 함께 정리할 예정입니다.

우선 1번에 대한 답변 먼저 주시겠어요? 원하시면 예시로 만들어 드릴 수도 있습니다.

▲ GPT 지침 설계 도우미 GTPs 활용 예시
스마트폰 카메라로 QR 코드를 인식해 접속할 수 있다

---

12 https://chatgpt.com/g/g-681d94d546748191a19701fc25698bd7-namanyi-gpt-jicim-seolgye-doumi

① 회의록 작성 자동화

반복적인 보고서의 첫 번째 예시로 회의록을 살펴보자. 회의록 작성은 아주 중요하진 않지만 자주 있는 일이고 정리하는 데 시간과 노력이 드는 작업이다. 이런 작업을 GPTs에게 맡겨볼 수 있다.

다만 ChatGPT 자체는 음성 처리가 안정적이지 않으므로 음성을 텍스트로 변환하는 별도의 도구가 필요하다. 네이버 클로버노트, 티로, 다글로가 대표적인 음성-텍스트 변환 도구다.

이 중 가장 추천하는 도구는 네이버 클로바노트[13]다. 사용하기 쉽고 편리하며, 네이버 계정만 있으면 월 300분에 15회 무료로 사용할 수 있다. 모바일 앱도 있으며 네이버 계정과 자동으로 동기화된다. 특히 한국어 고유명사 인식이 정확하고 화자 분리도 잘 되는 편이다.

> TIP 회의가 잦은 기업이라면 유료 플랜 도입을 고려할 만하다. 예를 들어 월 18,000원에 1,000분/25회, 86,500원에 6,000분/150회 사용할 수 있는 요금제가 제공된다.

회의 시작 시 네이버 클로바노트 앱에서 녹음을 시작하고, 회의가 끝나면 녹음을 종료하면 된다. 이렇게 회의 전체 내용을 자동으로 텍스트로 변환할 수 있다. 네이버 클로바노트로 텍스트로 변환했다고 가정하고 회의록 작성 GPTs를 제작해보자. 지침은 앞서 살펴본 프롬프트 구조와 양식에 맞춰 작성한다.

\# 목표
첨부의 녹취록을 기반으로 하여 회의록을 작성해줘. 네가 임의로 작성하면 안 되고, 철저하게 제공된 녹취록의 정보만을 사용해서 작성해야 해.

---

[13] https://clovanote.naver.com/

절차
1. 제공된 녹취록 텍스트 전체를 읽고, 중요 내용(주제, 주요 논의 내용, 결정 사항, 실행 계획, 책임 당사자 등)을 식별한다.
2. 주제별로 텍스트를 분류하고 상세하게 정리한다.
3. 회의록 템플릿에 맞춰서 일목요연하게 작성한다.

주의사항
- 임의로 추측하거나, 사전 학습된 내용을 기반으로 녹취록에 없는 내용을 작성하지 말 것. 만약 관련 정보가 없으면 '해당 자료에 해당 정보가 없습니다.'라고 답변할 것.
- 구체적인 수치나 지표가 있으면 가급적 인용하고 정확하게 쓸 것.
- 회의록 템플릿 또는 예시 회의록 결과의 형식과 구성, 말머리 기호를 모방하여 작성할 것.
- 채팅에서 바로 답변할 것.

회의록 템플릿
{우리 회사의 회의록 템플릿}

목표는 간단히 **회의록을 작성해줘**라는 수준으로 시작했고, 회의록 작성을 위한 디테일한 절차를 설명했다. 목표만 써도 회의록 정리는 되겠지만 결과가 순서대로 혹은 주제별 요약으로 다소 무작위로 나타날 수 있다. 이러한 변동성을 최소화하고 기존 회사 양식에 맞춰 안정적인 결과물을 얻으려면, 최종 목표와 함께 세부 절차를 명확히 지침에 포함해야 한다.

이 GPTs는 주제별로 내용을 분류하고 요약해서 회의록을 작성하라고 절차를 설명하면서, 동시에 GPT가 실수할 만한 내용을 주의사항으로 안내한다. 잘 작성된 회의록 예시나 우리 회사 회의록 템플릿을 프롬프트 구성 요소로 넣고 형식만 참고할 것을 지시하면 안정적으로 모방해낸다.

이렇게 만든 GPTs를 실행하면 이미 지침이 들어가 있어 별도로 설명할 필요 없이 녹취록만 업로드하면 된다. 전체 개요, 참여자, 주제별 논의 내용을 정리하고 결정 사항이나 향후 할 일도 체계적으로 정리해준다. 만들어둔 결과물 템플릿에 맞춰 작성하므로 회사별로 템플릿 부분만 수정하면 자사 양식에 맞는 회의록을 작성할 수 있다.

또한 결과물을 워드 파일로 출력하도록 지시하면 바로 만들어준다. 녹취록만 빠르게 확보할 수 있다면 GPTs는 모바일에서도 접근 가능하므로, 회의 직후 즉시 회의록을 작성해 이메일로 전송하거나 시스템에 업로드하는 수준까지 자동화할 수 있다.

회의록 정리

작성자: community builder

회의 스크립트, 대화 텍스트만 입력하면 구조화된 회의록으로 자동으로 정리합니다.

회의록 대화 텍스트를 제공해주세요.   파일로 회의록 텍스트를 제공해주세요.

1. 회의 개요

1. 날짜: 2024. 04. 01. (월) 12:45~13:00 (약 15분)
2. 장소: 온라인 회의
3. 참석자 (총 3명)
   - 장병준, 송준용, 공조성
4. 주요 의제
   - 교육 준비 상황 공유 및 실습 콘텐츠 정리

> - AI 그라운드 계정 관련 관리 이슈
> - 마케팅 및 파트너사 대응 방향 논의
>
> **2. 회의 내용**
>
> 1) 교육 진행 상황 및 실습 콘텐츠
> - 장병준은 3월 교육을 마무리하며, "HRD 공개 교육과 휴넷 내부 강의 준비를 마무리 중이며, 어드밴스 데이터 애널리틱스를 주제로 유튜브 영상까지 제작 계획"임을 공유함.
>   - | 장병준: "어드밴스 데이터 애널리틱스 가지고 영상을 만들려고요. 유튜브 영상까지 만들어보는 게 목표입니다."
> - 공조성은 장병준이 만든 실습 콘텐츠를 에어테이블에 정리 완료. 장병준은 추후 검토 후 불필요한 항목은 삭제 예정.
>   - | 공조성: "실습 만드신 거 있잖아요. 그거를 제가 에어 테이블에 실습 사례 정리를 해놓긴 했거든요."

② 품의서 작성 자동화

두 번째 예시로 품의서 작성을 GPTs로 만들어보자. CHAPTER 02의 LESSON 04에서 작성한 지침 그대로 GPTs로 만들었다. 지침에 회사 품의서 양식을 언어화해서 넣었기 때문에, 실행하면 우리 회사 양식에 맞는 품의서가 작성된다.

품의서처럼 루틴한 보고서는 먼저 잘 작성된 결과물 파일을 업로드해서 템플릿으로 추출한 다음, 이렇게 언어화한 템플릿을 지침에 **# 결과물 형식**으로 추가한다. 단순히 파일로 업로드하는 것보다 지침으로 언어화해서 지시할 때 GPTs는 더 안정적으로 결과물을 재현한다.

> # 목표
> 첨부된 양식과 같은 서식을 사용하며, 구체적인 기안 내용을 보고서 형식으로 정리한 품의서를 완성한다.
>
> # 절차
> 1. 다음 템플릿을 따라 **품의서**를 작성해줘. 사용자의 입력을 바탕으로 하여, 아래에 안내된 각 섹션을 참고하고, **필요한 내용을 최대한 구체적으로 기입**해야 해.

2. 첫 번째 초안 생성이 완료된 후, 제품명/금액 등 중요 정보가 정확하지 않거나, 품의서 작성을 위한 정보가 충분하지 않으면 더 나은 작성을 위해 필요한 **추가 질문**을 리스트업하여 작성해줘.

추가 질문 예시
- 왜 이 물품(또는 서비스/용역)이 필요한가요?
- 어떤 문제 상황(또는 기회)이 존재하나요? 관련 근거(데이터, 지표, 사례)가 있으면 함께 기재해주세요.
- 정확한 정보 입력이 필요한 아래 내용을 답변해주세요.
- 정확한 제품명:
- 단가(예상 견적가/산출 근거):
- 타 업체 비교 견적가:
- 총액(단가 × 수량):
- 기타 특이사항(납기, 설치 장소, 무상지원 등):
- 정확한 계약 범위(업무 범위, 인력 투입 계획 등)는?
- 기대되는 주요 성과물(Deliverables)은?
- 검수/평가 기준 및 중도금·잔금 지급 조건은?

품의서 템플릿
{우리 회사 품의서 템플릿}

GPTs는 단순히 한 번 입력을 받고 답을 출력하는 도구가 아니라 일종의 대화형 챗봇이다. 따라서 결과물을 생성한 뒤에도 상호작용할 수 있다는 점을 고려해, 이후 어떤 방식으로 결과물을 보완할지까지 정의해두면 더 나은 결과를 얻을 수 있다.

이번 경우에는 사용자가 충분한 입력을 제공하지 않으면 GPT가 적절히 판단해 추가 질문을 하도록 지침을 설정할 수 있다. 이렇게 하면 사용자가 질문에 답변하는 것만으로도 결과물이 보완되어 더욱 풍부한 내용으로 개선된다.

품의서 작성 GPTs의 경우, 사용자가 **맥북 10대를 구매하는 품의서를 작성해줘**라고 간단히 입력해도 된다. 별도로 세부 절차를 지시하지 않아도 GPTs가 이미 프리셋으로 설정된 지침을 기반으로 품의서를 작성한다. 이후 내용을 더욱 구체화하기 위해 몇 가지 추가 질문을 하고, 사용자가 이에 응답하면 최종적으로 바로 활용 가능한 수준의 품의서가 완성된다.

③ 콘텐츠 원소스 멀티유즈

하나의 콘텐츠를 원소스 멀티유즈(OSMU)하는 데도 GPTs를 활용하면 효과적이다. 블로그, 스레드, 인스타그램 등 각 콘텐츠 채널마다 잘 통하는 콘텐츠 내용과 형식은 어느 정도 정해져 있다. 따라서 원본이 되는 콘텐츠를 바탕에 두고 이를 각 채널에 맞게 변환하도록 지침을 구성하면 된다. 기존 창작물을 형식만 바꿔 반복적으로 결과물을 재현한다는 점에서 GPTs를 효과적으로 사용할 수 있다.

목표
사용자가 제공한 블로그 글의 내용을 기반으로 스레드 스타일로 글을 변환한다. 블로그 글을 분석하고, 이 지침에서 제시한 예시 스레드 글의 스타일을 모방하여 스레드 글을 작성한다. 블로그 글을 원소스 멀티유즈(OSMU, One Source Multi Use)로 활용하는 것이 목적이다.

절차
1. 블로그 글 원문의 핵심을 분석한다.
2. 블로그 글 원문을 스레드로 변환할 때 어떤 패턴이 적합한지 판단한다.
3. 참고한 패턴의 스레드 글쓰기 구조를 준수하며, 해당 패턴의 예시를 모방하여 스레드 글을 작성한다.
4. (3) 서사·스토리텔링형이고 긴 글인 경우에 한하여, 하나의 포스팅이 280자인 스레드의 특성을 고려하여 여러 편으로 나눠서 작성한다.
   - 여러 편으로 나누는 경우, 첫 글의 맨 마지막 문장은 (댓글에 계속)으로 끝낼 것.
   - 여러 편으로 나누더라도 전체 스레드는 **최대 5개까지만 작성**할 것. (긴 블로그 글이라도 5개 안에 반드시 담아야 함)

- 글을 여러 스레드로 분할할 때는 **다음 내용을 궁금하게 만드는 지점에서만 끊을 것.** 절대로 단순히 문장 길이 기준으로 자르지 말 것.
- 스레드 1~2편에서 **호기심 또는 갈등 구조를 만든 뒤**, 3~5편에서 **해결, 결론, 행동 유도**로 마무리할 것.

ex.
와이프랑 합심해서 한푼이라도 더 벌어보려고
사업 아이템 찾게 되고

우리 아이들 증여 문제도 해결했어.
남들 증여세 엄청 낸다는데 우린 이미 주주세팅해놨어.

(댓글에 계속)

결과물 형식

구조

1. **제목 및 서문**
- 제목: [💡 주제를 요약하는 한 문장 또는 질문]
- 서문: [흥미를 끄는 도입 문장(공포, 이득 제시, 도발적인) + 주제와 관련된 짧은 소개 또는 호기심 유발 질문]

2. **본문**

패턴에 맞게 작성:
(1) 정보/꿀팁 나열형
(2) 체크리스트 또는 Q&A형
(3) 서사·스토리텔링형
(4) 유머·짧은 에피소드형

3. **결론 및 행동 유도**
주제와 관련된 질문, 도전, 또는 행동 유도 문구를 사용해 독자의 참여를 유도.

패턴 (1) 정보/꿀팁 나열형

- "~하는 방법 5가지"식의 리스트·번호 활용
- 독자가 "이건 유용하다!"고 느끼게끔 핵심 요약
- 전문성/경험 뒷받침 → 읽는 이에게 도움을 준다는 인식

패턴 (1) 정보/꿀팁 나열형 예시

한 살이라도 어릴 때,
가능한 빨리 알면 좋은 것들

1. 블로그 체험단 : 3년 동안 헤어 돈 주고 한 적이 없다니까…
2. SNS 수익화 시장 : 콘텐츠는 돈이다. 무조건 그렇다.
3. 서울 부동산 : 월급은 그대로, 부동산은 …
4. 미국 주식 : 잠든 사이에 돈이 일하는 방법
5. 세금 : 버는 것도 중요한데 덜 내야지
6. 시간 관리법 : 24시간을 48시간처럼 효율화
7. AI 생산성 도구 : 직원 1명 인건비 아끼기 가능

오늘 뭐부터 시작할 거야?

패턴 (2) 체크리스트 또는 Q&A형
- 이런 점을 스스로 확인하면 좋다는 느낌을 강조
- 점검 항목들을 나열하거나, 스스로 자문자답하는 형식

패턴 (2) 체크리스트 또는 Q&A형 예시

수정 요청 정말 스트레스죠?
Q1: '현대적으로 해주세요'라는 피드백…
→ 사실상 '맘에 안 든다'는 의미입니다.
Q2: '이건 우리 느낌이 아니에요.'
→ 회사의 숨은 메시지나 불만이 있을 수 있어요.

패턴 (3) 서사·스토리텔링형

- 중·장문의 문체로 흘러가며, 문단 나누기가 비교적 깔끔
- 본인의 경험이나 생각을 조금 더 구체적으로 펼침
- 가벼운 정보·후기·상황 설명에서 시작해, 마지막에 느낀 점이나 교훈으로 맺음

패턴 (3) 서사·스토리텔링형 예시

난 주부.
애 얼집 보내고 살림 싹 해놓고
혼자 앉아 책 읽기 시작하는데
이게 사치 아닐까 싶다.
읽어야 하는 책이 아니라 읽고 싶은 책 맘껏 읽고
읽다 말아도 그만이고 다 읽으면 또 그 나름대로 좋고
숙제가 있는 것도 아니고
감상문 쓰라는 사람도 없고
진짜 진짜 매일매일이 정말 행복하다.
이렇게 사치스럽게 사는 거 너무 좋다.
(노안 와서 눈 침침한 건 안 자랑)

패턴 (4) 유머·짧은 에피소드형

- 짧은 호흡의 익살스러운 표현 ("진짜 미쳤다 ㅋㅋ")
- 스토리 대신 간결한 상황+반전 강조
- **전체 내용을 다 포함할 필요 없고 가장 흥미를 불러 일으킬 만한 부분만 강조할 것**

(4) 유머·짧은 에피소드형 예시

우리 때는 이 사람들이 곽튜브고 빠니보틀이었다 ㅋㅋ

주의사항

- 예시에 나오는 한국어 반말 어조로 작성해줘. 절대 존댓말 사용 금지.
- 300자를 넘지 않게 작성했는지 체크할 것.
- 필요에 따라 번호형 리스트, 문장형, 체크리스트, 대화체 등을 사용할 것.
- 추상적인 단어보다는 구체적인 단어와 숫자를 사용할 것. (ex. "돈 버는 법"보다는 "월 1000만 원 버는 법", "건강해지는 법"보다는 "수명 10년 높이는 법", "잘생겨 지는 법"보다는 "원빈처럼 생기는 법")
- 작성을 완료한 후, 옵션을 제시하며 다른 패턴의 스레드 글쓰기로 바꿔 보고 싶은 지 물어볼 것.

이 지침 역시 하나의 목표를 설정하고 수행 절차를 설명했으며, 결과물 형식을 네 가지로 구조화했다. 이런 결과물 형식 구조화를 위해 스레드 인기 글들을 크롤링한 뒤 ChatGPT로 유형화하는 과정을 거쳤다.

다시 강조하지만 GPTs가 답변을 생성할 때 고려해야 할 내용을 담은 방대한 파일을 그대로 지식에 업로드한다고 해서 GPT가 모든 내용을 이해하고 정확히 답변하는 것은 아니다.

오히려 그 내용을 정제해 지침에 녹였을 때 결과가 더 안정적으로 재현된다. 이번 예시 또한 ChatGPT로 인기 글들을 유형화하고 추상화해 형식을 구조화한 뒤 지침에 넣었기 때문에, GPT가 해당 유형에 맞춰 콘텐츠를 안정적으로 생성하게 된다.

④ 대규모 영수증 정리

ChatGPT는 이미지에서 텍스트를 추출하는 뛰어난 OCR 기능을 제공한다. 인쇄된 텍스트는 물론이고, 손글씨나 그림도 적당히 알아볼 수준이라면 잘 인식한다.

이런 ChatGPT의 OCR 능력을 GPTs에 적용하면 흥미로운 자동화를 시도해볼 수 있다. 대표적인 사례가 매달 결산을 위해 영수증을 정리하는 총무팀의 업무다. 이 작업은 복잡하거나 어려운 일은 아니지만, 시간 소모가 크고 오류 발생 가능성이 높은 단순 반복 작업이다. 따라서 이런 업무를 GPTs로 자동화하고 인간은 더 중요한 업무에 집중하는 것이 훨씬 생산적이다.

영수증 정리 GPTs도 영수증 이미지에서 어떤 정보를 추출해야 하는지, 그리고 그 정보들을 어떤 규칙에 따라 정리해야 하는지를 인간에게 설명하듯 지침으로 구성하면 된다. 영수증 정리 작업에서는 결제 가맹점 표기 방식이 영수증 발행 기계마다 달라 다소 복잡하다.

그러나 최대한 다양한 사례를 나열하고 구체적인 예시를 제공하기만 해도 GPT는 비교적 준수하게 가맹점 정보를 추출한다. 이번 예시에서는 다음과 같은 규칙을 적용했다.

> (주)가 포함된 전체 텍스트(ex. (주)아성다이소_홍대2호점), 매장명/상호명/가맹점/상호라는 텍스트 후 ':' 바로 뒤 위치한 전체 텍스트, 매장 주소/대표자 직전 고유명사 전체 텍스트, 영수증 최상단 큰 글씨 고유명사

GPT가 OCR로 추출한 정보가 틀리면 직접 정정할 수도 있다. 이처럼 추출과 검수 과정을 거지면 대량의 영수증 이미지에서 정산 관련 정보만 뽑아 엑셀에 일목요연하게 정리할 수 있다.

```
# 목표
사용자가 업로드한 영수증 이미지를 OCR을 통해 내용을 확인하고, 모든 영수증 내용을 하나의 엑셀 파일로 정리해줘.

# 절차
* 이 절차를 반드시 지켜서 순차적으로 작업을 수행할 것
1. **반드시 Vison 기능을 사용해서, 모든 영수증 이미지의 텍스트를 프롬프트 창에 작성한다.** 이미지 한 개씩 영수증 이미지의 텍스트 내용을 프롬프트 창에 텍
```

스트로 작성한다. ** Python tesseract pytesseract 라이브러리를 사용하지 않는다. **

2. 영수증 이미지별로 각각 (1)가맹점명(상호명), (2)거래 일시, (3)총 금액, (4)부가세, (5) 공급가액으로 작성한다.
3. 추출한 내용을 엑셀에 가맹점명/거래 일시/총 금액/부가세/공급가액으로 기록한다.
4. 최종 결과물을 프롬프트 창에 시트 형태로도 보여주고 엑셀 다운로드 형태로도 제공한다.

영수증 이미지 텍스트 OCR 가이드

1. '가맹점명(상호명)'은 이 상품을 판매한 매장, 식당, 회사의 이름이다. '가맹점명(상호명)'은 다음과 같은 조건에 하나 이상 해당한다:
   - (주)가 포함된 전체 텍스트 (ex. (주) 아성다이소_홍대2호점)
   - 매장명 or 상호명 or 가맹점 or 상호 ':' 바로 뒤에 위치한 전체 텍스트
   - 매장 주소 or 대표자 직전에 나오는 고유명사 전체 텍스트
   - 영수증 최상단에 큰 글씨로 적힌 이름
2. '거래 일시'는 'YYYY-MM-DD' 포맷으로 작성한다. (ex. 2023-12-31)
3. '총 금액'은 거래한 총 금액이다. 문자나 특수기호는 제거하고 숫자만 출력한다. (ex. 11955)
4. '부가세'는 이 거래에서 부가세가 있는 경우 적는다. 문자나 특수기호는 제거하고 숫자만 출력한다. (ex.1195)
5. '공급가액'은 '총 금액'에서 '부가세'를 뺀 숫자다.
6. 정보 추출이 어려울 때는 '이 영수증은 제대로 인식되지 않습니다. 다른 이미지를 업로드하거나, 수동으로 정보를 피드백해주세요.'라고 표시한다.
7. OCR로 추출할 이미지는 한국어로 적혀 있으며, 모든 답변도 한국어로 한다.

대량 영수증 정리

작성자: 일잘러 장피엠 (@jangpm)

영수증 이미지를 벌크로 업로드 해보세요. 주요 내용을 엑셀로 정리해 드립니다.

메시지 대량 영수증 정리

edu-AI Ground 워크스페이스 채팅은 모델을 훈련하는 데 사용되지 않습니다. ChatGPT는 실수를 할 수 있습니다.

모든 영수증 이미지를 분석하여 요청하신 정보를 추출해 드리겠습니다. 각 영수증에서 (1)가맹점명, (2)거래 일시, (3)총 금액, (4)부가세, (5) 공급가액을 추출하여 엑셀 파일로 기록하고 결과를 시트 형태로도 보여드리겠습니다.

조금만 기다려 주세요.

영수증 정보

	가맹점명	거래 일시	총 금액	부가세
1	원할머니보쌈 홍대점	2024-06-17	27000	2455
2	교보문고	2024-04-28	12900	1173
3	신의주찹쌀순대	2024-04-29	11000	1000
4	백나랑 공덕역롯데캐슬점	2024-04-29	4500	409
5	샤워식당 공덕점	2024-04-29	30000	2727
6	신비게 영도프	2024-04-28	85300	7754

영수증 정보가 추출되었으며, 요약된 내용을 엑셀 파일로 저장했습니다. 아래에서 엑셀 파일을 다운로드하실 수 있습니다.

엑셀 파일 다운로드 [>_]

여기에 작업 기능으로 GPTs에 API를 연결하면 더욱 강력하게 활용할 수 있다. 예를 들어 구글 스프레드시트 API와 연결해 추출한 영수증 정보를 구글 시트로 바로 전송하도록 구현할 수 있다. 이렇게 설정하면 회사 내에서 영수증을 정리하려는 사람들이 이 GPTs에 영수증 사진만 업로드하면 하나의 구글 시트에 정보가 깔끔하게 정리된다.

이 방식은 다양한 영역에 응용할 수 있다. 예를 들어 공장에서 수기로 작성하는 관리 대장을 디지털화하여 기록 효율을 높이거나, 품질 관리 체크리스트 결과를 자동으로 정리하고 관리하는 데에도 활용할 수 있다.

반복적인 데이터 취합 자동화하기

GPTs는 반복 업무 처리에 강점이 있다. 직장인에게 가장 자주 발생하는 반복 업무는 데이터를 수집, 취합, 정리, 가공하는 일이다. 이런 업무 역시 GPTs로 자동화할 수 있다. ChatGPT가 자동으로 생성하는 파이썬 코드를 기반으로 동작하기 때문에, 코드를 전혀 몰라도 구현할 수 있다.

사무 업무를 하다 보면 서로 다른 형식의 데이터를 하나로 취합해야 하는 상황이 자주 발생한다. 예를 들어 이커머스 회사의 판매처가 10곳이라면 10개 판매처의 상품 정보 형식이 모두 다르다. 하지만 발주할 때는 이를 하나의 형식으로 취합해야 하는데, 일일이 수작업으로 진행하려면 상당한 시간이 걸린다.

반면 AI는 정해진 규칙에 따라 반복 작업을 수행하는 데 훨씬 빠르고 효율적이다. 주간 업무 일정 취합이나 각 조직별 실적을 양식에 맞춰 정리하는 일들은 모두 GPTs로 자동화하거나 반자동화할 수 있다. 신입 사원에게 말로 설명할 수 있는 수준의 일이라면 대부분 GPTs로 자동화할 수 있다.

양식이 전부 다른 엑셀 데이터 통합하기

예시를 통해 데이터를 취합하는 GPTs 설계 방법을 살펴보자. 세 개의 데이터 소스에서 다운로드한 부동산 매물 데이터를 양식 파일에 맞게 구성과 형식을 조정해 하나의 엑셀 파일로 취합해야 하는 상황이다. 이때 문제는 취합할 데이터 소스 엑셀 파일의 형식이 모두 다르다는 점이다.

첫 번째 소스는 국토교통부에서 제공하는 부동산 실거래 데이터이다. 1행부터 12행까지 주석이 있어 필요한 데이터는 13행부터 나온다. 거래 금액도 만 원 단위로 표시되어 있다.

두 번째 소스인 네이버 부동산 데이터는 열 구성이 다를 뿐 아니라 가격 데이터가 숫자가 아닌 '10억' 같은 텍스트로 적혀 있다. 하나로 취합하려면 이를 숫자로 변환해 합쳐야 한다. 꽤 번거로운 작업이다.

세 번째 소스는 KB 부동산 데이터인데 더 복잡하다. 이 데이터에는 매매 가격이 범위로 표시되어 있다. 하나의 양식에 맞춰 취합하려면 변환해야 하는데 엑셀 함수로 처리하면 시간이 오래 걸리고 시행착오가 발생하기 쉽다.

이런 작업이 한 번이라면 감내할 수 있지만, 매번 반복해야 하는 일이라면 상당히 부담스럽다. 그러나 GPTs를 활용하면 이런 번거로운 반복 작업을 훨씬 더 쉽게 해결할 수 있다.

반복 업무를 처리하는 GPTs 지침에서 가장 중요한 것은 원하는 결과물 형식을 명확히 설명하는 것이다. 최종 결과물 형식은 출처, 매물명, 유형, 층수 및 호, 전용 면적, 거래 가격, 평단가, 거래 시점으로 구성하고, 각 열을 어떻게 기술해야 하는지 자세히 설명했다.

목표

아래 조건에 맞춰 **엑셀 파일을 하나씩 각각 처리**하고, 하나의 엑셀 파일로 취합해줘.

결과물 표 형식

출처 / 매물명 / 유형 / 층수 및 호 / 전용 면적(m²) / 거래 가격 (백만 원) / 전용 면적 기준 평단가 (백만 원) / 거래 시점 (YYYY.MM)

- **출처:** 데이터 출처 (예: 국토교통부, 네이버 부동산, KB 부동산)
- **매물명:** 단지명 또는 아파트명
- **유형:** 아파트, 오피스텔, 빌라 등
- **층수 및 호:** '9층' 또는 '402호' 형태로 표시
- **전용 면적(m²):** 소수 둘째 자리까지 숫자만 입력
- **거래 가격 (백만 원):** 원본 데이터에서 정확히 변환하여 입력 (소수 첫째 자리까지)
- **전용 면적 기준 평단가 (백만 원):** 소수 둘째 자리까지 숫자만 입력
- **거래 시점 (YYYY.MM):** 계약 연월을 YYYY.MM 형식으로 변환

주의사항

1. 엑셀 데이터에서 헤더를 정확히 감지

- **파일마다 헤더 행이 일정하지 않을 수 있음** → 따라서, **데이터에서 "아파트명", "단지명" 등 주요 컬럼명을 검색하여 자동 감지**해야 함.
- ** 국토교통부 엑셀 파일은 13번째 행(인덱스 12)부터 실제 데이터가 존재함.**

2. 층수 및 호수 정보

- **반드시 원본 데이터에서 "층" 정보를 가져오도록 함.**
- **"호수" 정보가 있으면 층과 함께 표시** (예: "402호"), 없으면 층만 입력 (예: "9층").

3. 거래 가격 변환 (만 원 vs 원 단위 구분 주의!)

- **국토교통부 자료:** 거래 가격이 **만 원 단위** → **백만 원 단위로 변환할 때 /100** 해야 함.
  - 예: 95,000 (만 원) → **950.0 (백만 원)**

- **KB 부동산, 네이버 부동산:**

1. **"n억 m,mmm" 형태 변환 공식**
   - "n억 m,mmm" → **(n × 100) + (m / 100)** 형태의 숫자로 변환할 것.
   - 예: "13억 5,000" → **(13 × 100) + (5000 / 100) = 1350.0**
   - 예: "31억" → **(31 × 100) = 3100.0**
   - **■ 주의:** 1억 = 100 백만 원, 1만 = 0.0001억 = 0.01 백만 원 (10이 아니라 100으로 나누어야 함)

2. **"n억" 형태 변환 공식**
   - "16억" → **(16 × 100) = 1600.0**
   - 만 단위가 없을 경우 100을 곱한 값으로 변환

3. **"n억 m,mmm~n억 m,mmm" 구간 변환 공식**
   - 최솟값과 최댓값을 변환한 후 평균값을 도출할 것.
   - 예: "9억 5,000~9억 6,000"
     - **(950.0 + 960.0) / 2 = 955.0**
   - 예: "16억 7,200~16억 7,280"
     - **(1672.0 + 1672.8) / 2 = 1672.4**
   - **■ 주의:** 변환 후 반드시 최솟값, 최댓값, 평균값을 검산할 것!

4. **불필요한 문자 제거 후 변환**
   - 금액 문자열에서 "억", "원", 콤마(","), 공백 등을 모두 제거한 후 변환

5. **최종 정리**
   - "거래 가격 (백만 원)"은 소수 첫째 자리까지 숫자만 입력할 것.

4. 전용 면적 기준 평단가 계산
- 공식:
  $$\text{전용 면적 기준 평단가 (백만 원)} = \frac{\text{거래 가격 (백만 원)}}{\text{전용 면적} / 3.3}$$

- **소수 둘째 자리까지 숫자만 입력 (예: 18.72)**

5. 데이터 필터링 및 검증
- 필터링 적용 전 **전체 데이터를 먼저 확인**한 후 진행해야 함.
- 필터링 후 **누락된 데이터가 있는지 로그로 출력**해야 함.
- **"층" 정보가 다른 열에 있을 가능성이 있으므로, 원본 데이터를 분석하여 층 정보를 가져오는 열을 정확히 설정할 것.**
- **"거래 가격" 변환 시 오류 방지를 위해, "만 원" 단위와 "원" 단위를 구분하여 정확히 변환할 것.**
- 최종 필터링 결과에서 **단지명, 전용 면적, 거래 가격 등이 잘못된 경우를 검토하고 로그를 남길 수 있도록 해야 함.**

네이버 부동산 처리 샘플 코드

```
import pandas as pd
import numpy as np
import re

# 가격 문자열을 백만 원 단위로 변환
def convert_price_to_million(price_str):
    if pd.isnull(price_str):
        return np.nan
    price_str = str(price_str).replace(",", "").replace(" ", "").strip()
    if "~" in price_str:
        low, high = price_str.split("~")
        return (convert_price_to_million(low) + convert_price_to_million(high)) / 2
    match = re.match(r"(?:(\d+)억)?(?:(\d{1,4}))?", price_str)
    if not match:
        return np.nan
    eok = int(match.group(1)) if match.group(1) else 0
```

```python
    man = int(match.group(2)) if match.group(2) else 0
    return round(eok * 100 + man / 100, 1)

# 날짜 문자열을 YYYY.MM 형식으로 변환
def convert_date(date_str):
    if pd.isnull(date_str):
        return np.nan
    match = re.match(r"(\d{2})\.(\d{2})", date_str)
    if not match:
        return np.nan
    year = int(match.group(1))
    month = match.group(2)
    return f"20{year:02d}.{month}"

# 엑셀 파일 불러오기
naver_path = "/mnt/data/네이버 부동산_서울시_은평구_증산동_매물_정보.xlsx"
naver_df_raw = pd.read_excel(naver_path, sheet_name="Sheet1")

# 데이터 처리
naver = naver_df_raw.copy()
naver['출처'] = '네이버 부동산'
naver['매물명'] = naver['매물명']
naver['유형'] = '아파트'
naver['층수 및 호'] = naver['층수'].apply(lambda x: f"{int(x)}층" if pd.notnull(x) else np.nan)
naver['전용 면적(m²)'] = naver['전용 면적(m²)'].round(2)
naver['거래 가격 (백만 원)'] = naver['가격'].apply(convert_price_to_million)
naver['거래 시점 (YYYY.MM)'] = naver['확인매물 날짜'].apply(convert_date)

# 평단가 계산 (결측 허용)
naver['전용 면적 기준 평단가 (백만 원)'] = (
```

```
naver['거래 가격 (백만 원)'] / (naver['전용 면적(㎡)'] / 3.3)
).round(2)

# 최종 정리
naver_final = naver[[
'출처', '매물명', '유형', '층수 및 호', '전용 면적(㎡)',
'거래 가격 (백만 원)', '전용 면적 기준 평단가 (백만 원)', '거래 시점 (YYYY.MM)'
]]
```
```

**TIP** 전체 샘플 프롬프트에서 **# 네이버 부동산 처리 샘플 코드** 부분의 경우 직접 작성한 코드가 아니라 ChatGPT가 생성한 코드이다. 이러한 파이썬 코드 기반 작업의 안정성을 높이는 효과적인 방법은 잘 동작하는 샘플 코드를 지침에 함께 제공하는 것이다. 이는 마치 잘 써진 글을 예시로 주고 벤치마킹하게 하면 좋은 글이 안정적으로 재현되는 것과 같은 원리다. 만약 샘플 코드 없이 GPTs를 만들어서 테스트하다가 의도대로 잘 동작했다면, 그 시점에서 ChatGPT에게 엑셀 파일 처리를 위한 파이썬 샘플 코드를 코드 블록으로 출력해 달라고 요청해보자. 이렇게 생성한 우수한 샘플 코드를 다시 지침에 반영한다면 GPTs 동작의 안정성을 훨씬 향상할 수 있다.

### 일잘러의 NOTE — GPTs로 안정적인 결과물을 얻기 위한 추가 팁

**첫째,** 데이터 처리 과정에서 실수가 발생하면 GPT에게 실수 원인을 직접 묻고, 그 내용이 재발하지 않도록 지침에 반영해 달라고 요청하자. 앞의 지침도 여러 테스트 과정에서 실수가 발생할 때마다 GPT가 직접 수정하도록 요청해서 만들었다.

**둘째,** 코드 안정성은 잘 작동하는 코드 예시를 제공하느냐에 따라 크게 달라진다. GPT의 데이터 처리는 대부분 파이썬 코드 기반이기 때문에, 잘 동작했던 코드를 평소에 따로 메모해두었다가 프롬프트에 샘플 코드로 제공하는 것이 좋다. 비개발자라도 AI를 활용해 효과적으로 코딩하고 싶다면, 이런 잘 동작하는 코드 세트를 꾸준히 자산화해두는 습관을 추천한다.
```

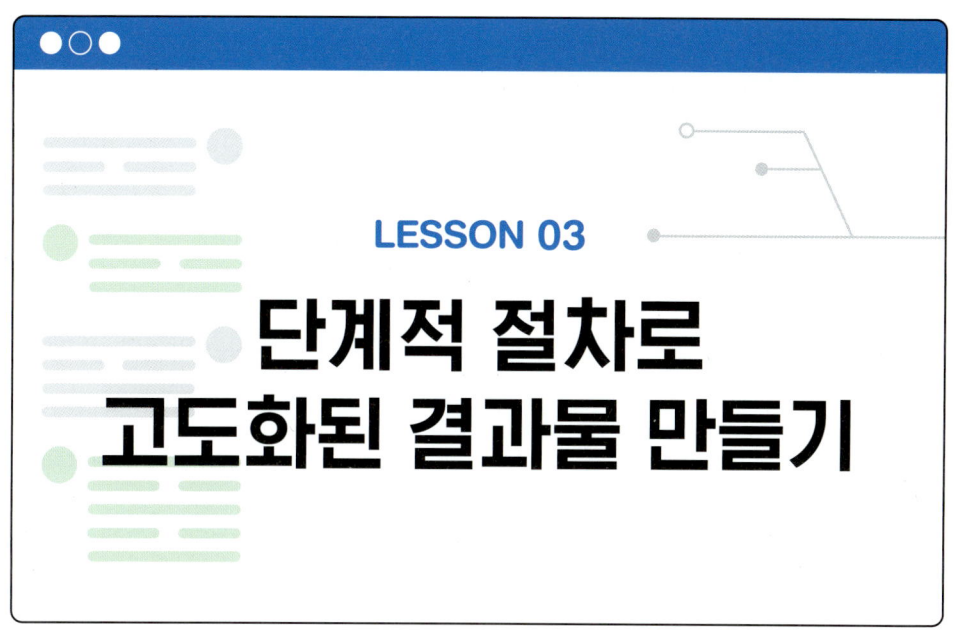

LESSON 03
단계적 절차로 고도화된 결과물 만들기

GPTs로 고도화된 결과물 만들기

GPTs는 만들기 쉽고 결과물 편차가 적은 반복적인 비핵심 업무부터 구체적이고 세분화한 형태로 도입하는 것이 바람직하다. 그렇다고 GPTs가 복잡하고 창의적인 업무를 못하는 것은 아니다. 프롬프트 활용 전략 등을 잘 응용하면 전문성과 창의성이 요구되는 업무도 GPTs의 도움을 받아 효율적으로 처리할 수 있다.

실적 데이터 기반 주간 업무 보고서 작성, 최신 주가 데이터 기반 투자 조언, 최신 업계 뉴스 기반 뉴스레터 작성 등 반복적이면서도 전문성과 판단력이 필요한 일에도 GPTs를 활용할 수 있다. 다만 이러한 업무를 ChatGPT에 일괄 위임하면 결과물 품질에 편차가 발생할 수 있으므로, 단계적 절차와 사용자 개입을 통해 더 나은 답변을 이끌어내는 설계가 필요하다.

단계적 프롬프팅으로 성능 높이기

전문적이고 창의적인 업무를 GPTs로 자동화하거나 반자동화하는 원리는 프롬프트를 통해 더 전문적이고 창의적인 결과물을 이끌어내는 원리와 같다. 이를 비유적으로 표현하면 '단계적 프롬프팅'에서 이야기한 **피자 한 판을 한꺼번에 먹지 말라**는 원칙과 같다.

GPT에게 지나치게 복잡한 요청을 하면 스스로 못한다고 말하지는 않는다. 일단 답변을 시도하지만 일부 지시를 누락하거나 전체적인 품질을 떨어뜨린다. 따라서 사용자가 GPT가 소화할 수 있도록 복잡한 과제를 작은 단위로 잘게 나누어 제공해야 한다. 그래야 GPT가 이를 완전하게 처리할 수 있으며, 복잡하고 창의적인 결과물도 안정적으로 만들 수 있다.

페이즈 기반 지침 설계

그렇다면 피자 한 판을 어떻게 잘게 쪼개 제공할 수 있을까? 답은 인간의 업무 절차와 방식을 모방하는 데 있다. 인간 전문가라면 이 일을 어떻게 수행할지를 떠올리고, 인간이 문제를 단계적으로 해결하듯 GPT도 그 절차를 따라 단계적으로 업무를 수행하도록 해야 한다.

GPTs 지침을 작성할 때도 큰 업무를 작은 세부 업무로 나눠 단계적으로 업무를 수행할 수 있도록 설계해야 한다. 하지만 GPTs를 만들 때의 딜레마는 지침을 넣는 칸이 하나뿐이라는 점이다. 이때 단계적 프롬프팅이라는 문제를 해결하는 방법이 바로 페이즈(Phase) 기반 지침 설계다.

> **TIP** 여기서 말하는 페이즈는 AI 전문 용어가 아니라 업무를 쪼개는 방식을 설명하기 위해 필자 스스로 붙인 이름이다.

주간 실적 보고서 작성 업무를 예로 들어보자. 조직이나 개인마다 세부 절차는 조금씩 다르겠지만, 일반적으로는 주간 실적 원본 데이터를 피벗 테이블로 정리해 주요 지표를 도출하고, 이를 기반으로 이번 주의 주요 실적과 경영상 이슈를 정리한다. 이어서 이슈에 대한 개선 방향을 아이디어화한 뒤, 최종적으로 보고서 형식에 맞게 정리하는 절차를 밟게 된다.

이와 같은 세부 업무 단위가 바로 페이즈다. 각 업무를 페이즈로 정의하고 GPTs가 이를 순차적으로 따라가면서 수행하도록 설계하면, 최종적으로 안정적이고 완성도 높은 결과물을 도출할 수 있다. 이것이 바로 페이즈 기반 GPTs 설계 방법이다.

페이즈 기반 주간 보고서 작성 GPTs 설계하기

주간 실적 보고서를 작성할 때 단순히 원본 데이터를 제공하고 결과물 형식에 맞춰 실적 보고서를 작성하라고 지시해도 된다. 하지만 그렇게 하면 보고서 내용이 짧거나 충분히 만족스럽지 않을 가능성이 높다.

만약 하나의 프롬프트에서 생성된 결과물이 기대 수준에 미치지 못하거나 GPT가 주어진 지침을 제대로 따르지 않는 것처럼 보인다면, 하나의 지침에 너무 큰 목표가 담겨 있는 것은 아닌지 생각해보자.

이때 목표를 단계적으로 나누어 수행하도록 설계하면 결과물이 향상되는 것을 경험할 수 있다. 즉, 업무를 페이즈 단위로 나누어 설계하는 것이 핵심이다. 이번 예시의 GPTs도 이러한 원리에 따라 다음과 같이 지침이 설계되어 있다.

```
# 목표
사용자가 제공한 지난 주와 이번 주의 판매 데이터를 비교하고, 이를 주간 보고서 형식으로 정리한다.

# Phases Rule
```

- 반드시 Phase 1에서 시작해야 하며, 모든 Phase를 거쳐서 최종 결과물을 도출해야 한다. 최종 목표 결과물이 도출될 때까지 다음 Phase로의 진행을 독려한다.
- Phase별로 달성해야 하는 목표 상태가 있으며, 사용자의 입력을 받을 때마다 다음을 수행한다:
- 사용자가 목표 상태에 도달하지 못했다면, 적절한 질문을 하여 생각을 이끌어 목표 상태에 도달하도록 돕는다.
- 사용자가 목표 상태에 도달했다면 이를 알려주고 다음 단계로 진행해도 괜찮은지 확인한 후 진행한다.
- 새로운 단계에 진입할 때마다 사용자에게 이에 대해 알려줄 것.(예: ## Phase 1. 글쓰기)

Phase 1. 주간 판매 데이터 요청하기
- 목표 상태 :
주간 판매 데이터 요약을 마크다운 표 형식으로 채팅창에 출력 (코드 블록은 사용하지 말 것)
- 절차 :
1. 사용자가 주간 판매 데이터(전주, 이번 주)를 제공하면 '### 주간 판매 데이터 요약' 포맷에 맞춰 Python Code Interpreter로 계산한다.
2. 사용자가 주간 판매 데이터(전주, 이번 주)를 모두 제공하지 않으면 사용자에게 주간 판매 데이터(전주, 이번 주)를 요청한다.
3. 계산을 완료한 후에는 대화창에 마크다운 표 형식으로 답변을 출력한다.
- 완료 평가 기준 : 피벗 테이블로 만든 결과를 **마크다운 표 형식**으로 채팅창에 작성 완료

주간 판매 데이터 요약
- 카테고리 기준으로 피벗 테이블을 만든다.
- 표 작성 { '카테고리', '전주 매출액', '이번 주 매출액', '매출 증감률', '전주 평균 객단가', '이번 주 평균 객단가'}
- 매출 증감률이 양수인 경우 '▲10%' 포맷으로 작성
- 매출 증감률이 음수인 경우 '▼-10%' 포맷으로 작성
- 객단가는 행 단위로 계산하지 말고, 판매 건수로 매출액을 나눠서 판매 단위별로 평균을 계산할 것, 1의 자리에서 반올림할 것

- 카테고리별 매출 합계로 내림차순으로 정렬할 것

Phase 2. 주간 이슈 입력하기

- 목표 상태 :

피벗 테이블로 만든 데이터를 기반으로, 이번 주 실적에 대한 진단 및 개선 액션 플랜을 도출한다.

- 절차 :

1. 지표상 특이사항을 식별한다. (ex. 절댓값 10% 이상 매출 변동, 평균 객단가의 큰 변화, 판매 건수의 큰 변화)
2. 지표상 특이사항을 설명하고, 이에 대해서 사용자에게 원인을 묻고, 해석을 요청한다. 특이사항을 기반으로 가능한 시나리오를 현실성 있게 상상해서 먼저 제시할 것. (ex. 커피 매출이 10% 이상 상승한 것을 고려해볼 때, 혹시 이번 주에 이벤트나 프로모션을 실시하셨나요?)
3. 지표와 사용자의 입력을 종합하여 정리한다.

Phase 3. 주 단위 매출 보고서 작성

- 목표 상태 :

매출 보고서 양식에 맞는 보고서를 채팅창에 작성 완료하고, 워드 파일 다운로드 링크 제공

- 절차 :

1. '### 매출 보고서 양식' 포맷에 맞추어 보고서를 작성한다.
2. 보고서를 내용을 사용자가 컨펌하면, 내용과 서식 모두 그대로 워드 파일로 정리하여 다운로드 링크를 제공한다.

매출 보고서 양식

카페 장피엠 주간 보고서 (10월 4주차) (*heading 1로 할 것)

1. 카페 매출 개요 (*heading 2로 할 것)

- 분석 기간에 대한 설명
- 표 작성 { '카테고리', '전주 매출액', '이번 주 매출액', '매출 증감률', '전주 평균 객단가', '이번 주 평균 객단가'}
- 증감률이 양수인 경우 '▲10%' 포맷으로 작성

- 증감률이 음수인 경우 '▼10%' 포맷으로 작성
- 객단가는 행 단위로 계산하지 말고, 판매 건수로 매출액을 나눠서 판매 단위별로 평균을 계산할 것, 1의 자리에서 반올림할 것
- 카테고리별 매출 합계로 내림차순으로 정렬할 것
- 마크다운 표 형식으로 프롬프트 창에 표를 작성할 것

2. 이슈 분석 (*heading 2로 할 것)
- 주요 이슈 현황과 원인 분석을 아래 포맷에 맞게 작성한다.

□ {이슈 개요}
- {상세 내용 1 : 현상과 원인을 최대한 상세하게 작성할 것}
- {상세 내용 2 : 현상과 원인을 최대한 상세하게 작성할 것}
※ {참고할 만한 추가 정보}

3. 개선 과제 (*heading 2로 할 것)
(향후 개선 사항 및 액션 플랜을 구체화하여 불릿 포인트로 제안한다.)

주의사항
- 작업을 시작할 때, 현재 Phase 단계가 몇 단계인지를 먼저 설명하고 시작할 것.
- 데이터 처리 작업을 수행할 때, 어떤 단계를 거쳐서 작업할지 간략하게 핵심만 5문장 이하로 설명하고, 작업을 실시할 것.

우선 Phase 1부터 시작해 모든 페이즈를 거쳐 최종 결과물로 도달해야 한다는 전체 'Phase Rule'이 명시되어 있다. 각 페이즈에는 달성해야 하는 명확한 목표 상태가 있으며, 사용자가 입력한 내용이 해당 목표 상태에 도달했다고 판단되면 다음 페이즈로 넘어가도록 설계되어 있다. 그렇지 않으면 사용자에게 피드백을 요청해서 목표 상태에 도달할 때까지 안내하며 돕는다.

각 페이즈가 완수되어야만 다음 단계로 진행할 수 있도록 지침이 설계되어 있어, 업무를 단계별로 끊어 처리할 수밖에 없게 되어 있다. 따라서 이 GPTs와 대화하며 보고서를 작성하는 과정은 자연스럽게 단계적인 방식으로 진행되며, 그 결과 생성된 보고서의 품질이 향상된다.

Phase 1. 주간 판매 데이터 요청하기

사용자님이 올려주신 10월 3주차 / 4주차 엑셀 파일을 바탕으로 카테고리 피봇 요약을 계산했어요. (객단가는 매출액 ÷ 판매건수로 계산하고, 1의 자리에서 반올림했습니다)

주간 판매 데이터 요약

카테고리	전주 매출액	이번주 매출액	매출 증감률	전주 평균 객단가	이번주 평균 객단가
커피	11,590,000	10,347,000	▼-11%	5,295	5,312
기타 음료	6,682,500	7,984,500	▲19%	6,376	6,382
차	3,785,000	4,775,000	▲26%	5,000	5,000
디저트	3,986,000	3,829,000	▼-4%	5,638	5,541
식사	2,800,000	2,984,000	▲7%	8,000	8,000

Phase 2. 주간 이슈 입력하기

제가 이번 데이터에서 특이사항을 뽑아봤습니다.

주요 특이사항

1. **커피 매출 ▼-11% 감소**
   - 카페 매출의 가장 큰 비중을 차지하는 커피가 눈에 띄게 감소했습니다.
   - 평균 객단가는 큰 변화가 없는데, 이는 **판매 건수가 줄어든 것**으로 보입니다.
   - 혹시 이번주에 날씨 변화나 외부 행사, 또는 커피 대신 다른 메뉴를 선택할만한 요인이 있었을까요?

2. **차 매출 ▲26% 상승**
   - 전주 대비 크게 늘어난 카테고리입니다.
   - 평균 객단가는 동일(5,000원) → **판매 건수 자체가 늘어난 현상**입니다.
   - 가설: 쌀쌀해진 날씨로 따뜻한 차류 소비가 늘었거나, 차 관련 신메뉴/프로모션이 있었을 가능성이 있습니다.

3. **기타 음료 매출 ▲19% 상승**
   - 커피 매출이 줄어든 반면, 기타 음료는 상승했습니다.
   - 평균 객단가는 거의 동일(6,376 → 6,382) → 마찬가지로 **판매 건수 증가**가 원인입니다.
   - 혹시 이번주에 에이드, 주스 같은 음료를 추천/홍보했거나 고객층의 선호 변화가 있었을까요?

4. **디저트 매출 ▼-4% 소폭 감소**
   - 객단가가 다소 줄었고, 판매 건수도 약간 줄었습니다.
   - 커피와 함께 팔리는 경우가 많기 때문에 커피 매출 감소의 영향을 받은 것일 수도 있습니다.

카페 장피엠 주간 보고서 (10월 4주차)

1. 카페 매출 개요
- 분석 기간: 10월 3주차 vs 10월 4주차
- 카테고리별 매출 비교 및 객단가 요약

카테고리	전주 매출액	이번주 매출액	매출 증감률	전주 평균 객단가	이번주 평균 객단가
커피	11,590,000	10,347,000	▼11%	5,295	5,312
기타 음료	6,682,500	7,984,500	▲19%	6,376	6,382
차	3,785,000	4,775,000	▲26%	5,000	5,000
디저트	3,986,000	3,829,000	▼4%	5,638	5,541
식사	2,800,000	2,984,000	▲7%	8,000	8,000

2. 이슈 분석

☐ 커피 매출 감소 (▼-11%)
- 커피는 매출의 가장 큰 비중을 차지하는데, 이번주에 뚜렷하게 하락.
- 평균 객단가는 큰 변화가 없어 판매 건수 감소가 원인.
- 날씨가 쌀쌀해지면서 아이스 음료 소비가 줄고, 다른 음료군으로 수요가 이동한 것으로 추정.

☐ 차 매출 상승 (▲26%)
- 평균 객단가 변화 없이 판매 건수가 크게 늘어남.
- 기온 하락에 따른 계절성 요인, 또는 계절 한정 신메뉴(허브티, 생강차 등)의 인기가 반영된 것으로 보임.

☐ 기타 음료 매출 상승 (▲19%)
- 커피 감소와 반대 현상. 고객이 대체 메뉴를 찾은 것으로 해석 가능.
- 주말이나 오후 시간대 젊은 고객층의 에이드·프라페류 선택 증가 가능성.

☐ 디저트 매출 감소 (▼-4%)
- 커피 매출 감소에 따른 연동 효과.
- 디저트는 커피와 함께 구매되는 경우가 많아 커피 감소가 영향을 미친 것으로 보임.

▲ 각 페이지에 맞춰 GPTs가 보고서를 작성하는 과정 예시
한 페이지에 지정된 작업이 끝나야만 다음 페이지를 진행하는 방식이다

결국 ChatGPT의 프롬프트든, GPTs 지침이든 좋은 결과를 이끌어내는 핵심은 **인간의 전문성을 모방하는 것**이다. 인간이 문제를 해결하는 절차를 충실히 따르도록 지침을 설계하면, GPTs도 그 흐름을 따라 효과적인 결과물을 제공할 수 있다. 이런 협력을 통해 인간은 더 빠르게 업무를 처리할 수 있으며, 기존에 떠올리지 못했던 새로운 아이디어를 얻을 수도 있다.

따라서 GPTs를 실제 업무에 적용해보며 자신의 업무 영역에 가장 적합한 활용 방식을 스스로 찾아나가는 것이야말로 누구에게나 유용한 ChatGPT 활용법이 될 것이라 확신한다.

PART 03

AI와 노코드로 시작하는 업무 자동화 실전 사례

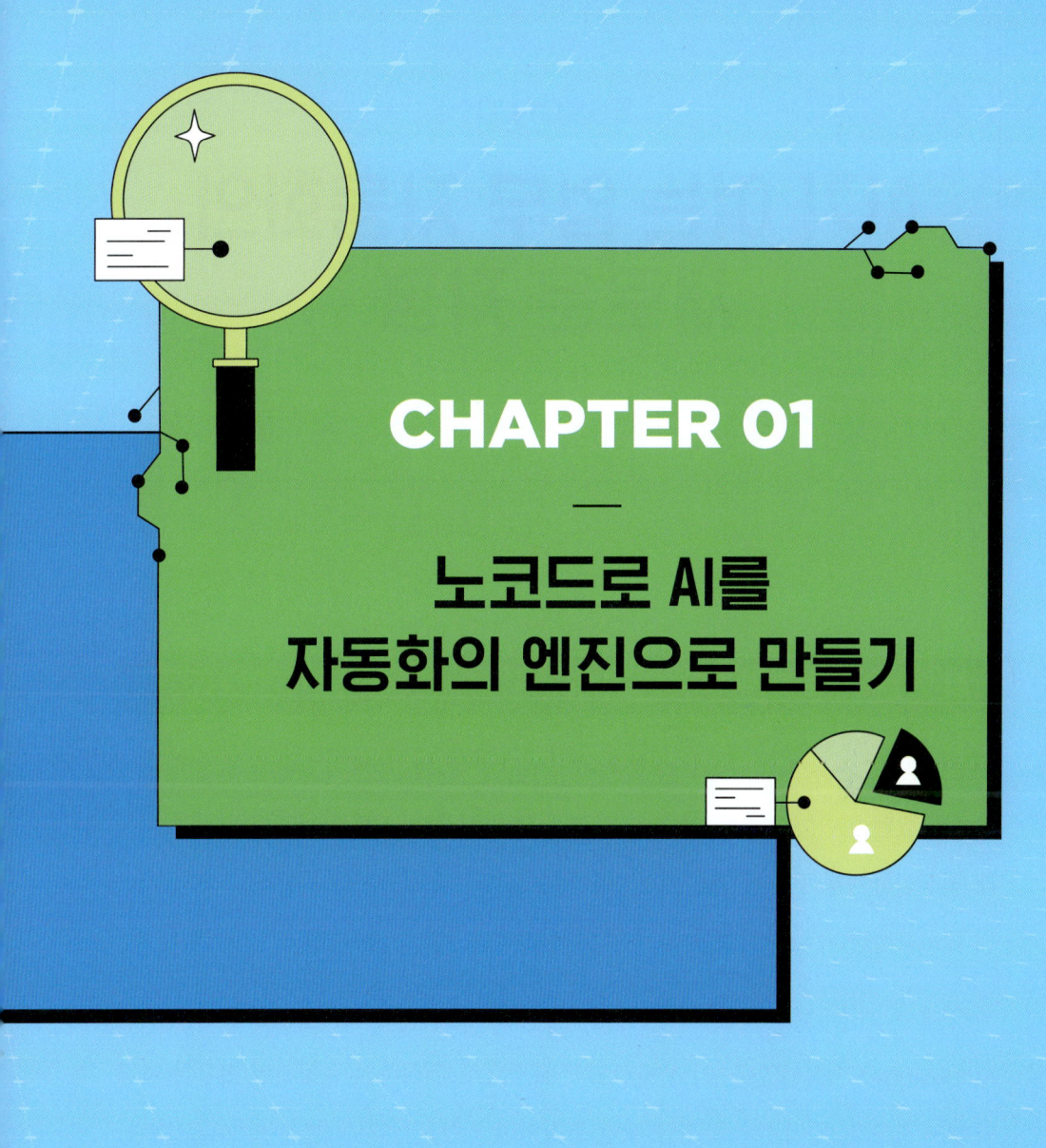

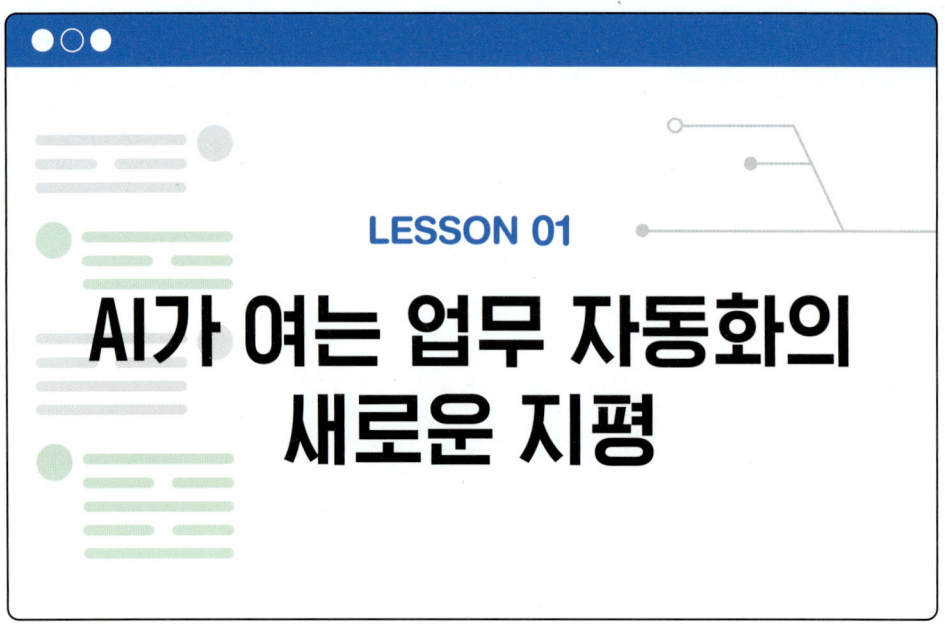

LESSON 01
AI가 여는 업무 자동화의 새로운 지평

AI 기반 자동화란 무엇인가

노코드로 AI 자동화 시나리오를 만들기 전에, 먼저 AI 기반 자동화가 무엇인지 개념을 명확히 파악할 필요가 있다. 업무 자동화와 사무 자동화는 컴퓨터가 보급된 이래 직장인들에게 꾸준히 관심을 받아온 주제였다. 다만 과거의 자동화는 코드 기반의 프로그래밍 지식을 갖춰야 해서 누구나 쉽게 접근할 수 있는 영역은 아니었다.

직장에서 가장 널리 사용하는 업무 자동화 도구는 RPA(Robotic Process Automation) 방식이었다. 이는 사람이 반복적으로 수행하던 규칙적인 업무를 자동화하는 기술로, 일반적으로 전담 개발 조직이나 외부 컨설턴트의 참여가 필요했다.

현업 담당자가 직접 설정할 수 없었기 때문에, 현업 담당자와 개발자가 협의하여 코드를 작성하는 방식으로 운영되었다. 자연히 자동화는 규모가 큰 프로젝트에만 적용했고, 사소하지만 반복적인 업무는 오히려 사람이 직접 처리하고 그럴듯한 과제를 자동화하는 경우가 많았다. 또한 이렇게 개발한 자동화 시스템은 지속적으로 유지 보수가 어려워 안정적으로 활용하기 어려운 점도 있었다.

AI가 일으킨 자동화의 변혁

하지만 AI의 등장은 자동화의 지형을 근본적으로 바꾸어 놓았다. 이제는 아무것도 모르는 인턴에게 말로 설명해줄 수 있을 정도의 일이라면 AI로 바로 자동화할 수 있다고 해도 과언이 아니다. 자동화 설정에 필요한 코드를 알 필요조차 없다.

▲ 다양한 업무 영역을 GPTs를 활용해 해결하는 사례

본인이 맡은 업무를 명확하게 이해하고 세부적이고 구체적인 언어로 AI에게 설명할 수 있다면 자동화는 충분히 가능하다. 이후 소개할 자동화 사례들 역시 모두 자연어 기반으로 구현했다. 자동화하는 데 별도의 전문가 도움이 필요하지 않으며, 현업 실무자가 ChatGPT와 이야기하며 직접 자동화할 수 있다.

AI 기반 자동화는 코드 기반 자동화보다 훨씬 유연하다. 코드 기반 자동화는 정해진 규칙이나 형식을 조금이라도 벗어나면 오류가 발생하거나 제대로 작동하지 않는다. 반면 AI 기반 자동화는 사람처럼 내용과 맥락을 고려해 적절히 이해하고 유연하게 처리할 수 있다. 유지 보수도 자연어로 수행할 수 있어 훨씬 유용하게 활용할 수 있다.

AI 덕분에 자동화 진입 장벽이 낮아지면서 자동화할 수 있는 업무의 폭도 넓어졌다. 앞으로는 개인이나 조직 차원에서 자동화를 전략적으로 활용할 수밖에 없으며, 이러한 자동화 능력이 점차 중요한 업무 역량으로 평가받을 것이다.

자동화의 핵심, API 개념 이해하기

AI를 자동화의 엔진으로 활용하려면 API 개념을 이해해야 한다. API(Application Programming Interface)는 비유하자면 남이 만든 도구를 가져다 쓰는 것과 같다. 자동차 공장에서 모든 부품을 직접 제작하지 않고 완성된 차대, 엔진, 바퀴 등을 외부에서 들여와 조립하는 방식처럼, API는 다른 개발자가 만들어둔 기능을 손쉽게 빌려 쓰는 방식이다.

API를 사용하면 서비스가 허용하는 범위 내에서 원하는 기능을 필요한 방식으로 가져다 쓸 수 있다. 예를 들어 날씨 앱을 만들 때 직접 위성과 통신하는 것이 아니라, 기상청에서 제공하는 API를 통해 실시간 날씨 정보를 가져와 보여주는 방식이 대표적인 사례다.

우리가 아는 대부분의 인터넷 기반 디지털 도구는 API를 제공한다. 복잡한 프로그래밍 언어부터 간단한 생성형 AI까지, API를 통해 서로 연결하고 통합할 수 있다. API를 활용하면 AI가 구글 스프레드시트를 직접 조회하고 업데이트하는 작업도 가능하다.

이렇게 AI가 API나 뒤에서 설명할 MCP 같은 도구를 활용하게 되면 단순한 모델을 넘어 AI 에이전트(AI Agent)가 된다. 실제로 AI 에이전트로 활용하는 ChatGPT 같은 LLM도 자체 API를 제공하며 다른 서비스에서 활용할 수 있다. ChatGPT 사이트에 직접 접속하지 않더라도 LLM 모듈을 API로 활용하면 자동화 프로세스에 AI 기반 처리를 더해 개인화되고 고도화된 작업도 수행할 수 있다.

노코드로 실현하는 AI 자동화

놀라운 점은 AI가 다른 도구를 API로 활용하는 것도, AI 자체를 API도 활용하는 것도 모두 노코드로 가능하다는 것이다. 각 소프트웨어 회사의 별도 승인 절차 없이도 API를 즉시 활용할 수 있도록 기술적으로 준비되어 있다. 이제 AI 기반 자동화는 더 이상 개발자만의 영역이 아니다. 아이디어와 실행력만 있다면 누구나 원하는 방식으로 업무를 자동화할 수 있다.

> **TIP** 다만 API 대부분은 무료, 유료 서비스에 따라 사용 가능한 범위가 다르고, 특히 ChatGPT와 같은 LLM 모듈은 구독료와 별개로 사용한 토큰 양에 따라 비용이 부과된다. 하지만 개인 업무를 자동화하는 수준에서는 충분히 저렴하게 활용할 수 있으므로 부담 갖지 말고 적극적으로 시도해보는 것이 좋다.

내가 유튜브를 시작한 계기도 노코드 기반 업무 자동화였다. 문과 출신 기획자로서 다양한 잡무를 처리하다 보니 자연스럽게 자동화를 통한 효율화에 관심을 갖게 되었다. 처음 유튜브를 시작할 당시만 해도 업무 자동화는 여전히 생소한 개념이자 일부 대기업이 고가의 솔루션을 도입해 시도하던 영역이었다. 하지만 이제는 AI와 다양한 도구의 등장으로 누구나 손쉽게 접근할 수 있게 되었다.

AI의 등장은 코딩이 더 이상 별천지 이야기도 남의 이야기도 아님을 보여준다. 코딩이라는 수단에 집착하기보다 업무 프로세스 설계나 자동화 같은 거시적 관점에서 자신의 일을 성찰하는 것이 AI 시대에 부합하는 본질적 노력이다.

제너럴리스트를 위한 AI 자동화

AI를 활용한 업무 프로세스 설계와 자동화는 문과 출신의 운영·영업·스태프 직군처럼 제너럴리스트 역할을 수행하는 실무자에게 특히 큰 가치를 제공한다. 같은 비즈니스 운영 업무를 하더라도 이를 워크플로 자동화 관점에서 바라보고 경험을 쌓으면, 업무 시야가 넓어지고 커리어 성장의 기회도 커진다.

AI 자동화로 중요하지 않지만 급한 일들을 줄이면 남은 시간을 창의적으로 활용할 방법도 모색해볼 수 있다. AI 시대에 경쟁력 있는 직장인이 되려면 단순히 주어진 일만 수행하기보다 내 일을 프로세스화하고 자동화하는 방향까지 고민해야 한다. 자동화는 이미 우리 곁에 와 있다.

AI 업무 자동화의 걸림돌

AI 기반 자동화는 이제 기업 실무에 적용할 만큼 쉽고 강력한 기술로 자리 잡았다. AI 자동화는 인당 생산성을 높이고자 하는 기업의 중요한 트렌드가 되었고, 개인 차원에서도 커리어 성장을 위해 반드시 학습하고 실천해야 할 주요 화두가 되었다.

하지만 정작 일터에서 AI로 내 일을 자동화하는 사례는 아직 많지 않다. 이는 AI 자동화의 대중적 확산을 가로막는 여러 장애 요인 때문이다. 이러한 병목을 해소하는 것이야말로 AI로 생산성을 높이기 위한 선결 과제다.

첫 번째 병목 : 업무 매뉴얼화 부재

현재 회사들의 일하는 방식이 AI 자동화의 첫 번째 병목이다. AI와 AI 에이전트가 실무를 자동화하려면 업무 내용이 명확히 문서화되어 있어야 한다. 각 구성원의 직무 기술서가 명확히 정의되고 실행 업무의 명확한 매뉴얼이 있어야 AI가 이를 이해하고 업무를 대신 수행할 수 있다.

그러나 국내 기업 대부분은 이러한 매뉴얼을 갖추지 못했거나, 있더라도 제때 업데이트하지 못하는 경우가 많다. 많은 업무가 기존 구성원의 암묵지에 의존해 이루어지고 있으며, 이러한 조직일수록 AI 자동화 역할은 자연히 제한될 수밖에 없다.

반면 미국 기업은 노동 유연성이 높고 이직과 채용이 빈번하기 때문에, 각 직무 담당자의 역할과 범위가 명확히 문서화되고 업무 절차도 잘 정리되어 있다. 이러한 환경에서는 AI 에이전트가 바로 투입되어도 원활히 작동할 수 있다.

결국 AI로 업무를 자동화하려면, 그 전에 우리 회사의 업무 내용과 절차를 명확히 정의하고 문서화하는 과정이 선행되어야 한다.

두 번째 병목 : 데이터 준비 문제

AI 자동화의 두 번째 병목은 회사 내부 자료와 데이터의 준비 부족이다. 대표적인 예로 한글 파일(hwp)은 AI가 처리하지 못한다. 별도 개발을 통해 처리할 수도 있지만, 한글 파일은 국제 표준 포맷이 아니고 문서 구조도 복잡해 글로벌 AI 서비스에서는 바로 인식하거나 처리하기 어렵다. 따라서 사내 문서 대부분이 한글 파일로 되어 있다면 AI를 활용하는 데 걸림돌이 된다.

또한 문서 작성 방식 자체도 문제다. 텍스트 중심의 깔끔한 문서가 아니라 표 안에 표를 넣거나 셀을 과도하게 병합하고 도형 안에 텍스트를 삽입하는 등, 사람이 보기엔 깔끔하지만 AI가 이해하기 어려운 방식으로 작성된 문서가 많다. 이는 AI가 자료를 구조화하고 분석하는 데 큰 방해가 된다.

사내 문서들이 잘 관리되지 않고 개별 실무자 컴퓨터에 산발적으로 흩어져 있거나 파일명조차 통일된 규칙 없이 저장되어 있는 경우도 많다. 실제로 기업의 사내 자료 기반 챗봇을 만드는 외주 개발 프로젝트를 맡았을 때, 작업 시간 대부분이 회사 내 데이터를 AI가 이해할 수 있게 정리하는 데 소요되었다.

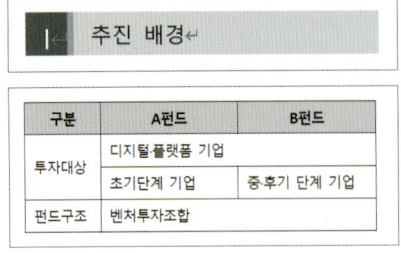

▲ AI가 이해하기 어려운 형태로 문서를 작성한 예시

세 번째 병목 : 클라우드 전환 지연

AI 자동화를 막는 세 번째 병목은 낮은 클라우드 전환율과 클라우드 기반 도구에 대한 거부감이다. 최첨단 자동화 도구와 LLM 모델 대부분은 클라우드 기반이다. 오늘날 소프트웨어는 클라우드 기반으로 브라우저에서 바로 실행되며, 컴퓨터에 설치하지 않고 구독해서 사용하는 방식으로 빠르게 전환되고 있다.

하지만 많은 국내 기업들이 클라우드 서비스 정책에 폐쇄적이라 AI 기반 자동화가 빠르게 확산되기 어려운 상황이다. 대안으로 UiPath, Automation Anywhere 같은 구축형 RPA 도구로 자동화를 고민한다. 다만 구축형 솔루션은 무겁고 비싸서 AI 자동화의 속도와 유연성을 쉽게 따라가지 못한다.

오히려 AI 기반 자동화는 대기업보다는 스타트업, 스몰 브랜드, 프리랜서, 크리에이터, 1인 기업을 중심으로 활용되고 있다. 작은 기업 입장에서는 AI 자동화가 비용을 줄이는 확실한 방법이라 도입에 더욱 적극적이다.

물론 보안이 중요한 대기업의 업무까지 모두 클라우드로 전환해야 한다는 뜻은 아니다. 대규모 조직은 보안 요건과 기존 레거시 시스템 연동을 고려해 RPA를 구축형으로 운영할 필요가 있다.

그러나 중소 규모 기업이라면 클라우드 기반 자동화 도구와 LLM의 발전을 외면하지 말고 적극적으로 전환을 고민해야 한다. AI로 인한 생산성 차이는 개인뿐 아니라 기업 조직 규모에서도 양극화를 심화할 수 있으므로, 특히 중견 및 중소기업에게 클라우드 전환은 더 이상 미룰 수 없는 선결 과제라고 할 수 있다.

네 번째 병목 : 한국 플랫폼의 API 제한

AI 자동화를 가로막는 또 하나의 병목은, 한국 사용자들이 주로 사용하는 업무 도구나 플랫폼이 API를 공개하지 않아 AI나 자동화 도구와 연동하기 불편하다는 점이다. 글로벌 서비스들은 왓츠앱이나 텔레그램을 통해 메시지를 발송하고, 소셜 미디어에 콘텐츠를 자동으로 발행하는 등 자동화 도구와 자유롭게 연결된다. 반면 한국에서 널리 쓰이는 카카오나 네이버 등의 서비스는 API 연동이 매우 제한적이고 불편하다.

이런 도구들은 경계 없이 자동화된 워크플로에 통합하기 어려워 효율을 올리는 데 한계가 있다. AI 서비스는 앞으로 다양한 IT 도구와 접점을 형성하는 역할을 하고 이를 통해 업무 자동화의 자연스러운 흐름이 만들어질 것이다. 이처럼 개방과 연동이 중요한 흐름 속에서 한국 IT 플랫폼의 배타적 통합 전략이 과연 바람직한 방향인지 재고할 필요가 있다.

자동화의 첫걸음은 걸림돌 파악부터

자동화를 실천하려면 먼저 자동화를 방해하는 장애 요인을 명확히 인식해야 한다. 이러한 장애 요인은 조직 내 자동화 시도를 대중화하기 위해 반드시 해결해야 할 선결 과제다. 개인 차원에서는 장애 요인을 파악하되 자신이 가능한 범위 안에서부터 실천하려는 노력이 필요하다.

A부터 Z까지 모든 업무 프로세스가 자동화되지 않는다고 해서 자동화 자체를 포기할 필요는 없다. 자동화할 수 있는 범위만큼이라도 시도해보고, 완전 자동화가 어렵다면 반자동화 형태로 실행해보는 것이 바람직하다. 이를 통해 단순한 업무부터 AI와 자동화 도구에 점차 위임해보는 시도를 시작하길 바란다.

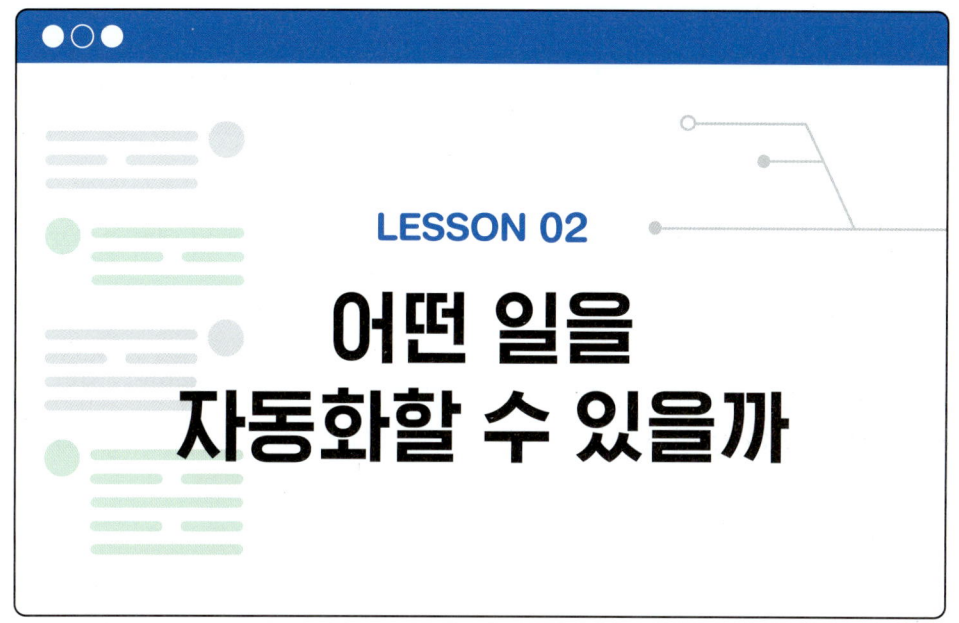

자동화할 수 있는 업무 찾기

디지털 기반으로 정해진 프로세스에 따라 처리되는 모든 일은 자동화할 수 있다. AI는 인간처럼 다양한 업무를 처리할 수 있으므로 AI를 자동화 모듈로 활용하면 자동화의 지평이 폭발적으로 확장된다. 가능한 자동화 영역은 매우 넓지만, 여기서는 얼리 어답터들이 주로 시도하는 분야를 중심으로 정리한다. 이러한 사례를 참고해 자신만의 자동화 구현 목표를 구체화해보길 바란다.

데이터 기록과 정리, 이제 AI에게 맡긴다

데이터 기록과 정리처럼 정해진 규칙대로 자료를 수집해 일목요연하게 정리하는 것부터 자동화를 시도할 수 있다. 예를 들어 매출 건이 발생할 때마다 시트에 기록하거나 판매 데이터를 추출해 양식에 맞게 정리하는 일들은 규칙이 명확해 자동화하기 쉽다.

AI를 활용하면 단순 반복적인 모니터링과 자료 수집도 자동화할 수 있다. 매일 아침 경쟁사 제품 가격을 수집해 정리한 뒤 메일로 보내거나, 우리 회사나 경쟁사 관련 뉴스 기사를 모니터링하고 정리하는 것도 가능하다.

또한 규칙성이 명확하지 않은 데이터도 일관되게 정리할 수 있다. 카카오톡이나 슬랙 메시지 같은 비정형 텍스트 데이터를 구글 시트에 체계적으로 저장할 수 있다. 사내 메신저 대화 내용을 기반으로 할 일 목록을 자동 생성하거나, 카카오톡 대화 내용을 바탕으로 운동 인증 내역을 시트에 정리하는 등의 자동화 시나리오도 시도할 수 있다.

최근 AI는 이미지와 음성을 함께 처리할 수 있는 멀티모달 기능도 갖추고 있다. 이를 통해 영수증이나 현장에서 손으로 작성한 기록을 디지털화해 정리하거나, 회의 음성 파일을 자동으로 회의록 형태로 정리해 참가자에게 이메일로 발송하는 자동화도 실현할 수 있다.

콘텐츠도 고객 관리도, AI가 바꾸는 마케팅 업무

마케팅 업무는 반복적인 작업이 많아 자동화하기에 적합하다. 마케팅 캠페인 운영, 콘텐츠 마케팅 관련 업무, 고객 관계 관리(CRM) 모두 일정한 패턴을 따르므로 자동화 효율이 크다. 물론 폐부를 찌르는 카피라이팅처럼 자동화하기 어려운 창의적 업무도 있지만 대부분은 정해진 프로세스대로 반복하는 업무다. 이런 이유로 마케팅 자동화는 AI 자동화 교육 과정에서도 가장 인기 있는 분야 중 하나다.

생성형 AI가 나오자마자 가장 주목받은 대표 사례가 대량의 콘텐츠를 자동 생성하는 작업이다. 고객 유입을 위한 콘텐츠는 꾸준히 많이 생산해야 하는데, 이런 반복 업무를 AI 기반 자동화로 효율화하면 콘텐츠 발행량을 대폭 늘릴 수 있다. 정기적으로 콘텐츠를 작성해 블로그나 소셜미디어에 자동으로 게시하는 것은 물론, 텍스트뿐 아니라 이미지나 숏폼 영상까지 자동으로 제작하고 활용할 수 있다.

이 과정에서 트렌드 뉴스 기사를 기반으로 콘텐츠를 만들 것인지, 정해진 소스를 기반으로 제작할 것인지 혹은 기획이나 퇴고 같은 일부 과정을 사람이 직접 수행할 것인지 등 업무 내용과 범위는 원하는 대로 커스터마이징할 수 있다.

AI는 특히 개인화된 콘텐츠 생성에 강점이 있어 고객 관계 관리(CRM)에도 무궁무진하게 응용할 수 있다. 고객별 구매 이력이나 특징을 정리한 CRM 시스템이 있다면 이를 바탕으로 LLM에 API 요청을 보내 개인화된 마케팅 문구를 생성하도록 할 수 있다. 이렇게 생성된 메시지를 개별 고객에게 자동으로 발송하면 마케팅 효율을 높일 수 있다.

반복적인 고객 응대 역시 운영 효율을 높이기 위해 시도할 만한 자동화 과제다. 인바운드 고객 문의가 들어오면 자동으로 응답하거나, 견적서를 문의 기반으로 자동 생성해 발송하거나, 자주 묻는 질문을 FAQ 형태로 정리해 챗봇으로 대응하는 시스템도 비전문가가 충분히 시도할 수 있다.

또한 고객 이메일이나 상담 기록을 자동으로 CRM 도구에 정리하거나, 정기적으로 다양한 고객에게 세일즈 이메일이나 문자를 자동 발송하도록 설정할 수도 있다.

마케팅 캠페인 업무에도 다양하게 응용할 수 있다. 특히 AI 이미지 생성 도구는 디자이너 작업에 가까운 수준의 완성도를 갖추고 있으며, 이미지 생성 모델 역시 API를 통해 자동화에 손쉽게 연동할 수 있다. 예를 들어 배너 사이즈별로 이미지를 자동 변형하거나 분위기와 콘셉트에 따라 이미지를 대량 생성하는 시나리오도 자동화할 수 있다.

데이터 수집부터 분석까지, AI로 자동화

방대한 데이터를 찾아 정리하고 분석하는 작업도 자동화하기에 효과적인 과제다. 데이터 수집부터 분석, 결과 작성까지 전 과정을 얼마든지 자동화할 수 있다.

소규모 기업이나 스타트업은 입찰 사업이나 정부 지원 사업에 지원하는 경우가 많다. 이때 자동화된 시나리오를 통해 공고를 모니터링하고 우리 회사와 유사성이 높은 적합한 공고만 선별해 알려주는 시스템을 구축할 수 있다.

또한 입찰 사업의 새로운 RFP 공고가 등록되었는지 실시간으로 모니터링하고 주요 내용을 요약해 메일로 알리거나, 기업의 재무 정보를 자동으로 수집하고 이를 기반으로 애널리스트 리포트를 작성하는 작업 역시 자동화할 수 있다.

미리 정한 기준에 따라 대규모 문서나 사건, 상황을 평가하는 업무에도 자동화를 적용할 수 있다. 예를 들어 수많은 지원서를 리뷰하고 기준에 맞는 후보자만 선발하거나 대량의 계약서를 검토하는 것도 분석 자동화로 충분히 시도할 만한 과제다.

반복적인 보고서 작성, 이제는 자동으로

회사에서 정기적으로 작성하는 내부 보고 자료도 자동으로 생성할 수 있다. 앞서

GPTs 만들기에서 다뤘듯이, 정해진 형식이 있다면 매번 정리해야 하는 자료나 맥락을 간단히 설명하는 것만으로 회의록, 품의서, 일정 브리핑 보고서 등을 자동 생성할 수 있다.

노코드 자동화 도구까지 함께 활용하면 단순히 보고서 작성에서 끝나지 않고 해당 보고서를 정해진 담당자 이메일로 발송하도록 자동화할 수 있다.

업무 절차를 말로 설명할 수 있고, 일정한 기준에 따라 판단할 수 있는 일이라면 대부분 AI와 노코드로 자동화할 수 있다. 중요한 것은 '이건 자동화로 해결할 수 있다'고 생각하고 시도해보는 것이다.

이미 수많은 사람들이 비슷한 문제를 겪었고 유튜브나 각종 커뮤니티에는 이를 해결한 다양한 사례들이 공유되어 있다. 자동화를 위한 도구와 방법 역시 이미 충분히 갖춰져 있다. 결국 AI가 대신할 수 없는 유일한 자원은 '인간의 의지'다. 그 의지만 있다면 AI는 업무 자동화라는 문제를 해결하는 강력한 도구가 되어줄 것이다.

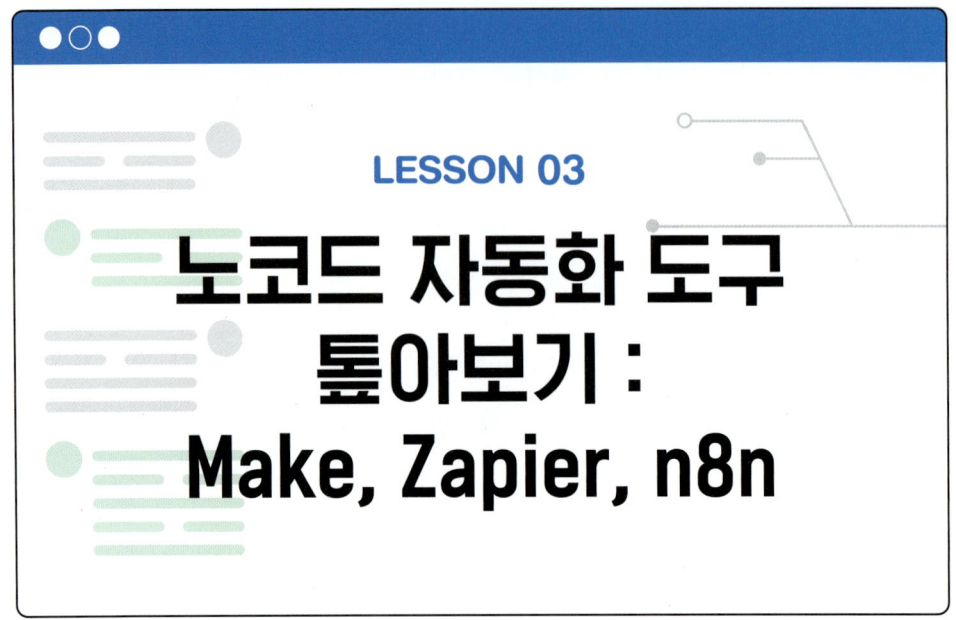

LESSON 03
노코드 자동화 도구 톺아보기 : Make, Zapier, n8n

어떤 자동화 도구가 내게 맞을까

코딩 없이 업무를 자동화할 수 있는 도구 중 가장 인기 있고 강력한 세 가지는 Make, Zapier, n8n이다. 이 도구들은 LLM과 매끄럽게 연동되고 다양한 소프트웨어를 연결할 수 있으며, 초보자도 조금만 배우면 사용할 수 있을 정도로 쉽고 비용 부담도 크지 않다.

그래서 개발 경험이 없는 일반 사용자나 자동화 입문자 모두에게 추천할 만하다. 이 세 가지 도구를 비교해보고, 이 책에서는 이 중 하나의 도구에 집중해서 실습형 가이드를 제공하고자 한다.

노코드 자동화 도구는 워크플로를 설정해두면 조건이 충족될 때 정해진 절차대로 작업을 처리하는 봇을 만드는 방식이다. 예를 들어 "매일 아침 9시가 되면(트리거 조건), 메신저로 아침 인사 메시지를 보내라(액션)"와 같은 시나리오를 설정할 수 있다.

세 도구 모두 자동화가 시작되는 조건이 있고 그 조건이 충족되면 예정된 워크플로를 실행한다는 점에서 동일하다. 또한 이러한 워크플로를 정의할 때 코드를 사용하지 않고 마인드맵처럼 시각화된 형태로 시나리오를 설정한다는 공통점도 있다. 덕분에 코드를 모르는 비개발자도 워크플로를 직관적으로 손쉽게 설정할 수 있다.

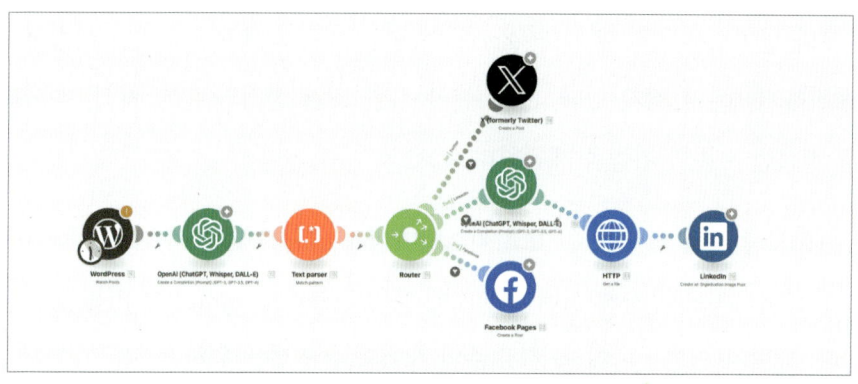

▲ Make를 활용하여 업무를 자동화한 시나리오 예시
각각의 모듈을 다이어그램으로 연결하면 조건에 맞춰 작동한다

도구별 비교 분석

세 가지 노코드 자동화 도구는 사용 난이도, 자유도, 지원 앱 종류, 가격 측면에서 비교할 수 있다.

① **Zapier** : 난이도 측면에서는 Zapier가 가장 쉽다. 워크플로도 직렬 기반으로 순차적으로 연결하도록 강제하여 복잡하지 않고 변수 설정 방식도 직관적이다. 선택 옵션도 제한적으로 통제되어 어렵지 않다.

② **Make** : 직관적으로 시나리오를 설정할 수 있는 편이고 초보자도 충분히 사용할 수

> 있지만 Zapier보다는 다소 어렵다. 자체 함수(formula), 자료형(json, collection, bundle, array), 흐름 제어(Iterator, Array aggregator, Router) 같은 Make 내부 개념을 이해해야 하며 Zapier보다 다양한 동작을 할 수 있는 만큼 신경 쓸 부분이 더 많다.
> ③ n8n : 셋 중에서 가장 어렵다. 시각적 설정 화면을 제공하지만 직관성이 상대적으로 떨어지며 사실상 코딩에 가까운 방식이다. 따라서 개발에 대한 기본적인 이해를 요구한다.

자유도와 난이도의 균형

자유도와 난이도는 상충 관계다. Zapier는 단순 자동화에 탁월하지만 복잡한 조건을 설정하기에는 한계가 있다. Make는 복잡한 조건 설정과 분기 처리, 데이터 처리 등 정교한 자동화 기능을 제공한다.

n8n은 코드를 직접 입력할 수 있고 커스터마이징 범위가 넓어 자유도가 높다. 오픈 소스 프로젝트이므로 자체 서버에 설치해 운영할(Self-hosting) 수 있는 옵션도 제공한다. 개발자 친화적이며 높은 수준의 제어와 유연성을 원하는 사용자에게 적합하다.

연동되는 앱의 수는 Zapier, Make, n8n 순으로 많다. Zapier는 약 6,000개의 앱을 지원해 거의 모든 클라우드 기반 소프트웨어와 연동할 수 있다. Make는 약 2,000개의 앱을 지원하지만, 지원하는 앱 내에서 더 다양한 작업을 처리할 수 있다. 또한 지원하지 않는 앱도 API 호출 모듈과 커스텀 앱 업로드를 통해 사용할 수 있다. n8n은 주요 서비스와 연동되며 코드도 넣을 수 있고 커스터마이징도 직접 할 수 있다.

연동되는 앱의 종류가 Zapier가 가장 많을 뿐, 다른 도구가 불편하다는 의미는 아니다. 특히 LLM 관련 모듈이나 기능은 Make나 n8n이 더 빠르게 대응하는 경우가 많아, 새로운 API가 출시되면 Zapier보다 먼저 써볼 수 있는 경우가 많았다.

도구 선택 기준

가격은 구독형 요금제 기준으로 Make가 가장 저렴하다. 자동화 작업당 단가로 계산해도 Make가 가장 경제적이다. 무료 플랜도 기능 제한이 거의 없어 단순히 한두 개 시나리오만 운영한다면 무료만으로도 충분히 활용할 수 있다.[1]

n8n은 오픈소스로도 제공되어 다운로드 후 자체 서버에 설치하면 무제한으로 무료 사용이 가능하다. 이러한 오픈소스 정책 덕분에 기업이나 대행사에서 n8n을 선호하기도 한다. Zapier는 노코드 자동화 도구 중 가장 비용이 비싸며 무료 플랜에서는 자동화 구현이 크게 제한된다.

구분	Zapier	Make	n8n
사용 난이도	가장 쉬움	쉬운 편이지만 어느 정도 학습 필요	코딩에 준하는 개발 배경 지식 요구
자유도	제한됨(단순 조건 작업 위주, 복잡한 분기·로직 한계)	높음(복잡한 분기·데이터 변환 등 정교한 자동화 가능)	최고로 높음(코드 삽입, 커스텀 노드 작성, 오픈소스 활용 가능)
연동 앱 수	6,000개 이상	2,000개 정도이나 부족한 앱은 HTTP 모듈·커스텀 앱으로 보완	주요 서비스 지원, 그외 코드·웹훅으로 자유롭게 확장 가능
가격	가장 비쌈, 무료 플랜 용량 제한 큼	동일 작업당 단가 최저, 무료 플랜도 기능 제한 거의 없음	Make와 비슷한 클라우드 요금제, 오픈소스 셀프 호스팅 시 무제한 무료
AI 기능 지원	기능 지원이 느린 편	기능 지원이 빠른 편	기능 지원이 빠른 편
배포 옵션	SaaS(클라우드)	SaaS(클라우드)	SaaS+자체 서버 설치(Self-hosting)

정리하면 Zapier는 사용 편의성과 방대한 앱 연결 생태계로 빠르고 쉽게 자동화를 구축하려는 사용자에게 적합하다. Make는 시각적 워크플로 디자인과 강력한 데이

---

[1] 다음 필자의 프로모션 링크로 가입하면 Make 프로 플랜(월 $19 상당)을 한 달 무료로 사용할 수 있다. https://www.make.com/en/register?pc=jangpm

터 변환 기능으로 복잡한 비즈니스 프로세스를 자동화하려는 사용자에게 추천할 만하다.

n8n은 오픈소스 기반의 높은 자유도와 셀프 호스팅 옵션으로 맞춤형 자동화 솔루션을 구축하려는 기술적 배경이 있는 사용자나 보안 요구사항이 높은 기업에게 이상적이다.

이 책은 AI를 자동화에 활용하는 데 초점을 맞추고 있다. 따라서 AI 관련 기능이 강력하고 자유롭게 수정할 수 있는 Make를 메인 도구로 다룬다. n8n은 저렴한 비용으로 보안 문제없이 운영하고 싶은 기업에게 적합하지만 Make보다 난이도가 높아 여기서는 다루지 않는다. Zapier 역시 초보자가 접근하기 쉽지만 무료 활용이 제한적이고 AI 기능이 부족해 소개하지 않는다.

Make로 시작하는 것을 추천하지만 결국 어떤 도구를 선택할지는 개인의 상황에 달려 있다. 개인 선호도나 기술적 이해 수준에 따라 Zapier나 n8n을 선택해 시도해 보는 것도 좋다. 중요한 것은 자신의 상황에 가장 적합한 자동화 도구를 찾아 활용하는 것이다.

자동화 도구의 미래

자동화 도구도 끊임없이 발전한다. Make에서도 AI가 시나리오를 대신 만들어주는 기능이 이미 탑재되어 있다. 다만 아직 완벽하게 동작하는 시나리오를 생성하기 어려워 전체 사용 방법을 상세히 설명할 것이다.

또한 Make, Zapier, n8n처럼 사용자가 직접 시나리오를 세팅하지 않아도, AI가 사용자 명령을 이해해 자동으로 시나리오를 구성하고 업무를 처리하는 자동화 에이전트(Agent) 도구도 등장하고 있다. 대표적인 사례로 Genspark, Manus, Flowith, Skywork 등이 있다.

앞으로 이러한 도구들은 계속 쏟아질 것이다. 자동화는 점점 쉬워지고 대중화될 것이며, 이 책에서 소개하는 도구가 아니라 다른 도구가 주류가 될 수도 있다.

그러나 자율주행 대중화를 기다린다고 해서 운전면허를 따지 않을 이유가 없는 것처럼, 자동화 도구 발전에 반발짝 앞서 변화를 주도하기 위해서는 노코드 자동화를 배우고 적용해보는 것이 바람직하다.

도구를 처음부터 완벽하게 선택해야 한다는 강박이나 중간에 도구를 바꾸는 것에 대한 두려움 때문에 시작조차 하지 못하는 경우도 있다. 그러나 중요한 것은 일단 시도해보는 것이다. 직접 해보면 원하는 기능과 맞지 않아 도구를 바꾸더라도 금세 적응할 수 있다.

이 책은 여러분이 코딩 없이 나만의 AI 자동화 시나리오를 만들 수 있도록 안내하는 길잡이가 되고자 한다. 이 경험을 통해 자동화의 가능성을 직접 체험하고 새로운 기회를 발견하기를 기대한다.

 **MEMO**

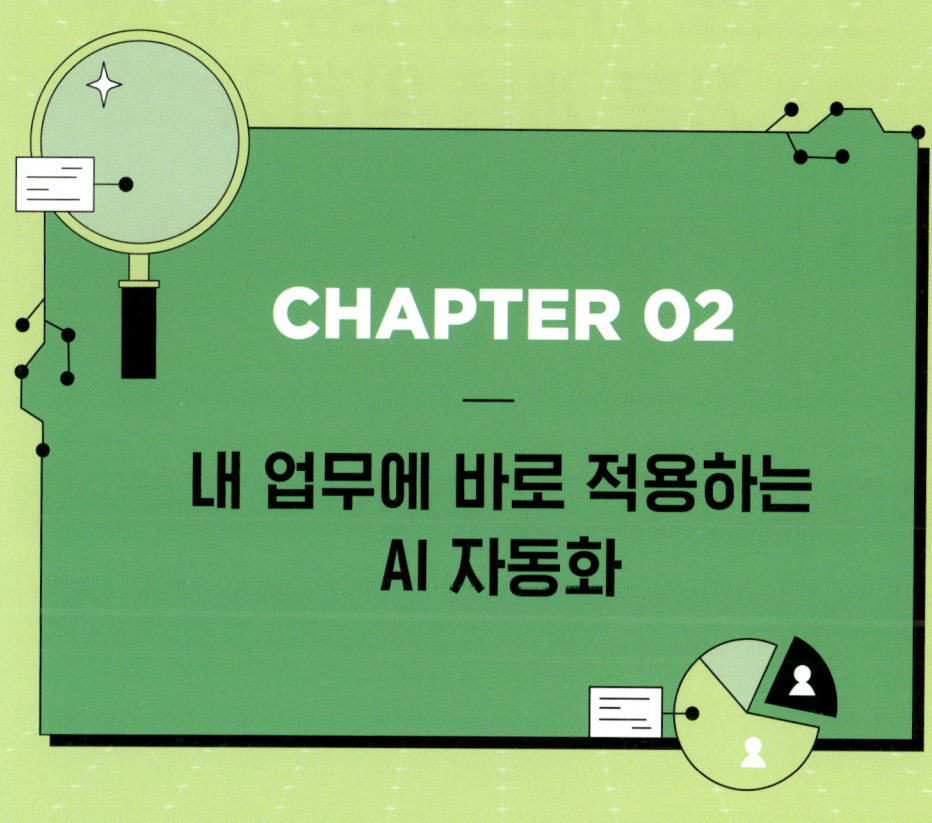

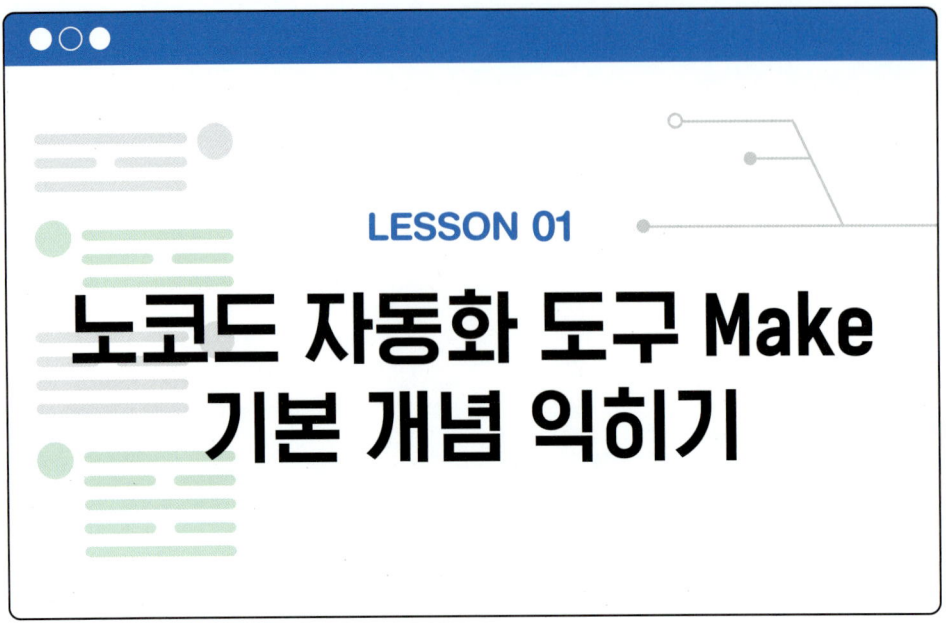

LESSON 01
노코드 자동화 도구 Make 기본 개념 익히기

Make의 작업 개념 이해하기

Make는 여러 디지털 도구를 연결해 업무를 자동화하는 노코드 도구다. '이메일이 오면 그 내용을 구글 스프레드시트에 기록한다'는 식으로 작업 단위를 하나씩 연결해 나만의 자동화 프로세스를 정의할 수 있다. 이렇게 정의해둔 자동화 프로세스가 있으면 그 시나리오에 따라 업무가 처리된다.

Make와 같은 노코드 자동화 도구는 GPTs처럼 매번 지시나 파일 업로드가 필요한 방식과 다르다. 한 번 설정해두면 사용자가 별도 지시를 내리지 않아도, 정해진 시작 조건에 부합할 때(매일 아침 9시가 되면) 정해진 동작을 실시한다(팀장님에게 전날 실적을 요약한 이메일 발송).

업무에서 우리는 인터넷 검색을 하거나 엑셀 파일을 열어보거나 중요한 내용을 노트에 기록하는 등 다양한 도구를 쓴다. Make는 설치형 프로그램이 아닌 인터넷을 통해 접속할 수 있는 소프트웨어들을 연결해주는 서비스이다. 따라서 인터넷 브라우저에서 주로 업무를 처리하는 사람일수록 자동화할 수 있는 부분이 많다. 반대로 설치형 소프트웨어를 많이 쓰거나 사내망 중심으로 업무가 이뤄지고 디지털화가 덜 된 환경이라면 자동화 범위는 줄어든다. 그럼에도 업무 중 반복되는 일이 있다면 일부라도 자동화를 시도해보는 것은 충분한 의미가 있다.

> **TIP** 물론 엑셀 파일, 워드 파일 같은 문서 기반 업무도 자동화할 수 있다. 드롭박스, 구글 드라이브와 같은 클라우드 서비스를 활용하면 Make를 통해 파일을 열고, 수정하거나 생성하는 작업까지 자동화할 수 있다.

Make 핵심 용어 살펴보기

본격적으로 Make를 활용하기에 앞서 핵심 용어들을 명확히 이해해야 한다. 시나리오, 모듈, 트리거, 오퍼레이션, 번들이라는 다섯 가지 개념은 Make 자동화의 기초를 이루는 최소 단위다. 용어 자체를 외우려 하기보다 각 개념이 어떤 역할을 수행하는지만 간단히 파악해두면 된다.

① **시나리오(Scenario)** : Make의 핵심으로, 자동화할 업무 프로세스 하나를 의미한다. 사용자는 Make 설정 화면에서 여러 작업을 연결해 하나의 업무 흐름을 정의하며, 지정한 조건이 충족되면 이 흐름에 따라 정해놓은 업무 프로세스가 자동으로 작동한다. **결국 Make는 하나의 동작하는 시나리오를 만드는 게 목적**이며, 내 업무 중 반복적이고 명확해서 비서에게 위임할 수 있는 업무의 최소 단위가 바로 시나리오가 된다.

② **모듈(Module)** : 시나리오의 구성 요소로 **수행하고자 하는 특정 작업이나 동작 하나**를 의미한다. 모듈의 상위 개념은 앱이며, 앱은 각각의 소프트웨어나 서비스를 뜻한다. 모듈은 해당 앱에서 수행할 수 있는 구체적인 기능이다. 즉 **이메일은 앱**이 되고, **이메일 보내기(Send an Email)가 모듈**이 된다. 각 앱

을 처음 사용할 때는 로그인하고 권한을 부여하는 과정이 필요한데, 이를 커넥션(Connection)이라고 한다. Make는 2천 개 이상의 앱을 지원하며, 각 앱에는 다양한 기능의 모듈이 미리 정의되어 있다.

③ **트리거(Trigger)** : 시나리오를 시작하는 조건이다. 트리거에는 즉시 반응하는 인스턴트 트리거(번개 아이콘)와 일정 주기로 새로운 작업이 필요한지를 확인하는 배치 트리거(시계 아이콘)가 있다. 트리거의 유형은 사용자가 선택할 수 없으며 각 모듈이 정해진 방식에 따라 인스턴트 또는 배치 트리거로 제공된다.

트리거는 **시나리오의 출발점**이며 지정된 이벤트가 발생하면 시나리오가 동작하기 시작한다. 배치 트리거의 경우, 실행 주기나 시작 시간을 직접 설정할 수 있다. 일정 주기로 반복적으로 체크하게 할 수 있고 정해진 시간에만 동작하게 할 수도 있다. 다만 체크 주기를 너무 짧게 설정하면(무료 최소 15분, 유료 최소 1분), 그만큼 크레딧 소모가 빠르다. 따라서 시나리오와 비용에 맞춰 트리거 스케줄을 설정해야 한다.

④ **크레딧(Credit)** : Make에서 **자동화 동작의 최소 단위이자 과금 기준이 되는 단위**이다. 일반적으로 하나의 모듈이 한 번 실행되면 1크레딧이 소모된다. 다만 일부 AI 관련 앱처럼 동작 시간이 긴 경우, 한 번의 실행에도 2~3크레딧이 소모되기도 한다.

무료 요금제에서는 한 달에 1천 회가 제공되며 유료 요금제(월 $11 기준)에서는 한 달에 1만 회가 제공된다. 예를 들어 15분 주기로 계속 배치 트리거를 동작하게 하면, 하루에만 96회 오퍼레이션을 소모한다. 일단 트리거가 작동하면 이후 아무 동작이 없어도 오퍼레이션 횟수가 소모되므로 설정에 주의해야 한다. 참고로 기존에는 오퍼레이션(Operation)으로 불렸으나 현재는 크레딧으로 이름이 바뀌었다.

⑤ **번들(Bundle)** : Make에서 **앱 간에 주고받는 데이터 패키지**로서 1회의 오퍼레이션에 일대일 대응된다. 번들에는 하나의 작업에 필요한 데이터가 포함되어 있으며, 이 데이터가 오퍼레이션을 통해 다음 모듈로 전달된다. 이후 모듈은 전달받은 데이터를 기반으로 시나리오 처리를 이어간다.

예를 들어 엑셀에서 이름이나 전화번호 같은 데이터를 읽으면, 이 값들이 하나의 번들로 묶여 다음 앱으로 전달된다. 정리하자면, '**번들로 들어온 데이터를 각 모듈에서 처리하는 게 오퍼레이션이고, 오퍼레이션이 모여서 시나리오가 된다**'라고 이해할 수 있다.

Make 시나리오 만들기

우선 Make[2]에 접속해 회원 가입을 진행한 뒤 바로 로그인해보자. 구글 계정이 있다면 간편하게 가입할 수 있다.

로그인 후 자동화를 시작하려면 화면 오른쪽 상단의 [Create scenario](시나리오 만들기)를 클릭한다.

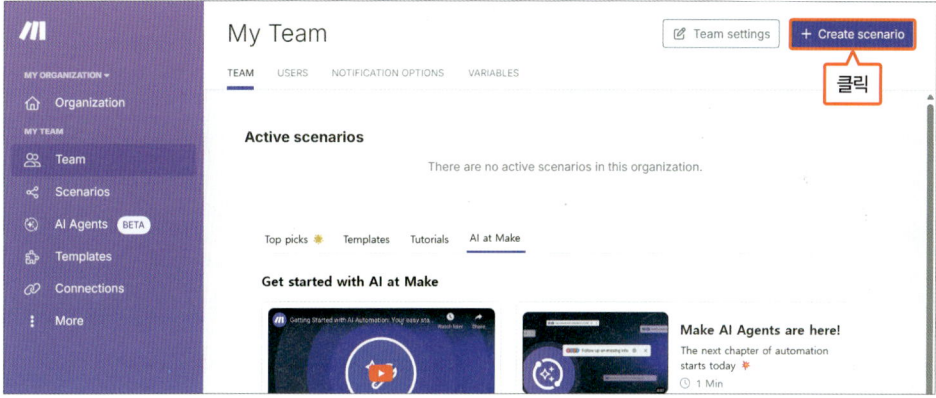

TIP 생성한 시나리오는 저장한 후, 화면 왼쪽의 [Scenarios] 메뉴를 클릭해 수정하거나 관리할 수 있다.

빈 시나리오 화면이 나타난다. Make에서는 기본적으로 화면의 [ㅣ] 버튼을 클릭해 필요한 앱을 선택하고, 원하는 동작 모듈을 지정한 뒤 세부 정보를 설정하는 방식으로 시나리오를 만든다.

[+]를 클릭하면 Make에서 지원하는 모든 앱이 표시되지만 당연히 이를 모두 알 필요는 없다. 어차피 자동화는 자신이 자주 쓰는 몇 가지 위주로만 사용한다.

---

2 https://www.make.com/en

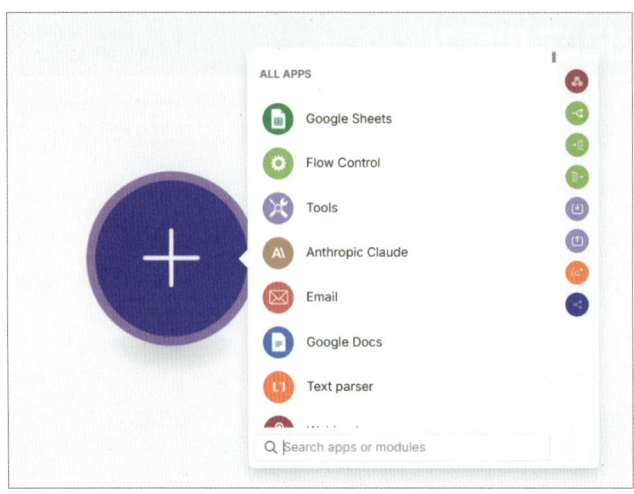

> **TIP** 나중에 특정 문제를 자동화하는 데 어떤 앱이 필요한지 궁금할 수 있다. 이때는 ChatGPT나 다른 LLM 기반 AI에 질문하면 된다. 웹 검색 기능을 활성화하면 관련 정보를 인터넷에서 찾아 보다 구체적으로 안내받을 수 있다.

간단한 작업 시나리오 구성해보기

우선 Make가 어떻게 작동하는지 이해하기 위해 간단한 시나리오를 구성해보자. IT 뉴스 RSS 피드인 긱뉴스(Geek News)[3]의 정보를 구글 스프레드시트로 가져와 저장하는 형태의 시나리오를 만들어본다. 이제 새로운 시나리오를 생성하고 첫 작업을 시작해보자.

> **TIP** RSS는 웹사이트의 새로운 글이나 업데이트를 자동으로 받아볼 수 있게 해주는 기술이다. 이를 활용하면 즐겨 찾는 블로그나 뉴스 사이트를 직접 방문하지 않아도 새 소식을 한곳에 모아 확인할 수 있다.

01 ❶긱뉴스의 RSS 피드인 https://news.hada.io/rss/news로 접속해 구조를 확인한다. ❷RSS 피드의 구조는 HTML과 유사한 XML 형태로 작성되어 있다. XML은 꺾쇠괄호(〈 〉)로 둘러싼 태그로 정보의 의미를 표시하므로, 자세히 살펴보면 구조를 쉽게 이해할 수 있다.

---

3 https://news.hada.io/

```
▼<entry>
    <title>Pico CSS - 시맨틱 HTML을 위한 미니멀 CSS 프레임워크</title>
    <link rel="alternate" type="text/html" href="https://news.hada.io/topic?id=22966"/>
    <id>https://news.hada.io/topic?id=22966</id>
    <updated>2025-09-08T11:33:43+09:00</updated>
    <published>2025-09-08T11:33:43+09:00</published>
  ▼<author>
      <name>neo</name>
      <uri>https://news.hada.io/user?id=neo</uri>
    </author>
  ▼<content type="html" xml:lang="ko">
      <![CDATA[ <ul> <li> <strong>Pico CSS</strong>는 HTML 태그 자체를 직접 스타일링하여
      부 라이브러리나 <strong>JavaScript</strong> 없이 순수 CSS만으로 <strong>깔끔한 UI
      기기</strong>에서 반응형 화면을 자동 ...</p> ]]>
    </content>
  </entry>
▼<entry>
    <title>Claude Code 프레임워크 전쟁</title>
    <link rel="alternate" type="text/html" href="https://news.hada.io/topic?id=22965"/>
    <id>https://news.hada.io/topic?id=22965</id>
    <updated>2025-09-08T11:10:22+09:00</updated>
    <published>2025-09-08T11:10:22+09:00</published>
```

❶ RSS 피드 접속 / ❷ 문서 구조 확인

02 이번에는 ❶구글 스프레드시트에 접속한다. 구글 스프레드시트에서 새 문서를 생성한 후 ❷[A1:D1] 범위에 각각 **제목, 링크, 본문, 발행일**을 입력한다. ❸문서 제목은 **긱뉴스 수집**으로 지정한다.

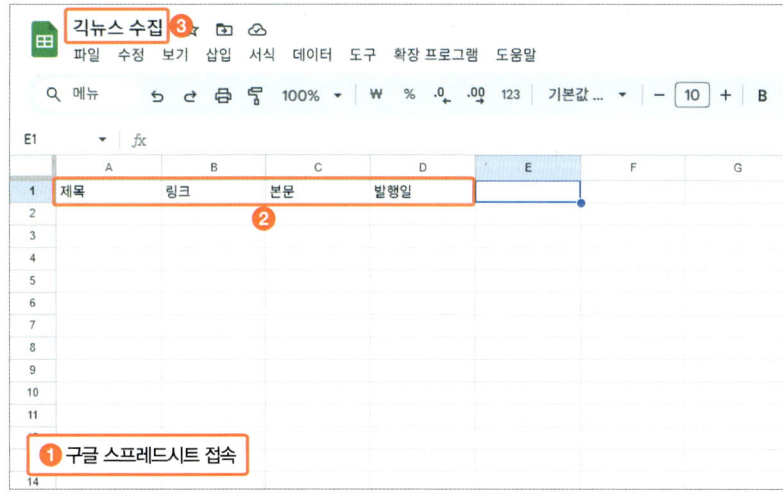

03 Make의 새 시나리오로 돌아온다. ❶왼쪽 상단의 시나리오 제목 입력란에 원하는 제목을 입력하고 ❷가운데 [+]를 클릭해 새 모듈을 생성해보자.

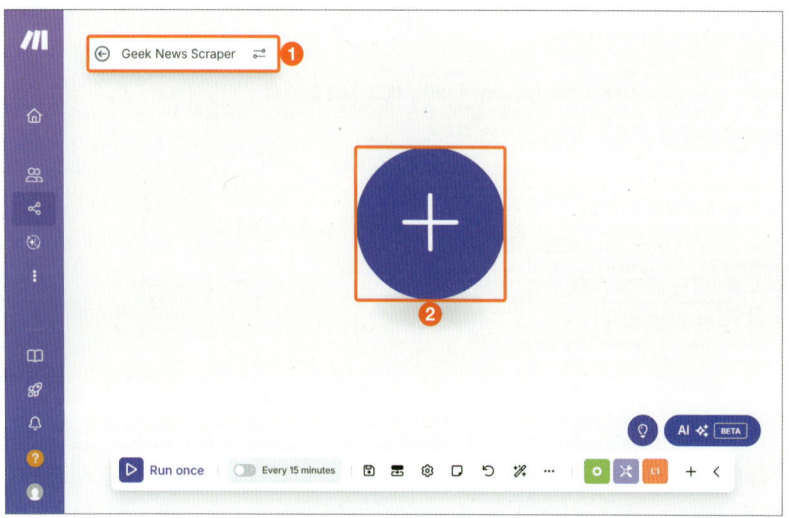

04 ❶[ALL APPS] 검색창에 RSS를 입력하면 나타나는 목록 중 ❷[Watch RSS feed items]를 클릭한다.

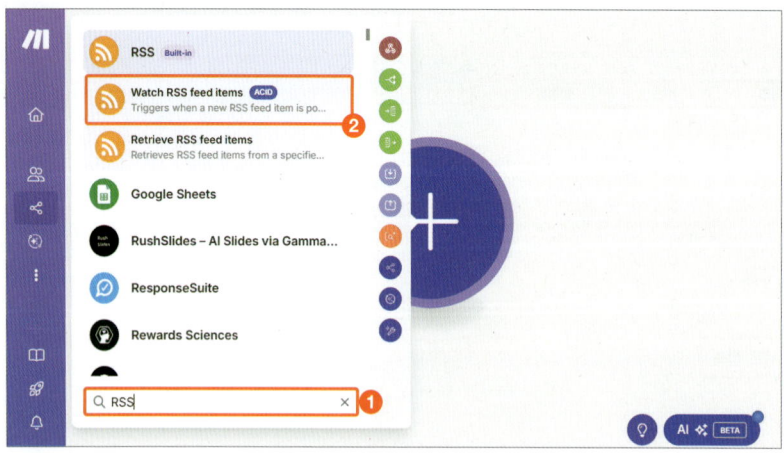

TIP 이 모듈은 트리거가 실행되면 지정된 RSS 피드에서 최신 정보를 가져오는 기능이다.

05 RSS 모듈 설정창이 열리면 ❶[URL]에는 긱뉴스의 RSS 피드 주소인 https://news.hada.io/rss/news를 입력하고, ❷[Maximum number of returned items]에는 10을 입력한다. ❸[Save]를 클릭한다.

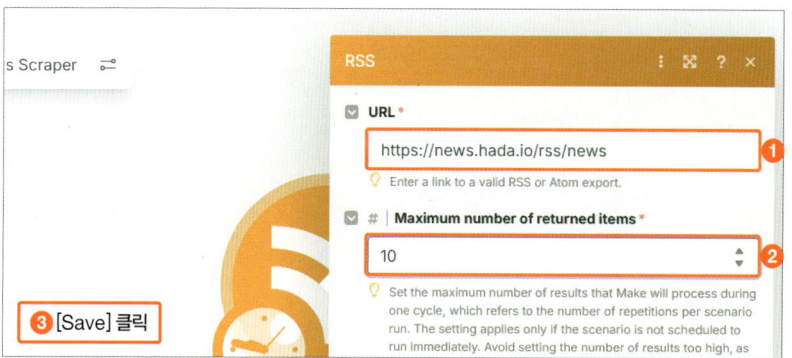

> TIP [Maximum number of returned items] 설정에서 한 번에 몇 개의 피드 정보를 가져올지 선택할 수 있다. RSS 구조에서 몇 개의 〈entry〉를 가져올지 선택하는 것이라 볼 수 있다. RSS 피드에서 한 번에 너무 많은 정보를 가져오면 작업 크레딧 소모가 심하므로 처음 테스트 과정에서는 10개 이하로 구성하는 것이 좋다.

06 [Choose where to start] 설정창이 나타난다. ❶여기서는 [All RSS feed items]를 선택하고 ❷[Save]를 클릭한다.

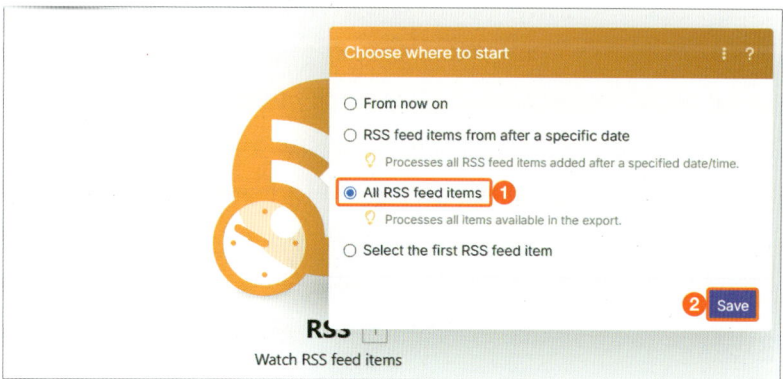

> TIP [All RSS feed items]는 현재 RSS 피드의 모든 정보를 가져오는 옵션이다. 하지만 [Maximum number of returned items] 설정에 10을 입력했으므로 실제로는 최근 10개의 정보만 가져온다.

07 모듈 설정을 마친 뒤 ❶왼쪽 하단의 시계 모양 아이콘을 클릭해 트리거를 설정한다. [Schedule settings] 설정창에서 ❷[Run Scenario]를 [On demand]로 설정한다. ❸[Save]를 클릭한다.

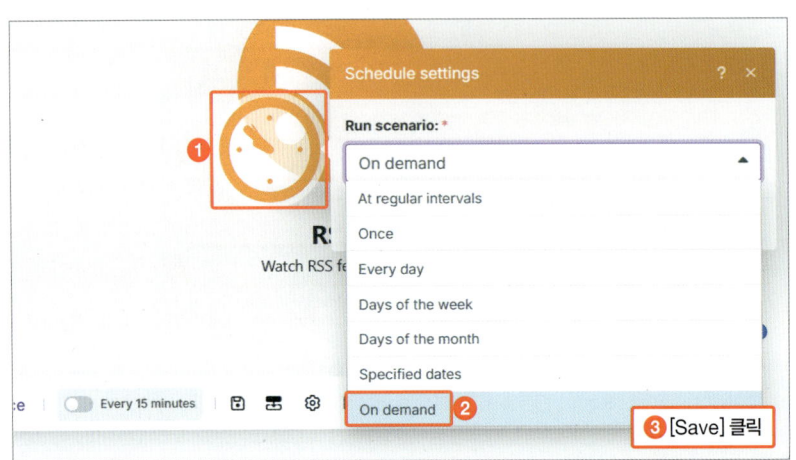

TIP On demand 트리거는 요청이 있을 때만 실행하는 트리거다. 다른 시나리오에서 특정 시나리오를 호출하거나 필요할 때만 작동하도록 할 때 선택하면 유용하다. 반면 주기적으로 업데이트해야 하는 시나리오라면 다른 트리거 방식을 선택해야 한다.

 **일잘러의 NOTE** | **Make 트리거 자세히 알아보기**

시나리오의 첫 번째 모듈에는 반드시 트리거를 설정해야 한다. 트리거는 전체 시나리오가 언제 동작할 것인지 결정한다. 대부분의 트리거는 일정 시간 간격을 기준으로 작동하며, [On demand]만 필요에 따라 임의로 작동하는 방식이다. 외부 요청에 따라 실시간으로 작동하게 하려면 Webhook을 사용하면 편리하다. 해당 방식은 LESSON 04에서 확인할 수 있다.

① **At regular intervals** : 일정한 간격으로 자동 실행한다. 무료 플랜의 최소 간격은 15분, 유료 플랜의 최소 간격은 1분이다.

② **Once** : 특정한 날짜와 시간에 단 한 번만 실행한다.

③ **Every day** : 매일 정해진 시간에 실행한다.

④ **Days of the week** : 매주 선택한 요일의 시간에 실행한다.

⑤ **Days of the month** : 매월 선택한 날짜와 시간에 실행한다.
⑥ **Specified dates** : 매년 선택한 날짜와 시간에 실행한다.
⑦ **On demand** : 필요할 때 수동으로 실행한다.

08 "Activate your scenario" 메시지가 나타난다. 이는 지금 시나리오를 테스트해 볼 것인지 묻는 것으로, 여기서는 [Not yet](지금 아님)을 클릭한다.

09 RSS 모듈이 추가되었다. 오른쪽의 [+] 버튼을 클릭해 이어서 진행할 모듈을 추가해보자.

10   기존 모듈 오른쪽에 새 모듈이 추가된다. ❶[Apps in scenario]의 검색창에 Google Sheets를 입력하고 ❷[Add a Row]를 클릭한다.

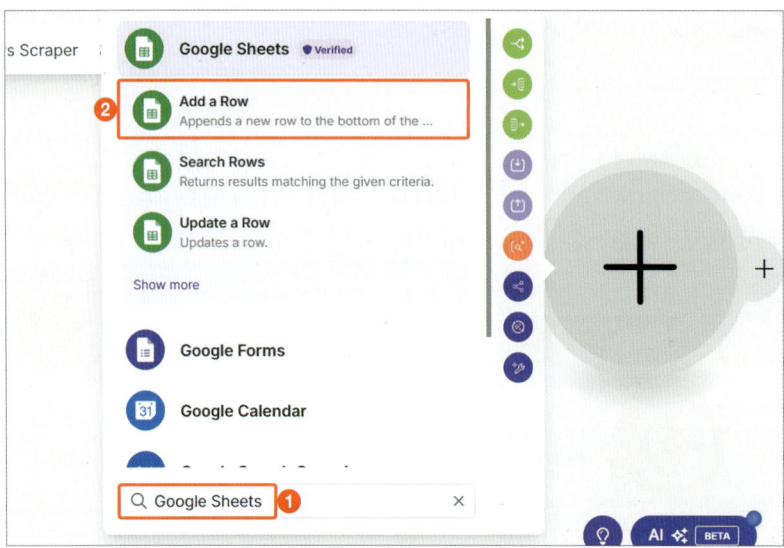

11   구글 시트 설정창이 나타나면 ❶[Creating a connection]을 클릭한다. ❷[Connection name]에는 적절한 이름을 입력하고 ❸[Sign in with Google]을 클릭한다. 새 창이 열리면 구글 계정으로 로그인한 후 Make의 접근을 허용한다.

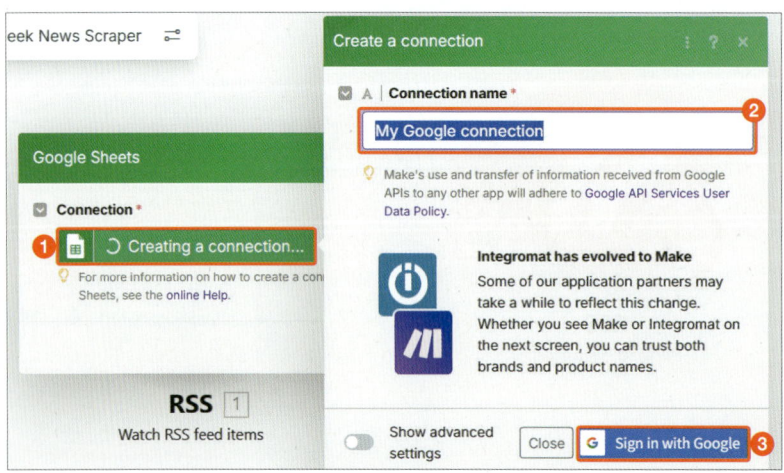

12 [Spreadsheet ID]의 [Click here to choose file]을 클릭한다.

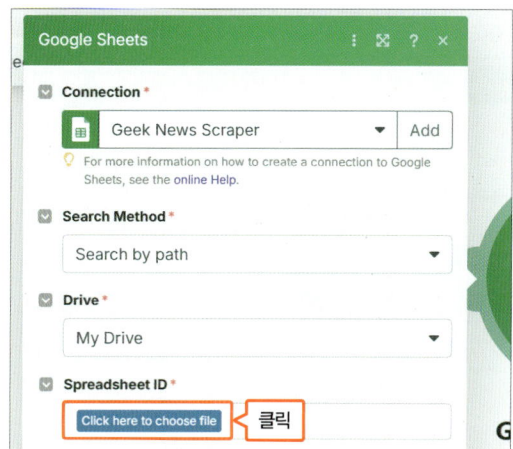

TIP 나머지 설정은 내 구글 드라이브에서 특정 스프레드시트 ID를 기준으로 파일을 찾는 것이므로 설정을 바꿀 필요는 없다.

13 앞서 생성한 ❶[긱뉴스 수집]을 선택하고 ❷[Sheet Name]은 [시트1] ❸[Table contains headers]는 [Yes]를 선택한다.

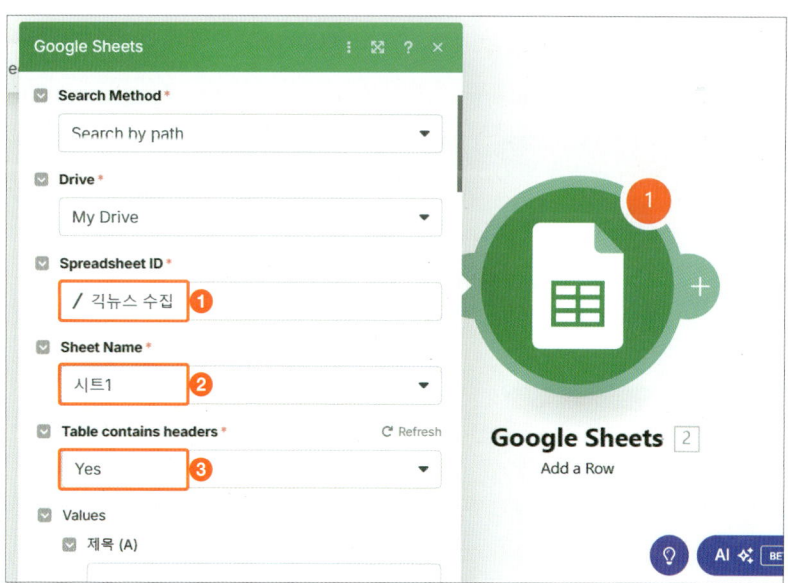

TIP [Table contains headers]의 [Yes] 옵션은 1행에 입력된 데이터를 머리글로 설정할지 선택하는 옵션이다. 기본값은 [Yes]다.

14 [Values] 항목 하위의 ❶E~Z 열은 그대로 유지한다. ❷[제목 (A)]의 입력란을 클릭한다.

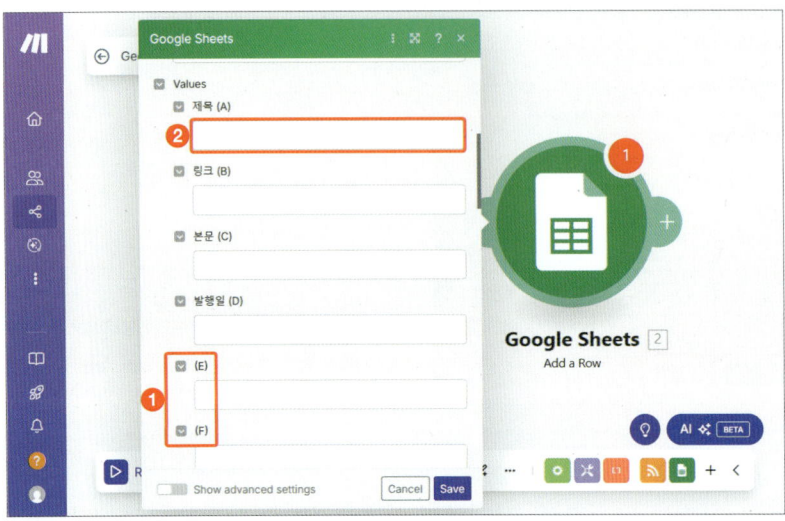

15 RSS 피드의 다양한 태그 항목이 나타난다. 이러한 값은 RSS 모듈에서 구글 시트 모듈로 전달된 입력값이다. 여기서는 제목에 해당하는 [Title]을 클릭한다.

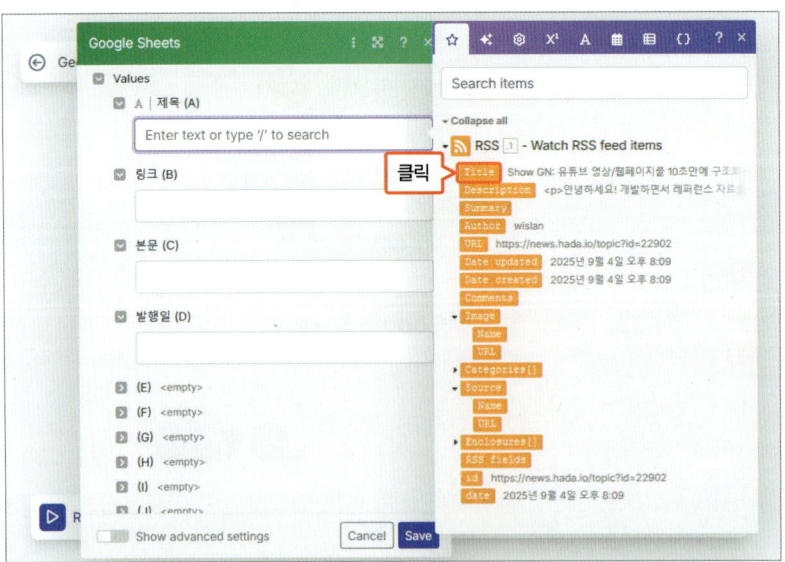

16 ❶나머지 항목은 다음 그림처럼 설정한 후 ❷[Save]를 클릭한다.

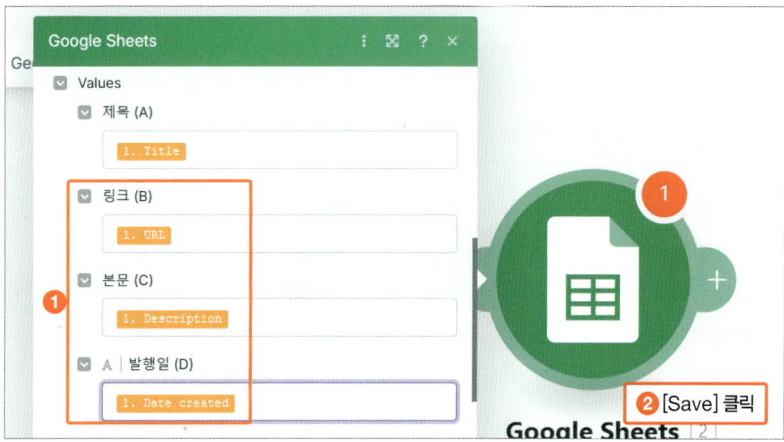

17 이렇게 간단한 시나리오 설정을 완료하면 [Run once]를 클릭한다.

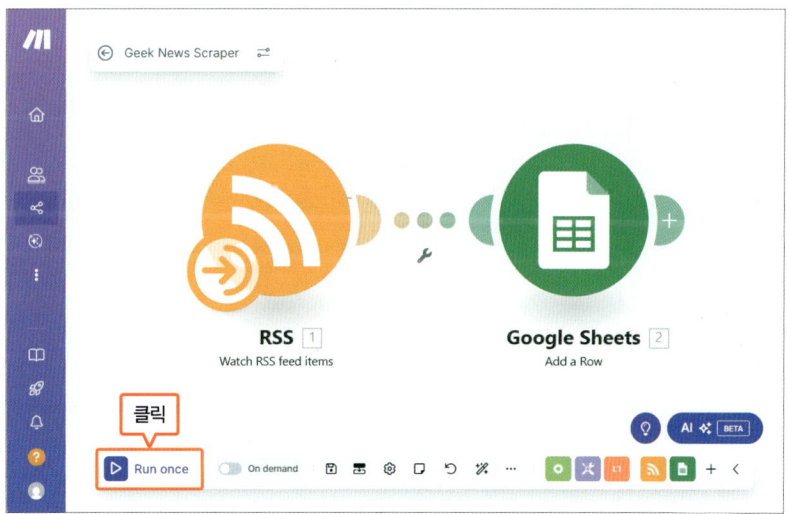

TIP 각 모듈의 큰 동그라미 아이콘을 마우스 오른쪽 버튼으로 클릭하고 [Run this module only]를 선택하면 해당 모듈만 테스트할 수 있다. 각 모듈의 출력 탭에서 실제 전달 데이터를 확인하며 오류를 수정하고, 이후 모듈 매핑을 이어가면 된다.

18 실행이 완료되면 ❶모듈 오른쪽 상단에 상태 표시가 나타난다. 클릭하면 ❷몇 회 실행되고 크레딧이 얼마가 소모되었으며 어떤 아웃풋이 있는지를 확인할 수 있다.

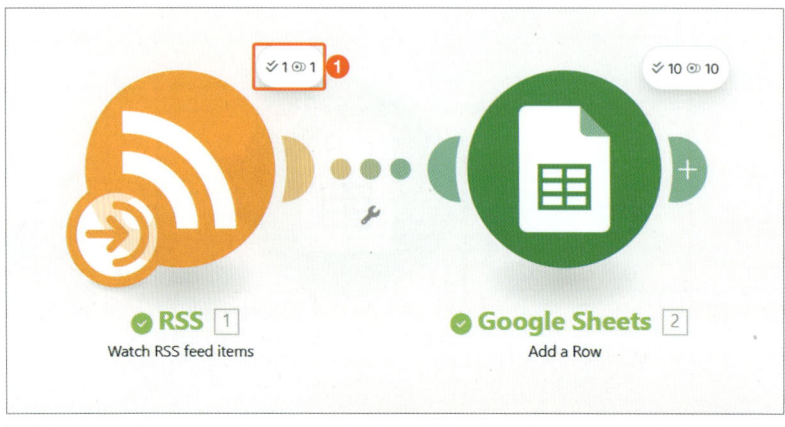

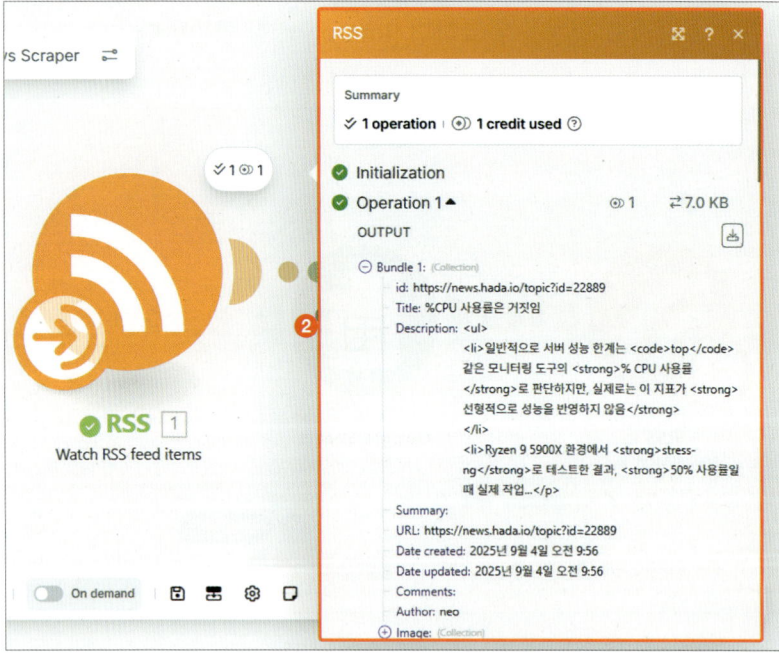

19 구글 시트 모듈의 경우 총 10행을 작업했으므로 10회 작동에, 10크레딧이 소모되었다.

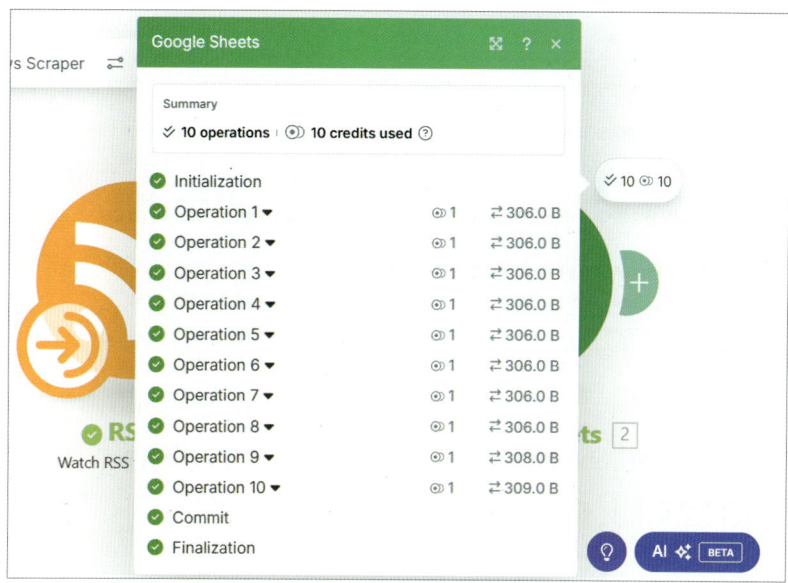

20 구글 시트로 돌아오면 수집된 RSS 피드 정보가 각 열에 알맞게 입력된 것을 확인할 수 있다. 데이터를 보기 편하게 열 너비를 적절하게 조정한다.

21 [본문] 열을 보면 XML의 〈Description〉 태그 안에 포함된 HTML 태그까지 그대로 가져와 내용이 지저분하다. 이 부분을 함수를 사용해 깔끔하게 정리해보자. 우선 기존에 입력된 내용 중 1행을 제외한 나머지 내용은 삭제한다.

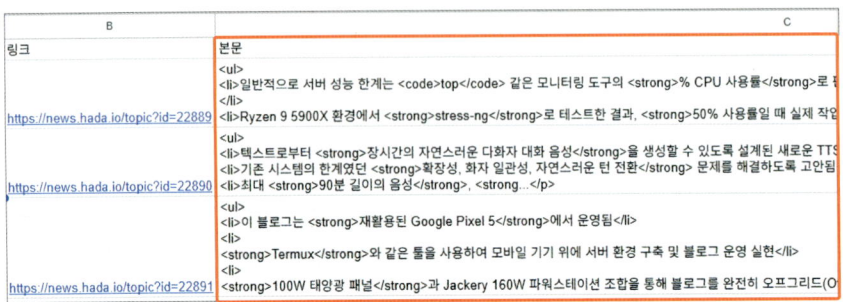

22 구글 시트 모듈 설정의 [본문] 항목에서 기존 내용은 삭제하고 ❶ A 를 클릭한 후 ❷[stripHTML]을 선택한다. ❸해당 함수가 자동으로 입력된다.

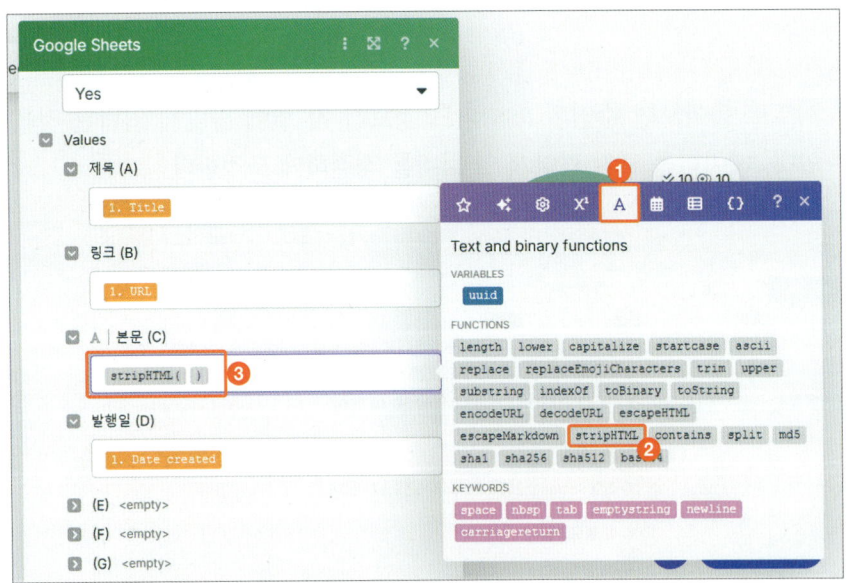

> **TIP** [stripHTML] 함수는 이전 모듈의 아웃풋 값에서 HTML 태그 형태의 모든 텍스트를 제거하는 함수다.

23 ❶☆를 클릭한다. ❷괄호 가운데에 프롬프트를 두고 ❸[Description]을 클릭해 괄호 사이에 입력한 후 ❹[Save]를 클릭한다.

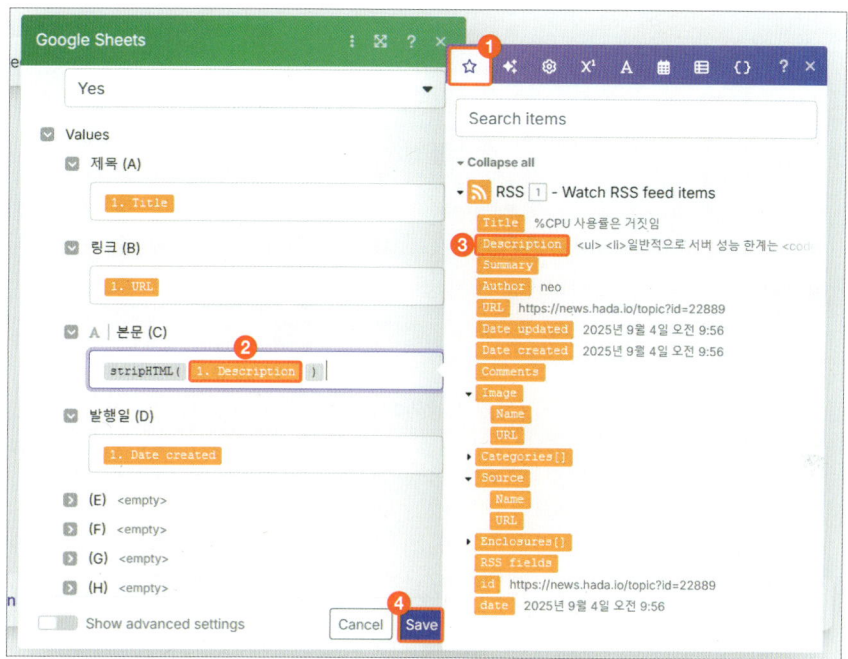

24 ❶[Run once]를 클릭하면 RSS 모듈에서 작업이 종료된다. ❷오른쪽 상단의 모듈 작업 내역을 클릭하면 '새 데이터가 수집되지 않았다'고 표시된다. ❸[Choose where to start]를 클릭하고 다시 [Maximum number of returned items]로 설정한다.

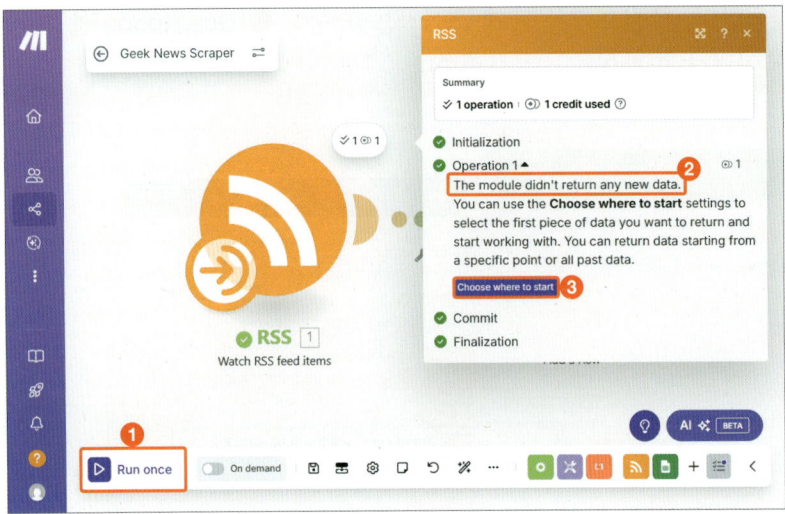

TIP [Choose where to start]가 [From now on]으로 설정된 이유는 앞서 [Maximum number of returned items] 설정으로 모든 데이터를 이미 수집했다고 시스템이 판단했기 때문이다. 따라서 이후 실행에서는 기존 데이터를 제외하고 새로 추가된 데이터부터 수집하도록 자동으로 설정이 변경된 것이다.

25 다시 ①[Run once]를 클릭하면 작업이 완료된다. ②구글 스프레드시트를 확인하면 태그 없이 데이터가 입력된 것을 확인할 수 있다.

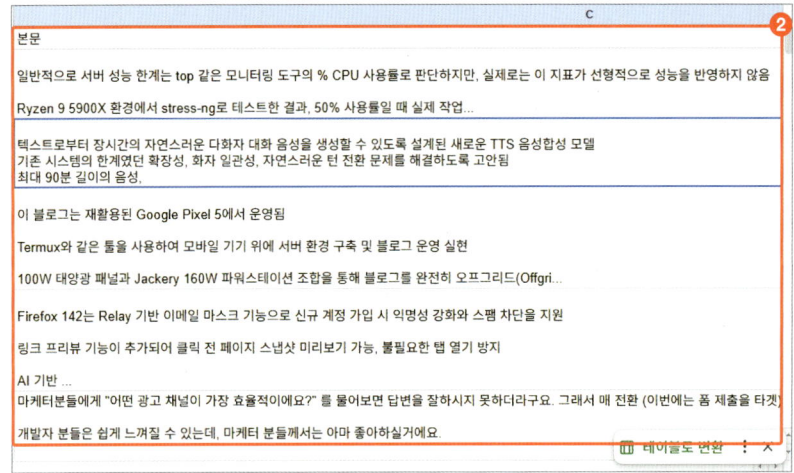

인풋과 아웃풋 개념 이해하기

지금까지 앱과 모듈, 트리거를 설정하면서 간단한 시나리오를 구성하는 방법에 대해 살펴보았다. 자동화 시나리오에서 각 모듈을 연결하는 과정은 곧 데이터의 흐름을 설계하는 과정이다. 이 흐름을 제대로 이해하려면 우선 **인풋(Input)**과 **아웃풋(Output)** 개념을 알아야 한다.

- **인풋 :** 모듈이 어떤 조건에서 무엇을 가지고 일해야 하는지 알려주는 구체적인 임무 지시서다. 모듈 설정창의 빈칸을 채우는 과정이 곧 인풋을 설정하는 과정이다. 특정 키워드를 입력하는 행위는 모듈에게 명확한 임무를 부여하는 것과 같다.
- **아웃풋 :** 모듈이 주어진 인풋을 바탕으로 작업을 수행한 뒤, 그 결과로 생성하는 데이터 묶음을 의미한다. 아웃풋은 종료된 작업의 결과물이자 다음 모듈이 사용할 새로운 재료가 된다.

다음으로 가장 중요한 과정인 **매핑(Mapping)**을 통해 데이터 흐름을 완성한다. 시나리오 화면에서 두 모듈을 선으로 연결한 뒤, 두 번째 모듈의 설정창을 열면 빈 인풋 필드 옆에 이전 모듈이 생성한 아웃풋 데이터 목록이 표시된다. 앞서 진행한 실습에서 RSS 피드로 가져온 데이터를 구글 스프레드시트의 각 열에 연결한 과정이 바로 매핑의 예시이다.

LESSON 02
Make 자동화 시나리오에 AI 적용하기

기본 자동화 시나리오 구성하기

이번에는 실제 사례를 통해 Make의 자동화 시나리오를 명확하게 이해해보자.

보험 가입을 고민하는 잠재 고객이 구글 폼에 인적 사항과 고민 내용을 입력하면, 이를 기반으로 안내 메일을 자동 발송하는 시나리오를 만든다고 가정한다.

첫 번째 모듈은 **구글 폼(Google Forms)**의 **응답 감시(Watch Responses)** 액션이다. 이 모듈은 새로운 응답이 제출될 때마다 시나리오를 실행한다.

> **TIP** 다만 응답 감시(Watch Responses)는 응답이 제출될 때마다 실시간으로 작동하는 트리거가 아니다. 사용자가 직접 실행 주기를 설정해야 하는 '액션'으로 작동한다.

> **TIP** 참고로 Gmail 앱을 사용할 때, 개인 계정보다는 구글 워크스페이스 계정 사용을 권장한다. 개인 계정을 사용할 경우 구글의 개발자용 사이트(Google Cloud Console)에서 API 사용 권한을 등록해야 하는데 그 과정이 복잡하다. 자세한 가이드는 다음 링크에서 확인할 수 있다. https://help.make.com/connect-to-google-services-using-a-custom-oauth-client

응답이 제출된 것을 확인하면 이 모듈은 구글 폼에서 [고객 이름], [이메일 주소], [고민 내용] 등 각 항목에 해당하는 데이터를 아웃풋으로 생성한다.

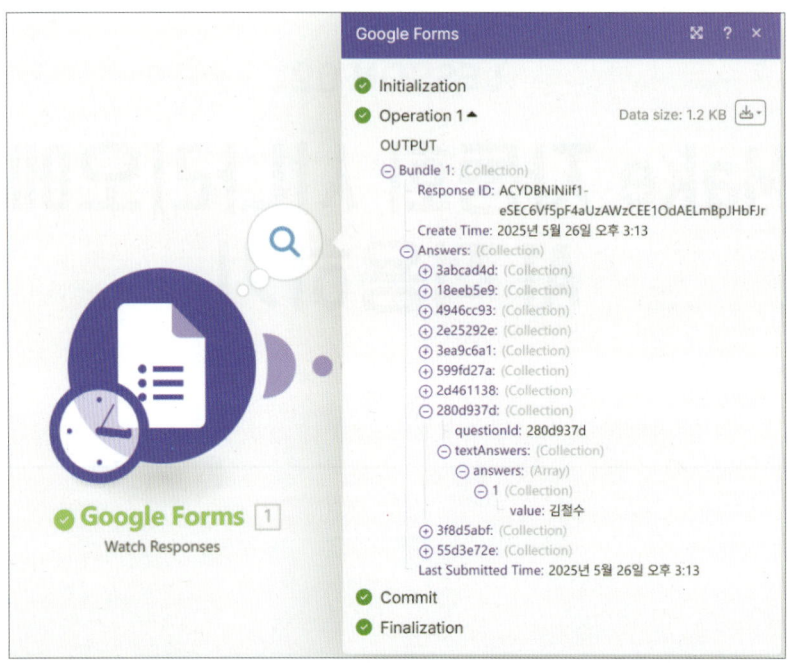

다음으로 **Gmail** 모듈을 추가하고 **이메일 발송(Send an email)** 액션을 선택한다. Gmail 모듈에는 [수신인(To)], [제목(Subject)], [본문(Content)] 등 이메일 발송에 필요한 인풋 필드가 준비되어 있다. 여기서 데이터 매핑이 이루어진다.

예를 들어 Gmail 모듈의 [수신인(to)] 필드에는 구글 폼 모듈이 생성한 [이메일 주소] 아웃풋을 연결하면 된다. [제목(Subject)] 필드에는 **문의에 대한 자동 회신입니다**와 같은 텍스트를 입력할 수 있다. 데이터 매핑 단계에서 이처럼 직접 입력한 텍스트는 고정값으로 처리되고, 이전 모듈의 아웃풋을 연결하면 데이터가 동적으로 반영된다.

> **TIP** 개인화된 메시지를 만들고 싶다면 구글 폼의 [이름] 아웃풋을 활용해 '[이름]님의 문의에 대한 자동 회신입니다'처럼 구성할 수도 있다.

[본문] 필드도 마찬가지로 고정값 데이터를 활용해 작성한다. Gmail 모듈의 이메일 본문은 HTML 형식으로 작성해야 하는데, 줄바꿈 태그인 '〈br〉'만 알아도 충분히 구성할 수 있다.

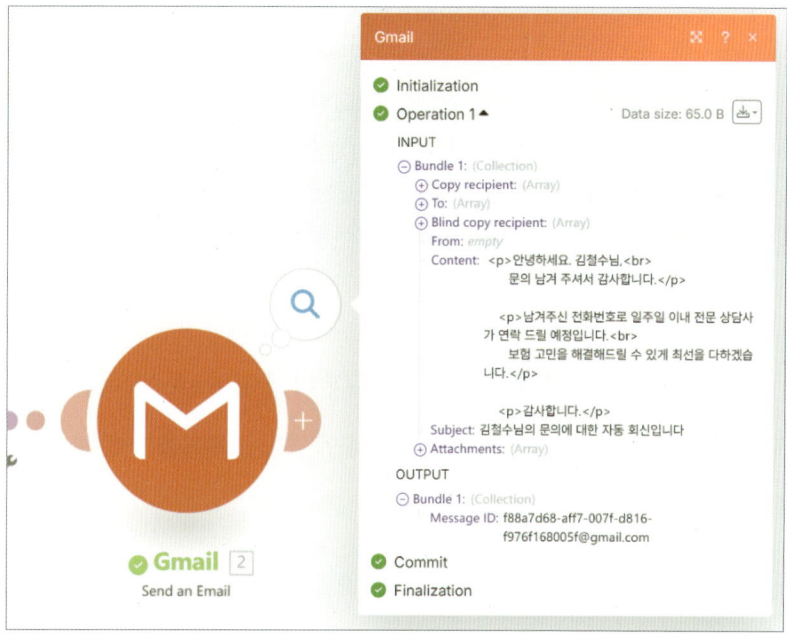

TIP HTML로 본문을 구성하기 어렵다면, ChatGPT에게 메일 본문 내용을 전달하고 HTML 형식으로 변환해 달라고 요청해보자.

ChatGPT 모듈로 시나리오 고도화하기

앞서 만든 기본 시나리오를 바탕으로 더 개인화되고 심층적인 시나리오로 고도화할 수도 있다.

이번에는 구글 폼 모듈 뒤에 **OpenAI(ChatGPT, Whisper, DALL-E)** 앱을 추가하고, **Create a Chat Completion** 액션을 선택한다. 이 모듈은 OpenAI의 API를 활용해 ChatGPT에 프롬프트를 보내고 그에 대한 응답을 받아오는 기능이다.

일잘러의 NOTE OpenAI의 API Key 사용하기

OpenAI 모듈을 사용하려면 API Key가 필요하다. API Key는 다른 도구에서 해당 서비스에 접근할 수 있는 권한을 증명하고, 사용량에 따라 과금하기 위한 인증 수단이다. ChatGPT 계정과 같은 아이디로 OpenAI 개발자 사이트에 로그인하고 [Billing] 메뉴에서 신용카드를 등록하면, [API Keys] 메뉴에서 신규 API Key를 발행할 수 있다.

API 사용 비용은 ChatGPT 구독료와 별도로 청구된다. 예를 들어 GPT 4.1 모델로 1,000자 분량의 글을 생성하면 약 8원 정도가 든다. 실제 비용은 프롬프트 길이와 응답 크기에 따라 달라질 수 있지만, 개인 용도로는 부담이 크지 않으니 OpenAI의 API를 적극 활용해 보자.

발행한 API Key를 입력하면 계정 연결이 완료된다. [Message] 항목은 프롬프트 입력창이다. 일반 ChatGPT와 유사하지만 Make에서는 [Role]을 구분해 설정해야 한다는 점이 다르다.

먼저 첫 번째 [Role]을 [Developer/System]으로 설정해 ChatGPT의 전반적인 역할과 응답 규칙을 설정한다. 그다음 [Add Message]를 클릭해 두 번째 [Massage]의 [Role]을 [User]로 설정한다. 여기에 **구글 폼(Google Forms)** 모듈에서 전달된 아웃풋 데이터를 입력한다.

이번 시나리오에서는 [Developer/System] 메시지로 설문 응답 평가 기준을 설명하고, [User] 메시지로는 구글 설문 아웃풋을 매핑해 작성했다.

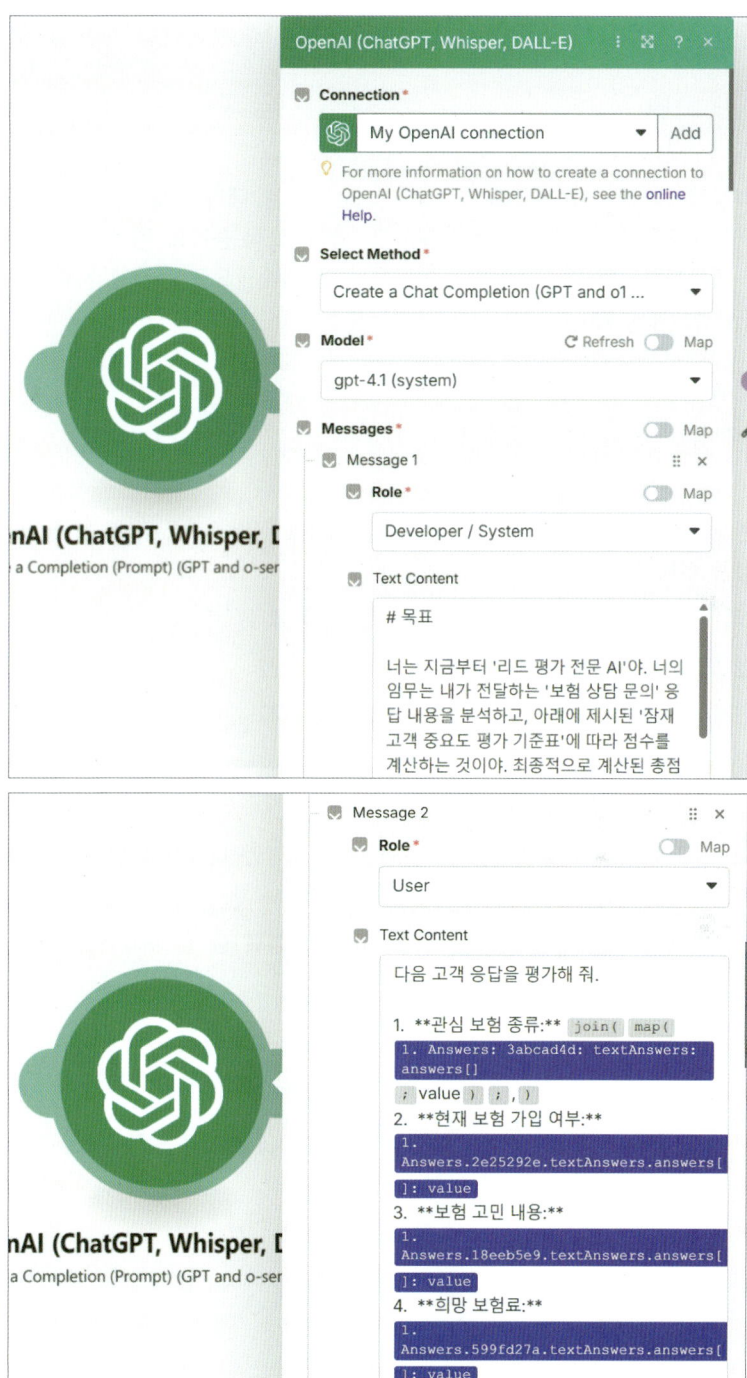

Developer/System Message 프롬프트

목표
너는 지금부터 '리드 평가 전문 AI'야. 너의 임무는 내가 전달하는 '보험 상담 문의' 응답 내용을 분석하고, 아래에 제시된 '잠재 고객 중요도 평가 기준표'에 따라 점수를 계산하는 것이야. 최종적으로 계산된 총점과 중요도 등급을 지정된 JSON 형식으로만 출력해야 해.

잠재 고객 중요도 평가 기준표

평가 항목	평가 기준	점수
1. 관심 보험 종류	종신/정기, 건강/실손, 3대 질병, 연금/저축 등 필요성이 명확한 상품 선택 시	+3
	여러 종류의 보험에 중복으로 관심 표현 시	+2
	'잘 모르겠어요' 선택 시	+1
2. 현재 보험 가입 여부	'아니오, 전혀 없습니다'	+4
	'잘 모르겠습니다'	+2
	'네, 가입되어 있습니다'	+1
3. 보험 고민 내용	결혼, 출산, 은퇴 등 구체적인 라이프 이벤트를 언급하거나 명확한 보장 필요성 표현 시	+5
	기존 보험에 대한 불만(부족한 보장, 비싼 보험료 등)을 구체적으로 작성 시	+4
	'어떤 보험이 필요한지 모르겠다' 등 포괄적인 고민 표현 시	+3
	내용이 매우 짧거나 단순 문의일 경우	+2
4. 희망 보험료	월 20만원 이상 선택 시	+5
	월 10만원 ~ 20만원 선택 시	+3
	'상담 후 결정' 또는 월 10만원 미만 선택 시	+1

최종 중요도 평가
- **높음 : 총점 12점 이상**
- **중간 : 총점 7점 ~ 11점**

- **낮음 : 총점 6점 이하**

출력 형식

너의 답변은 **오직 아래와 같은 JSON 형식**이어야 해. 다른 어떤 설명이나 문장도 추가하지 마. 반드시 JSON 코드 블록으로만 응답해야 한다.

```json
{
 "total_score": [계산된 총합 점수],
 "final_priority": "[계산된 최종 중요도 등급]"
}
```

예시
```json
{
 "total_score": 10
 "final_priority": "중간"
}
```

User Message 프롬프트

다음 고객 응답을 평가해줘.

1. **관심 보험 종류:** {{답변 매핑}}
2. **현재 보험 가입 여부:** {{답변 매핑}}
3. **보험 고민 내용:** {{답변 매핑}}
4. **희망 보험료:** {{답변 매핑}}

ChatGPT 모듈로 잠재 고객을 평가했다면, 설문 응답 결과와 평가 결과를 데이터베이스에 일목요연하게 정리할 수 있다. 인터넷 기반 소프트웨어인 구글 스프레드시트, 노션(Notion), 에어테이블(Airtable) 등 원하는 모듈을 추가해 데이터를 저장하도록 설정한다.

일잘러의 NOTE ChatGPT 답변은 JSON 포맷으로 요청하자

ChatGPT 모듈을 사용할 때 한 가지 추가 팁이 있다면, 답변을 JSON 포맷으로 요청하라는 점이다. JSON 포맷은 프로그램 간에 서로 정보를 주고받을 때 사용하는 간단한 텍스트 형식으로, 마치 사전처럼 "단어(키): 뜻(값)" 쌍으로 데이터를 정리해서 저장하는 방법이다.

예를 들어 이메일 본문 생성처럼 답변 형식이 고정될 필요가 없는 값을 생성할 때는 JSON 포맷으로 요청하지 않아도 된다. 하지만 이 시나리오처럼 잠재 고객의 설문 응답을 기반으로 ChatGPT가 중요도 점수와 등급(예: 높음, 중간, 낮음)을 일정한 구조로 제공해야 하는 경우에는 JSON 포맷으로 요청하는 것이 좋다.

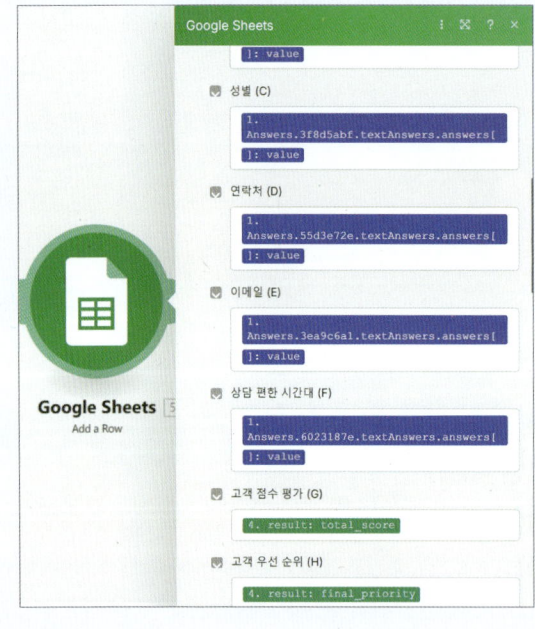

JSON 포맷으로 안정적으로 나오게 하려면 프롬프트에 JSON 포맷으로 출력하라는 지시사항과 함께 JSON 형식의 답변 예시를 제시해야 한다. Make 환경에서도 [Show advanced setting] - [Response Format]을 [JSON Object]로 설정하고, [Parse JSON Response]를 [Yes]로 설정해야 한다. ChatGPT의 응답을 JSON 포맷으로 받아야 이후 단계에서 데이터 매핑이 쉬워지고 전체 자동화 시나리오가 안정적으로 작동한다.

답변 처리 과정 세분화하기

기존 시나리오에서는 모든 응답자에게 자동 답변이 이메일로 발송되었다. 그러나 이를 더 세분화해 고객의 중요도에 따라 차별화된 대응 시나리오를 구성할 수 있다. 예를 들어 중요도가 '높음'인 고객만 선별해 추가 문자 안내를 보내, 중요한 고객에게 보다 적극적으로 대응할 수 있다.

SMS 문자나 카카오톡 알림톡은 Solapi(솔라피) 앱을 통해 발송할 수 있다. 구글 설문에서 수집한 전화번호를 수신자로 설정하면 된다. Solapi를 사용하려면 웹사이트[4]에서 미리 회원 가입을 하고 발송용 전화번호를 인증해야 한다.

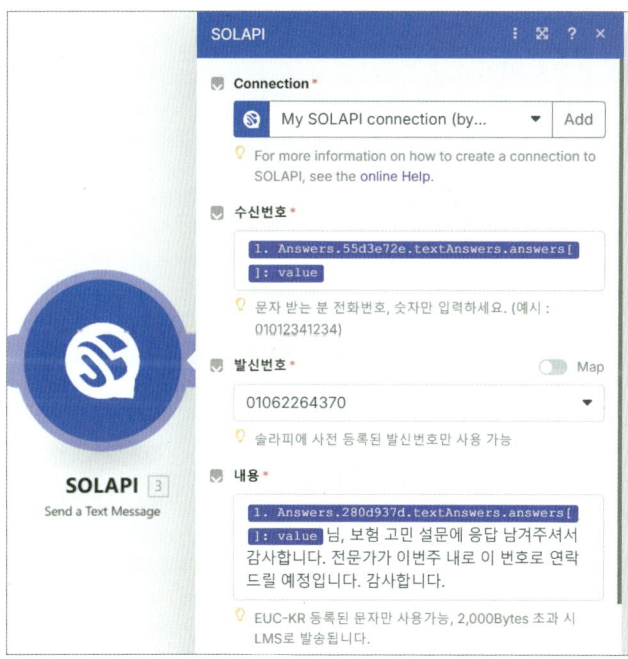

수신 전화번호는 '01000000000' 형식을 준수해야 한다. 전화번호 형식은 ChatGPT 모듈이나 Make 내장 함수를 활용해 변환할 수 있다. 또는 입력 시 올바른 형식으로 안내하는 것도 방법이다.

---

4 https://solapi.com/

각 모듈은 점선으로 연결되어 있으며 이 연결 순서대로 자동화 시나리오가 동작한다. 이전 모듈의 아웃풋이 생성되어야 다음 모듈에서 인풋으로 사용할 수 있으므로 모듈의 순서가 중요하다. 또한 각 연결선에는 필터 기능이 있어 조건에 따라 이후 모듈의 실행 여부를 결정할 수 있다. Gmail과 Solapi 모듈 사이에 필터를 걸어 고객 우선순위가 '높음'일 때만 문자가 발송되도록 설정한다.

완성된 시나리오 확인하기

완성된 시나리오는 다음과 같이 동작한다.

① 구글 폼에 새로운 응답이 감지되면(트리거),
② ChatGPT가 응답 기반으로 고객을 평가하고,
③ 구글 스프레드시트에 고객 정보를 기록하고,
④ 안내 이메일을 보내고,
⑤ 우선순위 '높음' 고객만 필터링해 문자를 발송한다.

이 모든 과정을 Make로 자동화할 수 있다.

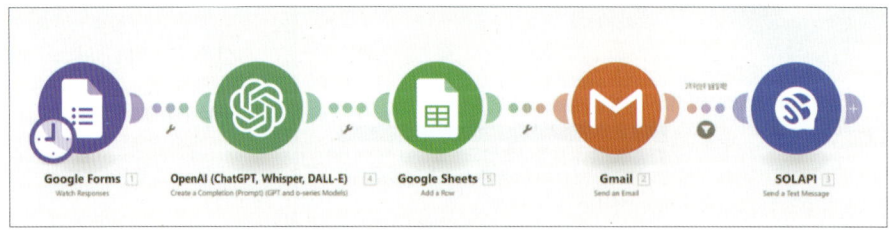

일잘러의 NOTE — Make의 하단 메뉴 활용하기

Make의 하단 메뉴에서 주로 사용하는 기능은 [저장(Save)], [오토-얼라인(Auto-align)], [더보기(More)] - [블루프린트(Blueprint)]다. 시나리오를 작성할 때는 저장 기능을 활용해 수시로 저장하는 것이 좋다. 고도화된 시나리오를 구성하다 보면 앱을 연결하다 시나리오 구성이 복잡해 보일 때가 있는데, 이럴 때 오토-얼라인 기능을 사용하면 일목요연하게 정리된다.

블루프린트(청사진) 기능을 활용하면 현재 시나리오를 JSON 형태로 추출하거나 다른 블루프린트를 가져올 수 있다. 특히 JSON으로 추출한 블루프린트를 ChatGPT나 Claude와 같은 LLM에 첨부하고 문제 지점을 질문해보자. 꽤 구체적이고 명쾌한 답을 얻을 수 있다.

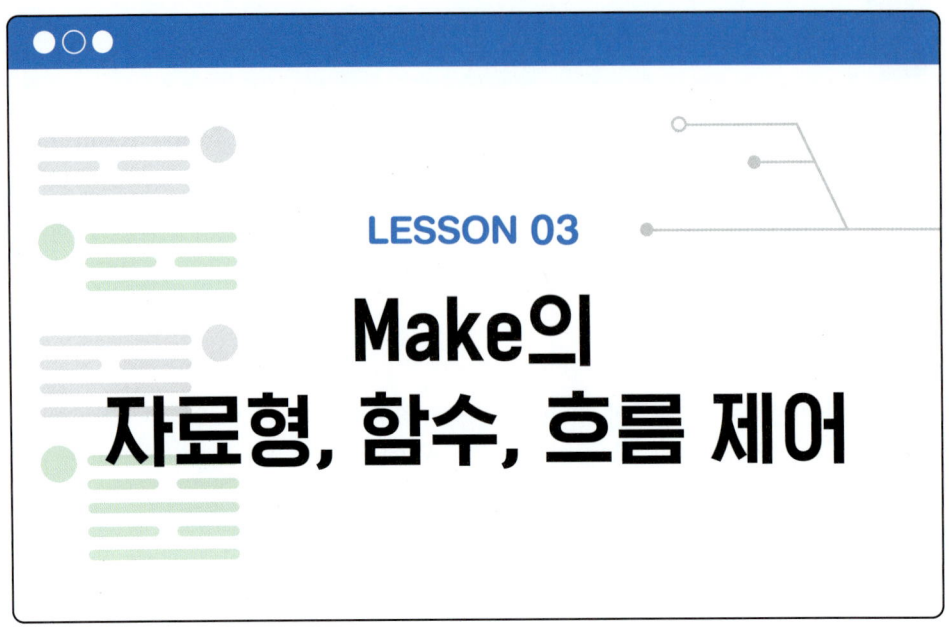

자료형과 함수 이해하기

앞서 살펴본 예시에서 알 수 있듯이, Make로 여러 모듈을 연결한다는 것은 결국 각 앱이 데이터를 주고받으며 원하는 결과를 만들어내는 과정이다. 이때 앱 사이에 데이터 저장 형식이 달라 소통이 안 되는 경우가 종종 발생한다.

구글 설문으로 받은 전화번호 형식이 맞지 않거나 모듈 간 날짜 형식이 호환되지 않는 경우가 이에 해당한다. 이런 앱 사이의 소통 문제를 해결하려면 자료형을 이해하고 이를 적절히 변환하는 함수나 흐름 제어 개념을 알아야 한다. 먼저 가장 기본이 되는 텍스트, 숫자, 날짜 자료형에 대해 알아보자.

 이번 LESSON 03의 내용을 모두 한 번에 완벽히 이해하려고 할 필요는 없다. 우선 쭉 읽어보면서 이해가 안 되는 부분은 표시해두었다가, 나중에 직접 자동화 시나리오를 만들 때 다시 참고하면 훨씬 쉽게 이해할 수 있다.

가장 기초적인 텍스트 자료형

텍스트 자료형은 이름, 이메일, 주소 같은 단일 텍스트부터 여러 문단으로 이루어진 텍스트까지 모두 포함한다. 구글 설문에서 기본 정보를 입력받거나 이메일 본문을 구글 시트에 업데이트하는 상황을 떠올리면 이해하기 쉽다.

텍스트 형식이 맞지 않으면 매핑 단계에서 [Text and binary functions] 기능을 활용해 형식을 변환할 수 있다. 특정 문자를 추출하거나(substring) 대체하거나(replace) HTML 인코딩/디코딩하는(encodeURL/decodeURL) 등 다양한 텍스트 조작이 가능하다. 앞서 실습해본 stripHTML 함수도 여기에 포함된다.

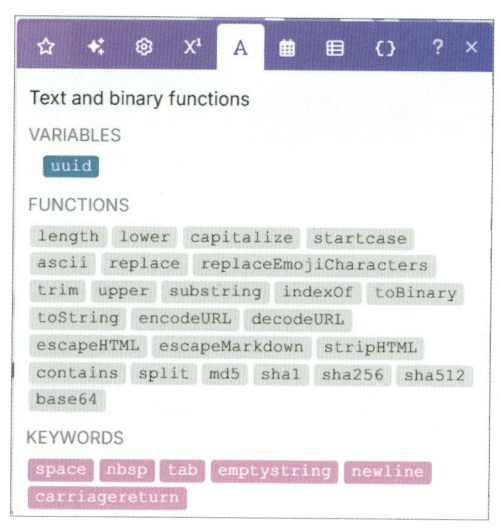

숫자 자료형

숫자 자료형은 정수나 소수 형태의 수치 데이터다. 대표적으로 금액, 수량, 점수 등 계산 가능한 값이 여기에 포함된다. 숫자 자료형은 매핑 단계에서 [Math functions] 기능을 활용해 계산하거나 형식을 변환할 수 있다. 사칙 연산뿐 아니라 반올림(round), 올림(ceil), 내림(floor)이 가능하고, 숫자 형식 변환(formatNumber)도 수행할 수 있다.

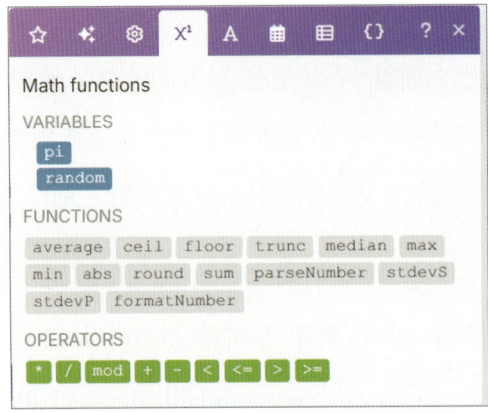

TIP 숫자 형식 변환이란 엑셀의 '표시 형식' 기능처럼 '10000'으로 입력된 숫자를 '10,000'과 같은 형태로 표시하는 것을 의미한다.

날짜 자료형

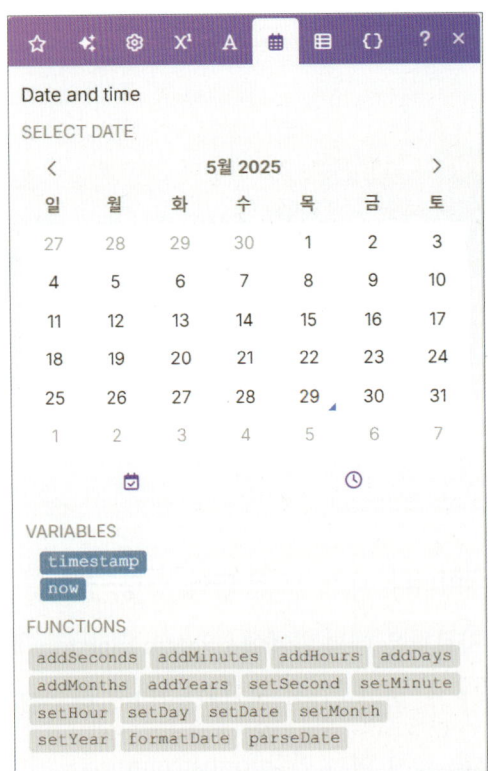

날짜 형식 데이터도 자동화 과정에서 자주 쓰인다. 예를 들어 설문 입력 시간, 자동화 동작 시간 등을 기록하거나 이를 기준으로 시나리오를 분기할 때 사용한다. [Date and time] 기능을 사용하면 매핑 단계에서 제어할 수 있다.

현재 시간(now)을 원하는 포맷으로 변경하는(formatDate) 함수를 가장 많이 사용하고, 일/시간/분/초를 더하거나 빼는 시간 계산도 수행할 수 있다.

함수

함수는 앱 간 데이터를 교환할 때 자주 사용한다. 처음에는 다소 어렵게 느껴질 수 있지만, Make에서는 함수 선택 시 가이드를 함께 제공하므로 초보자도 충분히 활용할 수 있다. 가이드를 참고하거나 ChatGPT에게 물어보면 된다.

현재 문제 상황을 구체적으로 설명하고 함수(FUNCTIONs) 후보 화면을 캡처해 함께 제공하면 훨씬 정확한 답을 얻을 수 있다.

함수를 사용할 때 주의할 점은 인수 구분을 세미콜론(;)으로 한다는 점, 연산 기호 (+, −, *, /, =)도 타이핑하지 말고 목록에서 선택해야 한다는 점이다. 또한 엑셀 함수와 문법이 다르니 Make 함수 요건에 맞춰 작성해야 한다.

TIP 익숙하지 않은 도구를 사용할 때는 화면을 캡처해 ChatGPT에게 가이드를 요청하는 습관을 들이는 것이 좋다.

Make의 복잡한 데이터 처리 이해하기

자동화 과정에서 비개발자들이 어려워하는 부분은 단일 값이 아닌 여러 값이 세트로 들어오는 경우다. 이메일 첨부 파일이 여러 개이거나 구글 시트에서 한 행이 세트로 들어오거나 조건에 맞는 여러 행이 세트로 묶여 있는 경우가 그렇다.

이처럼 데이터 세트 형태의 입력을 처리하는 일은 비개발자에게 특히 까다롭게 느껴진다. ChatGPT에게 물어보며 자동화를 설정하는 것이 최선이지만, 몇 가지 핵심 개념만 이해한다면 시행착오를 크게 줄여 훨씬 쉽게 대처할 수 있다.

Make의 데이터 구조

Make의 인풋과 아웃풋 데이터는 주로 이름표(Key)와 값(Value)의 쌍으로 구성된다. 예를 들어 { "이름": "홍길동", "나이": 30 } 형태로 데이터가 들어오면 '이름'

과 '홍길동'이 하나의 세트가 되고, '나이'와 '30'이 또 하나의 세트가 된다.

이런 정보 덩어리를 컬렉션(Collection)이라 부른다. 컬렉션 안에는 텍스트나 숫자처럼 단일 값이 들어갈 수도 있고 또 다른 컬렉션이 중첩되어 포함될 수도 있다.

TIP 일반적인 프로그래밍에서 객체(Object)라 부르는 개념을 Make에서는 컬렉션이라 한다.

컬렉션이 하나 이상으로 묶여 한 번의 모듈 동작(크레딧)을 통해서 전달되는 것을 앞서 설명한 번들(Bundle)이라 이해하면 된다.

배열

배열(Array)은 복잡한 자동화 시나리오를 구성할 때 필수적이지만 많은 사용자가 가장 헷갈려 하는 개념이다. 배열은 여러 데이터를 순서대로 줄 세워 놓은 목록이다. 보통 대괄호([ ])로 감싼 형태로 표현하며, 쇼핑 목록이나 대기자 명단처럼 순서가 있는 리스트다.

배열 안에는 ["사과", "바나나", "딸기"]처럼 단순한 텍스트나 숫자가 들어갈 수도 있고 [{"이름": "김민수", "나이": 24}, {"이름": "최지수", "나이": 12}]처럼 여러 개의 컬렉션이 들어갈 수도 있다.

이때 컬렉션과 배열의 차이를 명확히 구분해야 한다. 컬렉션이 속성 정보가 담긴 '명함 한 장'이라면, 배열은 여러 값을 순서대로 모아놓은 '목록' 또는 '명함첩'이다. 따라서 여러 개의 명함이 모인 구조를 표현할 때는 '컬렉션의 배열(Array of Collections)'이라고 부르는 것이 Make에서의 정확한 개념이다.

배열을 처리하는 Make 함수도 있다. 배열의 각 항목에 함수를 적용(map)하거나 항목을 문자열로 결합(join)하거나("사과", "바나나" → "사과, 바나나") 특정 항목의 위치를 찾는(indexOf) 등의 처리가 가능하다.

작업 처리의 기본 단위, 번들

자동화의 처리 단위이자 기본 개념인 번들은 컬렉션이나 배열과 혼동하기 쉽다. 번들은 마치 컨베이어 벨트 위를 지나가는 '작업 상자 한 개'와 같다.

시나리오에 여러 컬렉션이 담긴 배열이 입력되면, Make는 이를 자동으로 풀어 '번들'이라는 작업 상자에 컬렉션을 한 개씩 담아 순서대로 처리한다. 각 번들에 대해서는 동일한 작업을 반복 수행한다.

> **TIP** 시나리오에 고객 명함 10장이 든 명함첩(배열)이 입력되면 Make가 자동으로 명함첩(배열)을 열어 번들에 명함(컬렉션)을 한 개씩 넣는다고 생각하면 편하다. 앞서 진행한 RSS 피드 실습에서도 같은 원리가 적용되었다. RSS로 수집한 10개의 기사 목록이 배열에 해당하며, Make는 이를 열어 각 기사를 한 행씩 컬렉션 단위로 구글 스프레드시트에 입력한 것이다.

컬렉션과 배열은 Make에서 데이터를 저장하는 방식이고 **번들은 저장된 데이터를 처리하는 동작 단위**다. Make의 모든 자동화 처리는 번들 단위로 이루어진다는 점만 기억하면 된다.

기본적으로 하나의 모듈에서 하나의 번들 안에는 하나의 컬렉션이 들어 있는 것이 일반적이다. 이 경우 컬렉션 안의 세부 데이터를 필요에 따라 꺼내 쓰면 되므로 구조가 간단하다.

모듈의 아웃풋이 여러 묶음의 배열로 나오면 Make는 이를 자동으로 여러 번들로 나누어 처리한다. 하나의 모듈에서 여러 오퍼레이션이 발생하는 이유가 바로 여기에 있다. 이러한 작업은 Make가 자동으로 처리하므로 크게 어렵지 않다.

다만 헷갈리기 쉬운 경우는 아웃풋의 컬렉션 안에 배열이 포함되어 있고, 이 배열의 각 항목별로 자동화 처리가 필요한 상황이다. 예를 들어 구글 캘린더 이벤트 컬렉션을 불러올 때 참석자는 'attendees'라는 배열로 들어온다. 이때 각 참석자에게 메시지(팀즈 DM)를 보내려면 **Iterator** 모듈을 사용해야 한다. Iterator는 컬렉션 안의 배열을 탐색하고 각 항목을 새로운 번들로 분리하는 역할을 한다.

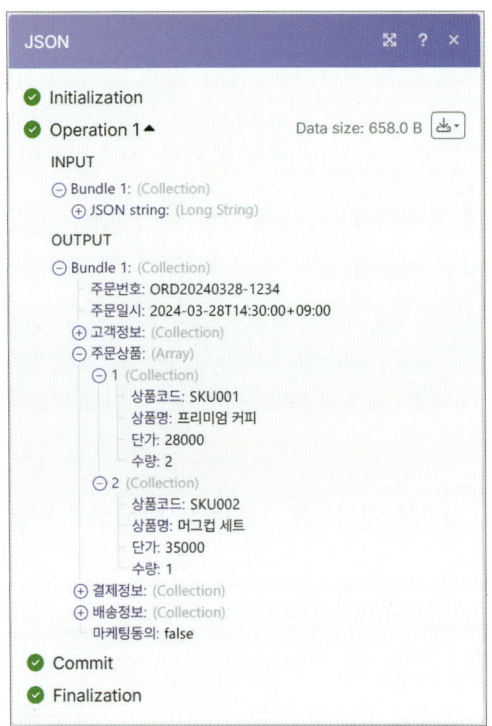

흐름 제어 모듈 활용하기

컬렉션과 배열, 번들에 대한 기본 개념만 이해하면 흐름 제어(Flow Control) 모듈을 이용해 훨씬 복잡한 시나리오도 만들 수 있다. 모든 개념을 완벽히 이해하지 않아도 괜찮다. 어차피 Make는 데이터가 컬렉션인지 배열인지 보여주고 번들 단위로 어떻게 처리되는지 표시해준다. 실제 시나리오를 구성하면서 데이터를 직접 다루다 보면 금방 익숙해진다.

외부 시스템에서 전달받은 데이터는 처음에는 Make가 바로 인식하지 못하는 단순 텍스트 형태로 들어오는 경우가 많다. **Parse JSON** 모듈은 텍스트로 된 JSON 문서를 읽어 Make가 활용할 수 있는 컬렉션과 배열로 변환한다. 즉, 단순한 텍스트를 의미 있는 데이터 구조로 변환하는 번역기처럼 작동한다.

> **TIP** JSON은 데이터를 구조화해서 저장하고 전달하는 형식으로, 일반적인 개발 환경에서 데이터를 전달할 때 널리 쓰는 포맷이다. 외부 시스템에서 받은 데이터가 통째로 하나의 문자열로 들어오는 경우, Make에서는 이를 컬렉션이나 배열 형식으로 변환하기 위해 '파싱(Parse)'이라는 처리 과정을 거친다.

Parse JSON 모듈은 ChatGPT로부터 복잡한 자료를 받거나 외부 API로 정보를 받을 때 유용하게 사용된다. 복잡한 데이터를 처리할 때 JSON 구조가 잘 분리되어 있다면, 이후 모듈에서 각 항목을 매핑해 쉽게 활용할 수 있다.

이제 **Iterator, Array aggregator, Router**와 같은 흐름 제어 모듈의 역할을 이해해보자. Make에서 데이터 처리의 핵심은 번들의 분리와 통합이다. 자동으로 번들로 분리되지 않을 때 **Iterator** 모듈을 사용해야 한다.

Iterator는 배열을 여러 번들로 분리하는 역할을 한다. Iterator에 입력되는 값은 반드시 배열이어야 하며, 배열의 각 항목마다 자동화를 반복 실행한다. 즉, 하나의 배열이 들어오면 각 요소별로 개별 번들이 생성되어 순차적으로 처리된다. Iterator의 결과를 보면 입력된 배열이 여러 번들로 쪼개져 있는 것을 확인할 수 있다.

Array aggregator는 Iterator와 반대 개념이다. 여러 개의 번들을 하나의 배열로 합쳐주는 역할을 한다. 현재 번들이 10개일 때, 각 번들을 개별적으로 수정하면 10번의 오퍼레이션이 발생한다. 이럴 때 Array aggregator를 사용하면 여러 번들을 하나의 배열로 묶어 한 번에 처리할 수 있다.

Router는 조건부 분기를 담당하는 핵심 모듈이다. 하나의 번들이 들어오면 설정된 조건에 따라 서로 다른 경로로 데이터를 보내는 역할을 한다. 각 경로마다 필터 조건을 설정할 수 있으며, 조건에 맞지 않으면 해당 경로로는 데이터가 흐르지 않는다. 예를 들어, Router를 통해 'VIP 고객은 문자 메시지로, 일반 고객은 이메일로' 같은 조건부 처리가 가능하다.

Iterator, Array aggregator, Router, 세 모듈을 조합하면 복잡한 데이터 흐름도 체계적으로 제어할 수 있다.

발주 신청 자동화 구상하기

앞에서 살펴본 Make의 복잡한 개념들은 실제 시나리오 구성 사례를 통해 확인하면 훨씬 쉽게 이해할 수 있다.

이번에는 가상의 발주 신청서를 예로 들어, 발주 신청이 들어오면 품목별로 나눠 구글 시트에 기록하는 시나리오와 하루에 한 번 발주 내역을 종합해 담당자에게 이메일을 보내는 시나리오를 만들어보겠다.

보통 이런 양식에는 하나의 신청 폼에 여러 품목에 대한 발주 신청이 들어 있다. 이런 신청 내역을 시트에 기록할 때는 각 품목별로 행을 나눠 한 행에 한 개 품목씩 기록해야 한다. 이때 하나의 배열을 여러 개의 번들로 분리하는 **Iterator** 모듈을 사용한다.

반대로 하루 동안 접수된 여러 발주 신청 내역을 종합할 때는 시트의 여러 행을 묶어 하나의 작업으로 처리해야 하므로, 번들을 배열로 묶는 **Array aggregator** 모둘을 사용해야 한다. 이번 사례를 통해 컬렉션, 배열, 번들의 개념을 명확히 이해할 수 있을 것이다.

배열 데이터 전처리하기

구글 설문 폼을 통해 발주 신청이 들어온다고 가정해보자. 응답이 한 번 들어올 때마다 '매장명'과 '담당자 이름' 등은 단일한 텍스트 값으로 들어오지만, 발주 상품 목록은 여러 개의 값이 배열(Array) 형태로 들어온다.

배열을 통째로 하나의 데이터로 매핑하려면, 즉 배열의 모든 값을 하나의 셀 안에 넣으려면 answer[](값에 [] 표시가 있는 것이 배열)를 선택하면 된다. 이 경우 시나리오를 실행하면 {"value":"A4 복사용지(500매)"}, {"value":"스테이플러"} 같은 식으로 값이 입력된다. 배열 형식 그대로 값이 매핑되는 것이다.

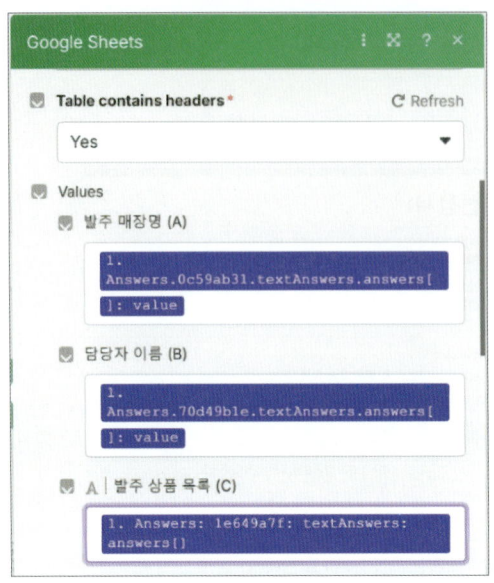

이 배열의 값에서 불필요한 부분을 제거하고 깔끔하게 콤마(,)로 연결된 텍스트로 변환하고자 한다. 이러한 작업은 매핑 단계에서 인풋 데이터를 정제하는 Make의 함수 기능을 통해 수행할 수 있다.

> **TIP** Make의 함수는 엑셀 함수와 유사하면서도 다른 부분이 많다. 이 책에서는 모든 함수를 설명하지 않는다. 특정 문제 상황이 발생했을 때, ChatGPT에게 상황을 설명하고 필요한 Make 함수를 요청하는 방식으로 활용하는 것을 권장한다.

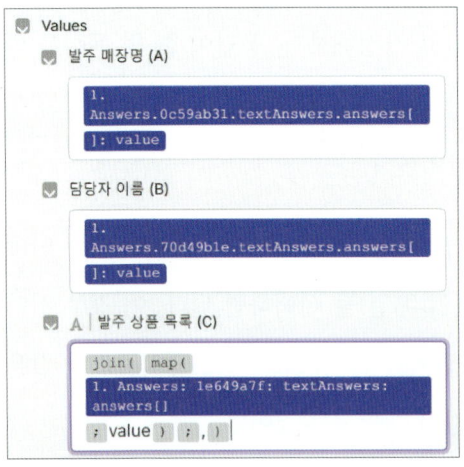

이 경우 `join(map(answer[]; value); ,)` 같은 배열 함수를 사용하면 **A4 복사용지(500매), 스테이플러** 같이 배열에서 필요한 텍스트만 빼내어 콤마(,)로 연결된 텍스트로 만들어준다.

지금 설정한 시나리오는 새로운 구글 설문 응답이 들어올 때마다 지정한 구글 시트에 한 행을 기록하는 구조다. 즉, 번들(Bundle) 하나가 인풋으로 들어와 하나의 아웃풋으로 매핑되는 간단한 시나리오다.

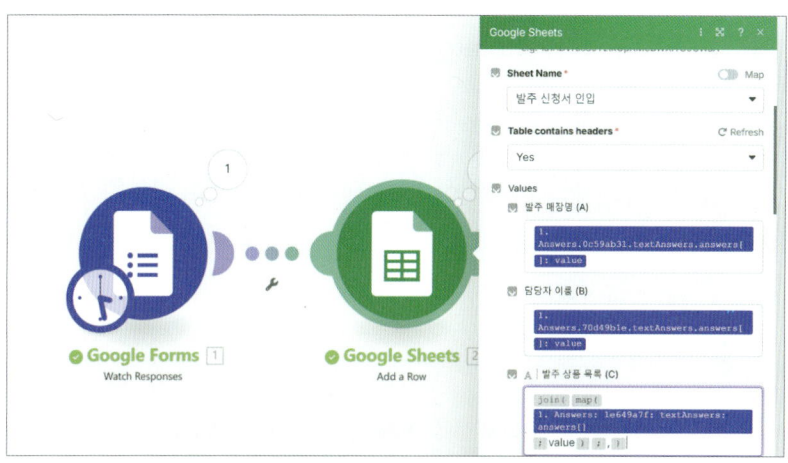

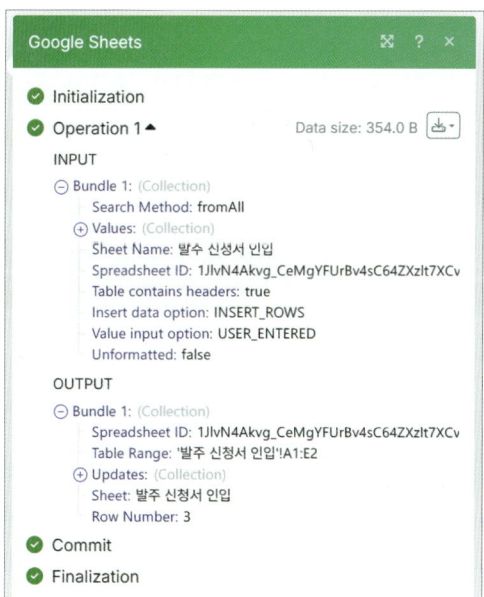

Iterator로 배열 처리하기

이번에는 발주 신청된 각 상품을 개별 행에 나누어 기록하는 시나리오를 구성해보자. 하나의 인풋 번들에서 여러 행에 데이터를 기록해야 하는 상황이므로, 하나의 배열을 여러 번들로 분리하는 **Iterator** 흐름 제어 모듈이 필요하다.

Iterator 모듈에서 인풋 배열로 발주 상품 목록이 들어오는 배열 값을 선택한다. 그 다음 구글 시트에 기록하는 모듈에서 Iterator로 쪼갠 배열 내부의 값을 선택하면 배열의 각 값이 각 행으로 나뉘어 동작한다. 즉, 발주 신청한 상품의 개수만큼 구글 시트에 새로운 행이 생성된다.

> **TIP** 배열로 들어온 데이터를 항목별로 나누어 자동화 처리해야 할 때, 예를 들면 설문 폼으로 담당자 정보가 한 번에 입력되었지만 담당자가 총 세 명이라 각각에게 모두 이메일을 보내야 하는 상황에서도 Iterator를 사용하면 된다. Iterator는 매우 자주 사용하는 모듈이므로 정확히 이해하고 사용하려면 배열과 번들의 차이를 명확히 구분할 수 있어야 한다.

이렇게 설정하면 하나의 구글 설문 응답이 들어올 때마다 발주 신청된 상품별로 각 행으로 나뉘어 구글 시트에 정리된다.

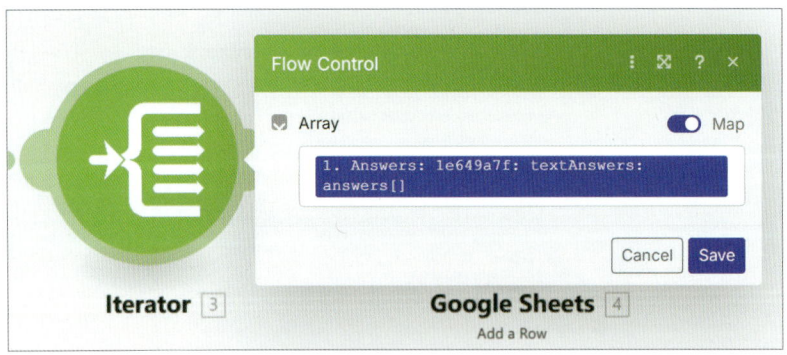

Array aggregator로 번들 통합하기

반대로 여러 번들을 모아 하나의 동작만 수행하도록 하는 **Array aggregator** 모듈을 알아보자. 이번에는 발주 신청된 물품 리스트 중 발주 완료된 물품들을 구글 시트에서 체크하면, 해당 물품들이 발주 처리되었다는 것을 담당자에게 하나의 이메일로 알려주는 시나리오다.

TIP 지금 구성하는 시나리오는 앞서 구글 폼에서 받은 신청 품목을 구글 스프레드시트에 기록하는 것과는 별개의 시나리오다.

발주 신청 품목이 여섯 개가 있다고 가정해보자. 이 중에서 발주 처리가 완료된 품목에 체크 표시하면, 체크한 품목을 모두 확인해 하나의 알림 이메일로 정리해 담당자에게 보내는 것이 목표다.

발주 매장명	담당자 이메일	발주할 상품	발주 신청 시간	발주 완료	알림 완료
강남점	byungjun.jang89	A4 복사용지 (500매)	2025-06-07 4:00:17	✓	☐
강남점	byungjun.jang89	스테이플러	2025-06-07 4:00:17	✓	☐
강남점	byungjun.jang89	스테이플러 심 (1000개입)	2025-06-07 4:00:17	✓	☐
강남점	byungjun.jang89	유선 광마우스	2025-06-07 4:00:17	✓	☐
강남점	byungjun.jang89	5구 멀티탭 (1.5m)	2025-06-07 4:00:17	✓	☐
강남점	byungjun.jang89	C타입 고속 충전 케이블	2025-06-07 4:00:17	✓	☐

만약 Array aggregator를 사용하지 않으면 물품 리스트의 각 품목이 개별 번들로 인식되어 이메일이 여러 번(여기에서는 여섯 번) 발송되는 문제가 생긴다.

발송 오퍼레이션이 많이 발생해 자동화 비용이 낭비되는 것도 문제지만, 담당자 입장에서도 매번 품목마다 알림을 받게 되어 업무 피로도가 높아진다. 따라서 당일 발주 처리가 완료된 물품들을 정리해 하나의 이메일로 알리는 것이 훨씬 효과적이다.

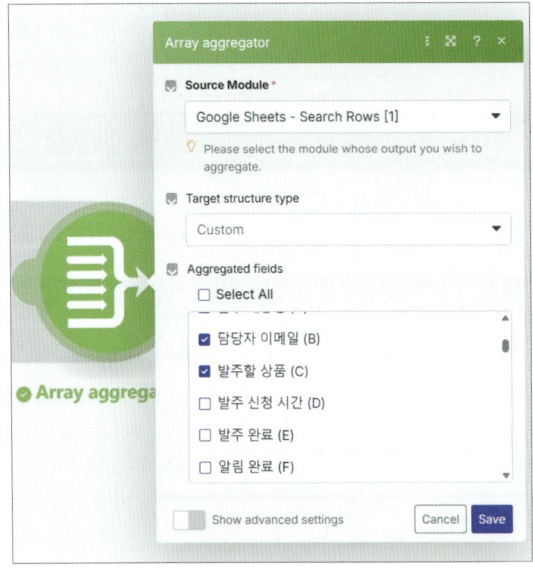

구글 시트의 **Search Rows** 액션을 통해 발주 완료된 품목 리스트를 검색한다. 여기서는 **여섯 개 품목이 발주 완료되었으므로 여섯 개의 번들**이 생긴다. 이 **여섯 개의 번들을 Array aggregator로 하나로 합치면 물품 리스트가 하나의 배열**이 된다. 이 배열의 내용을 이메일 본문에 매핑하면 담당자에게 정리해 한번에 알려줄 수 있다.

Array aggregator 모듈을 설정할 때는 [Source Module]에서 데이터를 받을 이전 모듈을 선택한다. 이전 모듈에서 선택된 데이터는 자동으로 배열 형태로 변환된다. 이렇게 생성된 배열은 다음 모듈부터는 하나의 단일 데이터 덩어리로 처리되며 원하는 방식으로 자유롭게 활용할 수 있다.

두 개 이상의 데이터를 선택하면 선택한 순서대로 1, 2, 3과 같은 키(key)가 자동으로 부여되어 배열이 만들어진다. 이 배열에서 특정 위치의 값만 뽑아 새로운 텍스트로 만들 때는 Make의 함수를 `join(map(answer[]; 2); ,)` 같은 식으로 쓰면 된다. 그러면 배열에서 두 번째 항목만 뽑아내어 서울시 강남구, 부산시 해운대구, 대구시 중구 같은 형태의 텍스트를 출력한다.

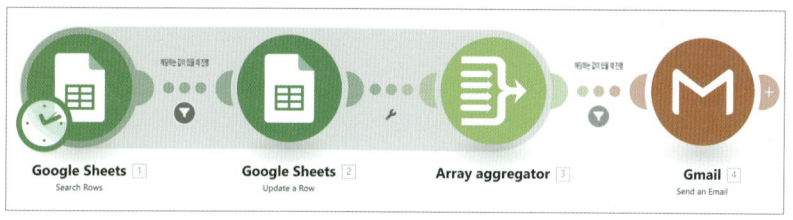

일잘러의 NOTE 중복된 알림 발송을 막는 실용적인 팁

이번 시나리오에서 사용한 구글 시트를 살펴보면 [알림 완료]라는 열이 있다. Array aggregator 모듈로 번들을 하나의 배열로 합치기 전에, 조건에 맞는 모든 행에 대해 Update a Row 액션을 수행해 '이메일을 보냈다'는 기록을 남기기 위해 추가한 것이다.

발주 매장명	담당자 이메일	발주할 상품	발주 신청 시간	발주 완료	알림 완료
강남점	byungjun.jang89	A4 복사용지 (500매)	2025-06-07 4:00:17	✓	☐
강남점	byungjun.jang89	스테이플러	2025-06-07 4:00:17	✓	☐
강남점	byungjun.jang89	스테이플러 심 (1000개입)	2025-06-07 4:00:17	✓	☐
강남점	byungjun.jang89	유선 광마우스	2025-06-07 4:00:17	✓	☐
강남점	byungjun.jang89	5구 멀티탭 (1.5m)	2025-06-07 4:00:17	✓	☐
강남점	byungjun.jang89	C타입 고속 충전 케이블	2025-06-07 4:00:17	✓	☐

이렇게 이메일을 이미 보낸 항목에 '알림 완료' 표시를 남겨두면, 다음 번 이메일을 보낼 때 필터링을 통해 중복된 알림 이메일 발송을 방지할 수 있다.

기본 자료형과 함수, 흐름 제어 모듈에 대한 이해만으로도 복잡한 자동화 시나리오를 충분히 만들 수 있다. 개념적으로는 다소 어렵게 느껴질 수 있지만, 실제로 자동화를 시도하면서 시행착오를 겪다 보면 자연스럽게 실력이 향상된다.

잘 되지 않는 부분이 있다면 스크린샷이나 다운로드한 블루프린트를 첨부해 ChatGPT에 도움을 요청하면 된다. 너무 어렵게 생각하지 말고 일단 자동화 시나리오 설정을 시작해보길 바란다. 자료형이나 함수, 배열, 번들과 관련해 막히는 부분이 생기면 이번 LESSON을 다시 읽어보자. 훨씬 명확하게 이해할 수 있을 것이다.

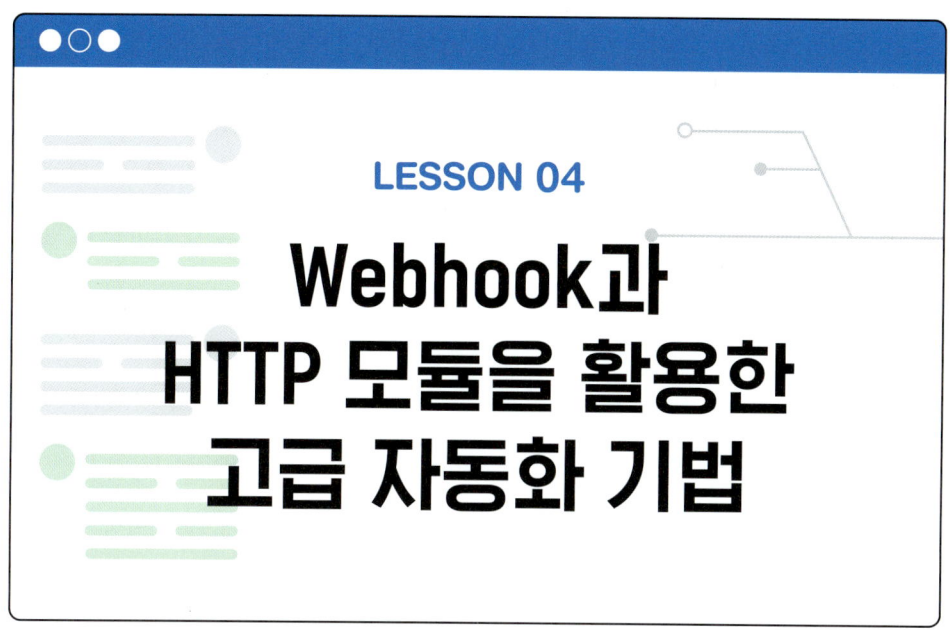

Webhook과 HTTP 모듈 개념 이해하기

지금까지 Make의 기본 개념을 살펴보았다. 이론적 기초를 갖췄다면 이제 다양한 모듈을 연결해 원하는 워크플로대로 자동화 시나리오를 만들면 된다.

Make에서는 구글의 각종 앱은 물론, 노션, 슬라피, 드롭박스와 같은 클라우드 서비스 등 2,000여 개의 앱을 찾을 수 있다. 여러분이 일상적으로 사용하는 인터넷 기반 소프트웨어는 대체로 다 지원한다고 보면 된다.

앞서 일반적인 앱들을 연결하는 기본 자동화뿐 아니라 Iterator와 Array aggregator 모듈을 활용한 복잡한 데이터 처리까지 알아보았다. 여기에 ChatGPT를 API로 사용하는 OpenAI 모듈까지 적재적소에 응용하면 웬만한 워크플로는 Make 시나리오로 자동화할 수 있다.

하지만 실제 비즈니스에 꼭 맞는 자동화 시나리오를 만들려 하다 보면 Make에서 지원하는 앱과 모듈만으로는 한계에 부딪히는 순간이 생긴다. 특별한 프로그램이나 사내 시스템, Make에서 공식 지원하지 않는 서비스들과 연동해야 하는 상황이 바로 그런 때다.

> **TIP** 회사에서 자체 개발한 ERP 시스템이나 국내에서만 사용하는 특수한 솔루션, 공공 API 등을 활용해야 하는 경우가 Make에서 공식 지원하지 않는 대표적인 사례다.

고급 기능이긴 하지만 이런 상황에서 **Webhook**과 **HTTP 모듈**이 Make의 활용 범위를 사실상 무한대로 확장해주는 강력한 도구가 된다. 이 두 모듈을 사용하면 훨씬 복잡하고 유용한 자동화 시나리오를 구성할 수 있다.

물론 비개발자에게는 다소 어렵게 느껴질 수 있다. 그러나 언제든 ChatGPT에게 질문하면 상세한 가이드를 받을 수 있다는 점을 기억하자. 이 책에서는 이들 모듈의 기본 개념만 소개하며, 이러한 기능이 있다는 사실만 이해해도 충분하다.

Webhook 모듈 활용하기

고급 활용을 위한 핵심 도구 중 하나인 Webhook 모듈부터 알아보자. Webhook은 프로그램들 사이에서 정보를 실시간으로 전달하는 일종의 핫라인이다. Make에서 [Webhooks] - [Custom webhook] 모듈을 만들면 웹 URL이 하나 생성된다. 이 URL은 다른 앱이나 시스템에서 Make로 정보를 전송하는 통로가 된다.

[Add]를 클릭해 Webhook URL[5]을 생성한 후 내가 사용하는 앱에서 해당 URL로

---

5 예시 : https://hook.make.com/xxxxxxxxxxxx

데이터를 전송하거나 회사 내부 시스템에서 개발자의 도움을 받아 데이터를 전송할 수도 있다. 가장 단순한 방식으로는 Webhook URL에 URL Parameter 방식으로 정보를 실어 보낼 수 있다.

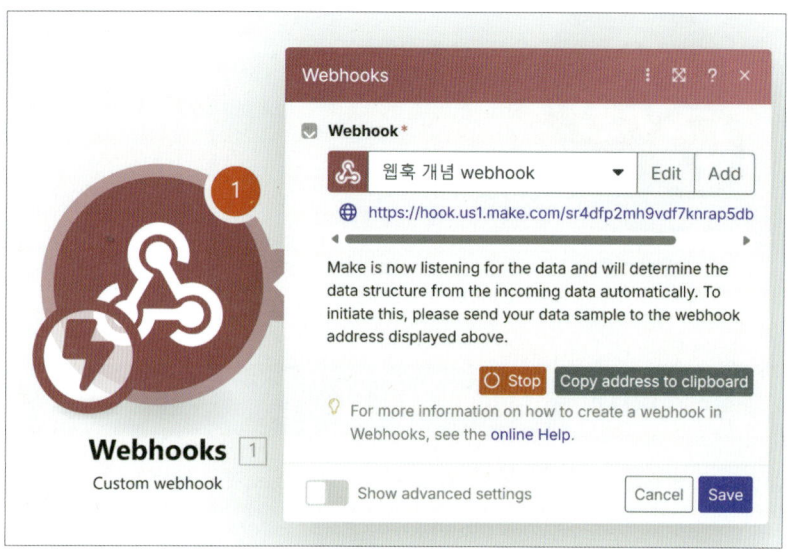

예시 Webhook URL[6] 뒤에 **?name="장피엠"&message="이게 웹훅입니다."** 라는 URL Parameter를 붙여 웹브라우저 주소창에 입력해 접속해보면, 입력한 정보가 Webhook 모듈로 전달되는 것을 확인할 수 있다.

Webhook은 이렇게 자동화에 필요한 정보를 URL에 담아 전송하면, Make 시나리오가 해당 정보를 수신하고 이를 트리거 삼아 자동으로 동작하는 구조라고 이해하면 된다.

---

6 예시 : https://hook.us1.make.com/sr4dfp2mh9vdf7knrap5db9c5qinz2jn

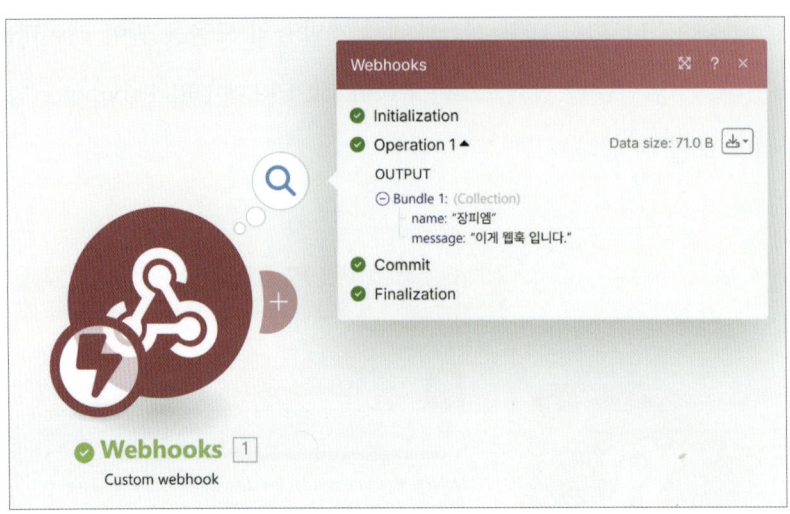

 **일잘러의 NOTE   Webhook 설정 팁**

Webhook을 활용해 자동화 시나리오를 설정하는 데 유용한 팁이 하나 있다. 바로 테스트를 통해 Webhook으로 수신되는 데이터의 구조를 미리 파악해야 한다는 점이다.

Webhook은 처음 설정할 때 어떤 형식의 데이터가 들어올지 알 수 없다. 따라서 [Determine data structure]를 클릭해 외부 서비스로부터 샘플 데이터를 한 번 받아봐야 한다. 이 과정을 통해 Make는 자동으로 데이터 구조를 파악하고 이후 모듈에서 사용할 수 있도록 준비한다.

Webhook의 가장 큰 장점은 **실시간성**이다. 기존 자동화는 일정 주기로 데이터를 확인하는 방식이었다면 Webhook은 사건이 발생하는 즉시 Make에 알림을 전달하는 방식이다. 마치 핫라인 전화벨이 울리면 바로 받는 것과 마찬가지다.

Webhook은 보통 Make에 미리 준비된 트리거 모듈이 없는 경우에 사용하지만, 그 외에도 사용자의 특정 행동이나 외부 시스템의 이벤트를 주기적인 체크 방식이 아니라 실시간으로 감지하고자 할 때 매우 유용하다.

Webhook 활용 사례, 노션 연동 수료증 발송하기

Webhook 트리거를 사용하는 실제 시나리오 예제를 살펴보자. 노션 데이터베이스에 수강생 명단이 있다고 가정하고, 이 정보를 기반으로 개인별 수료증을 생성해 이메일로 발송하는 자동화 시나리오를 만들 수 있다.

수료증 자동 발송 시나리오

기본적으로 Make에서는 노션 앱의 [Watch Database Items]라는 모듈을 통해 노션 데이터베이스에서 발생한 변경 사항을 감지할 수 있다. 예를 들어 데이터베이스에서 [수료증 발송] 열에 체크 표시하면, 이를 트리거로 해서 해당 수강생에 맞는 수료증을 생성하고 이메일을 보내는 자동화 시나리오를 구현할 수 있다. 다만 이때 주기적으로 실행하는 트리거를 사용한다면 100% 실시간으로 처리되는 것은 아니다.

자동화 시나리오를 실시간으로 동작하도록 만들려면 Webhook 트리거를 사용하면 된다. 실시간으로 반응한다는 점도 Webhook 트리거의 장점이지만, 작업을 명시적으로 시작할 수 있어 누락 없이 안정적으로 동작한다는 점 역시 중요한 강점이다.

위와 같이 노션 데이터베이스에 교육생 정보가 들어 있다고 가정하자. 이 데이터

베이스의 정보를 기반으로 해당하는 수강생에게 수료증을 이메일로 자동 발송하는 시나리오를 Make를 통해 구성해보겠다.

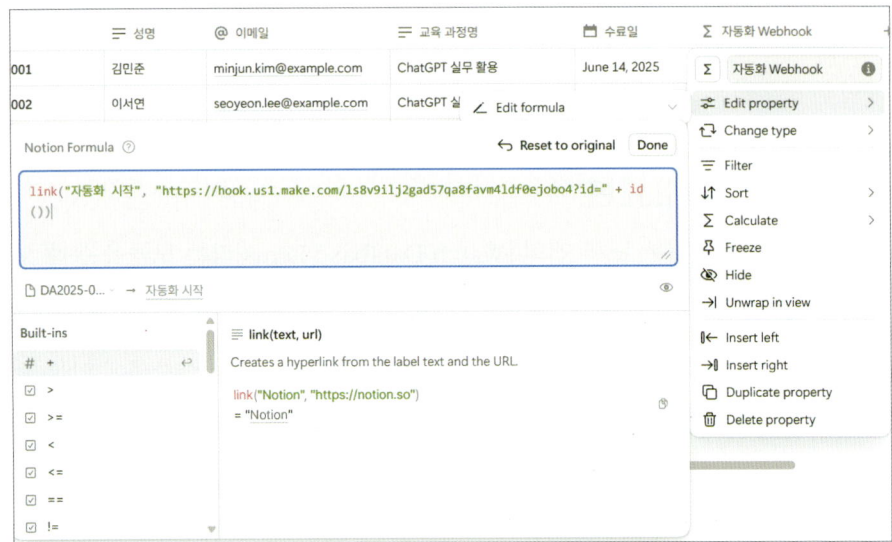

TIP 이 예제에서는 노션 데이터베이스를 사용했지만 인터넷 기반의 스프레드시트 또는 데이터베이스라면 무엇이든 상관없다. 구글 시트나 에어테이블을 사용하더라도 같은 방식으로 자동화할 수 있다.

Make에서 생성한 Webhook 링크를 노션 데이터베이스에서 클릭하면, 해당 정보를 Webhook을 통해 Make로 전달해 자동화 시나리오를 트리거할 수 있다. 매번 Webhook 링크를 수동 입력하지 않기 위해 노션에서는 Formula 타입의 데이터를 사용해 각 행마다 Webhook 링크가 자동으로 생성되도록 설정한다.

[자동화 시작] 링크를 클릭하면 어떤 행에서 클릭한 것인지 확인할 수 있도록 Webhook 링크 뒤에 ?id=과 같은 URL Parameter 방식으로 노션 데이터베이스 행의 id 값을 함께 전송한다. Webhook 링크 뒤에 URL Parameter로 식별자 값을 함께 실어 보내는 방식은 Webhook을 활용할 때 가장 자주 사용하는 기법이다.

Webhook 링크를 클릭하면 해당 노션 행의 id가 실시간으로 Make에 전달된다.

Make는 이 id 값을 입력으로 받아 Get a Database Item 모듈을 통해 정확한 행의 정보를 가져온다. 이후 해당 정보들을 활용해 Create a Document from a Template 모듈에서 구글 문서에 미리 준비해둔 수료증 템플릿의 내용을 채운다.

구글 문서에서 값을 자동으로 채우고 싶은 부분을 {{이름}}과 같은 식으로 처리해두면, Make에서 해당 값들을 자동으로 변경해 새로운 구글 문서를 생성할 수 있다.

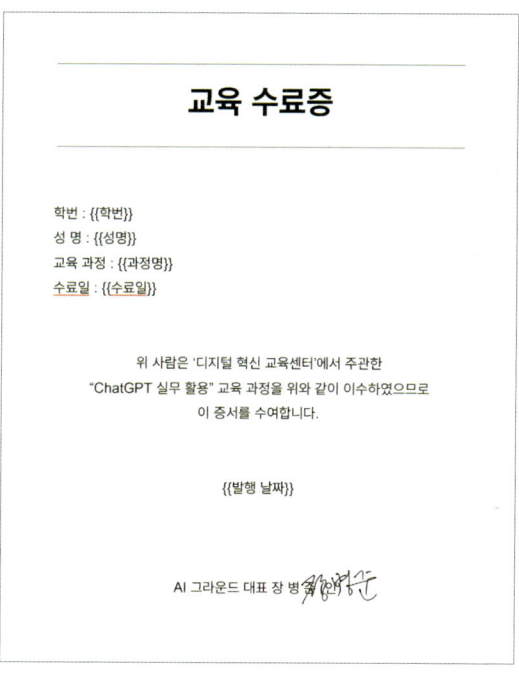

▲ Make를 사용해 교육 수료증을 생성하도록 구성한 양식 템플릿

그런 다음 생성된 수료증을 첨부하여 해당 수강생의 이메일로 자동 발송되도록 시나리오를 설정한다. 이로써 노션 데이터베이스에서 Webhook 링크를 클릭하면 수강생에게 수료증이 포함된 이메일이 자동으로 전송된다. 이러한 일련의 시나리오를 통해 기존에 수료증을 일일이 이메일로 보내야 했던 번거로운 작업을 완전히 자동화할 수 있다.

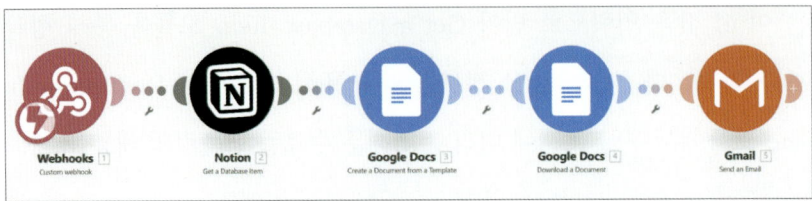

 **일잘러의 NOTE** | **Webhook 클릭 시 열리는 창을 자동으로 닫는 설정**

Webhook 링크를 클릭하면 새 창이나 새 탭이 열리면서 해당 데이터가 Make로 전송된다. 이때 새로 열리는 창 혹은 탭을 자동으로 닫히도록 설정할 수 있다. 시나리오의 가장 마지막에 Webhook Response 모듈을 추가하고 [Status]에는 200, [Body]에는 다음 코드를 넣으면 된다.

```
<!DOCTYPE html>
<html lang="ko">
<head>
<meta charset="UTF-8">
<meta name="viewport" content="width=device-width, initial-scale=1.0">
<title>현재 탭 자동 닫기</title>
</head>
<body>
<script>
window.onload = function() {
window.close();
}
</script>
</body>
</html>
```

HTTP 모듈 활용하기

HTTP 모듈은 Make에서 공식적으로 지원하지 않는 서비스의 API와 연동할 때 사용하는 범용 도구다. 국내 전용 서비스나 새롭게 출시된 서비스 등, 아직 Make에 앱으로 등록되지 않은 서비스를 자동화 시나리오에 통합하고자 할 때 특히 유용하다.

또한 공공 데이터 포털처럼 공개된 API를 기반으로 데이터를 받아오고자 할 때도 사용할 수 있다. 요즘 대부분의 웹 서비스들은 API를 제공하므로 HTTP 모듈을 활용하면 사실상 거의 모든 서비스와 연동할 수 있다.

인증과 요청 방식

HTTP 모듈을 사용할 때 가장 먼저 해야 할 일은 인증(Authentication) 방식 결정과 인증 설정이다. 이는 Make에서 해당 API를 사용할 수 있도록 권한을 부여하는 과정이다. 어떤 인증 방식을 사용할지는 API 제공자(업체)가 정한 기준에 따라 달라지고 Make에서는 그에 맞는 모듈을 선택해야 한다.

① **ID/PW로 인증** : Make a Basic Auth request 모듈
② **API 키 사용** : Make an API Key Auth request 모듈
③ **OAuth 2.0 사용** : Make an OAuth 2.0 request 모듈
④ **특별한 인증 없이 사용** : Make a request 모듈

어떤 인증 방식인지 잘 모르겠다면 표준 모듈인 Make a request 모듈을 먼저 시도해보는 것도 방법이다. 그다음은 요청 방식(Method)을 결정한다.

① **GET** : 데이터를 조회할 때
② **POST** : 새로운 데이터를 생성할 때

③ **PUT/PATCH** : 기존 데이터를 수정할 때

④ **DELETE** : 데이터를 삭제할 때

TIP 요청 방식은 각각 레스토랑에서 메뉴를 보는 것(GET), 주문하는 것(POST), 주문을 변경하는 것(PUT/PATCH), 주문을 취소하는 것(DELETE)에 비유할 수 있다.

HTTP 모듈 설정 팁

인증과 요청 방식에 대해 너무 어렵게 생각하지 않아도 된다. 서비스마다 요청 방식이나 인증 방식이 다르기 때문에 외울 필요도 없다. 실제로 HTTP 모듈을 설정할 때는 서비스 제공자(업체)가 문서에서 안내하는 대로 입력하면 된다.

해당 서비스의 API 문서를 파일이나 링크 형태로 준비하고, HTTP 모듈의 설정 화면을 캡처해 각 항목에 어떤 값을 넣어야 하는지 ChatGPT에게 물어보면 된다. ChatGPT는 항목별 의미와 입력값을 단계적으로 설명해준다.

Make.com에서 HTTP 모듈을 설정하여 어제 날짜의 전체 영화 대상 일별 박스오피스를 조회하기 위한 API 설정을 하나씩 알려드리겠습니다. 아래는 각 항목에 어떤 값을 입력해야 하는지 순차적으로 설명한 내용입니다.

1. **URL**:
    - "https://www.kobis.or.kr/kobisopenapi/webservice/rest/boxoffice/searchDailyBoxOfficeList.json"
    - 이 URL은 영화 박스오피스 정보를 제공하는 API 주소입니다.

2. **Method**:
    - **GET**: 박스오피스 정보를 조회하는 요청은 GET 메서드를 사용합니다.

3. **Headers**:
    - 헤더에는 특별히 입력할 필요가 없으니, "Add a header"는 사용하지 않아도 됩니다.

4. **Query String**:
    - **key**: 본인 API 키로, `key=<여기 본인의 API 키>` 로 입력해야 합니다.
    - **targetDt**: 조회할 날짜를 "yyyyMMdd" 형식으로 입력합니다. 예를 들어, 어제 날짜가 2025년 6월 9일이라면 `targetDt=20250609` 로 입력해야 합니다.

5. **Body type**:
    - **None**: 이 요청은 GET 방식이므로 본문은 비워둡니다.

6. **Parse response**:
    - **Yes**: API로부터 받은 응답을 파싱하여 활용하려면 이 옵션을 'Yes'로 설정합니다.

▲ ChatGPT에게 특정 서비스의 API 모듈에 대해 설명을 요청한 예시

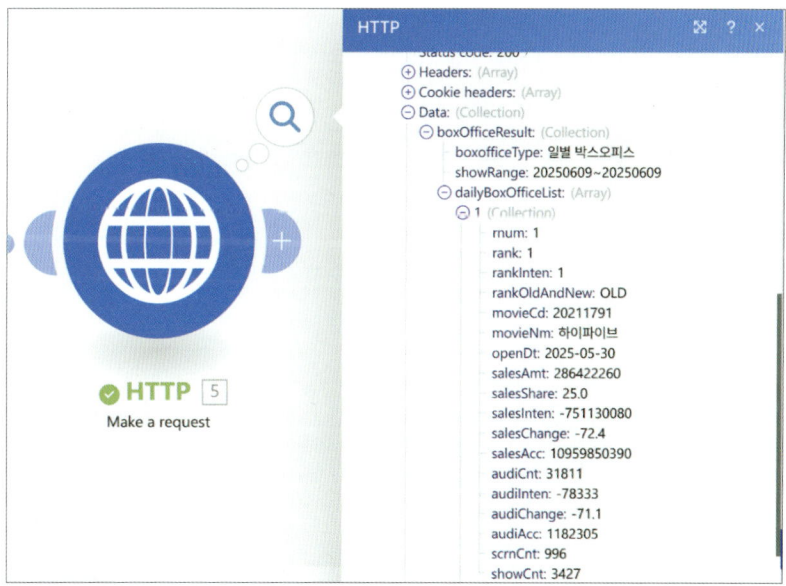

▲ ChatGPT의 안내에 따라 설정한 HTTP 모듈

CHAPTER 02 내 업무에 바로 적용하는 AI 자동화 · 297

일잘러의 NOTE — HTTP 모듈 사용 시 데이터 형식 일치 확인

HTTP 모듈을 이용해 외부 API와 통신할 때 자주 마주치는 문제가 데이터 형식의 불일치다. 예를 들어 어떤 API는 날짜를 'YYYY-MM-DD' 형식으로 요구하고 다른 API는 'MM/DD/YYYY' 형식을 사용할 수 있다. 이런 경우 앞 장에서 다룬 함수를 활용해 적절한 형식으로 변환해야 한다.

배열 데이터를 처리할 때는 더욱 주의가 필요하다. 어떤 API는 단일 값만 허용하고 어떤 API는 배열 형태로 여러 값을 한 번에 받을 수 있다. 이런 차이를 이해하고 Iterator나 Array aggregator 모듈을 적절히 활용해 데이터를 원하는 형태로 가공해야 한다.

HTTP 모듈 활용 사례, 정부지원사업 모니터링하기

Make에서 공식적으로 지원하지 않는 도구를 API와 HTTP 모듈을 이용해 자동화 시나리오에 포함시켜보자. 기업마당 웹사이트[7]에서는 정부지원사업 내용을 API

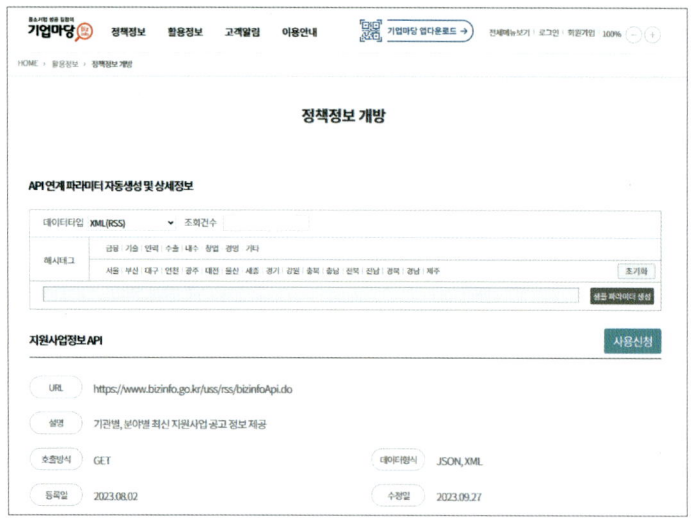

---

[7] https://www.bizinfo.go.kr/

로 제공한다. 하지만 기업마당 API는 Make의 모듈로 등록되어 있지 않다. 이럴 때 HTTP 모듈을 사용한다.

기업마당 자료를 구글 시트로 자동 수집하기

매일 아침 9시에 HTTP 모듈로 기업마당 API를 조회하도록 트리거를 설정한다. API를 통해 해당 날짜에 공고된 지원사업 정보가 배열(Array)로 들어온다.

이를 Iterator 모듈을 사용해 여러 번들로 쪼개 구글 시트에 기록한다. 중간 과정에서 동일한 ID를 가진 공고가 있는지 검색해 중복을 제거할 수 있다. 또한 ChatGPT API를 연동하여 각 공고가 우리 회사의 사업 분야와 얼마나 관련이 있는지 자동으로 평가할 수도 있다.

이 시나리오를 완성하면, 우리 회사와 관련성이 높은 정부지원사업을 매일 자동으로 수집하고 분석하는 완전 자동화된 모니터링 시스템을 구축할 수 있다.

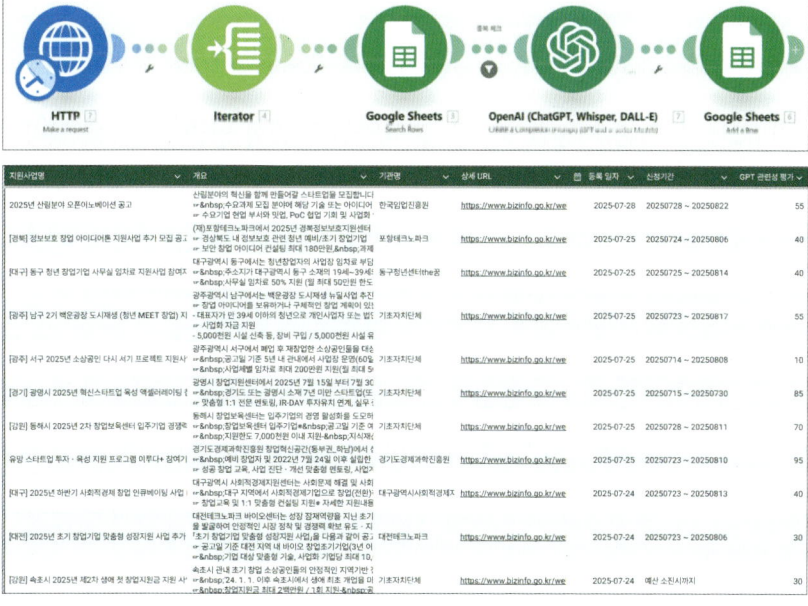

LESSON 05
실전 사례로 알아보는 AI 업무 자동화

AI를 통해 규칙적이고 정형화된 업무 처리하기

지금까지 Make의 기본 기능을 중심으로 다양한 자동화 방법을 살펴보았다. Make의 기본 모듈을 효과적으로 연결하고 각종 지원 모듈과 Webhook 또는 HTTP와 같은 고급 모듈을 활용하면 자신에게 꼭 맞는 자동화 시나리오를 만들 수 있다.

이제 여기에 AI를 결합하면 더욱 강력하게 활용할 수 있다. ChatGPT와 같은 AI 모듈을 Make 자동화 시나리오에 통합하면 단순한 작업 연결을 넘어 지능적인 판단과 창의적인 생성이 가능한 고차원적인 자동화 시스템을 구축할 수 있다.

AI 없이 Make만 사용할 때는 정형화된 데이터, 즉 규칙적인 형식의 정보를 다루는 데 강점을 보인다. 그러나 현실 세계의 정보 대부분은 이메일, 고객 문의, 소셜 미디어 게시글과 같은 비정형 데이터로 이루어져 있다.

AI는 이 비정형 데이터 속에 숨겨진 맥락과 의미를 파악하여 이를 자동화 시스템이 이해할 수 있는 구조화된 정보로 변환한다. 이런 과정을 통해 Make의 자동화 범위가 한층 넓어진다.

AI는 또한 콘텐츠 생성 패러다임도 바꾸고 있다. 과거에는 사람이 직접 글을 쓰고 이미지를 만들어야 했다면, 이제는 AI를 통해 대규모의 개인화된 콘텐츠를 자동으로 생성하는 시대가 열렸다.

이제부터 살펴볼 다음 사례들을 단순히 뉴스레터, 배너 제작, 가격 모니터링, 세일즈/인사 등 개별적인 업무 예시로 보지 말고 콘텐츠 생성, AI 이미지 생성, 모니터링/분석, 이메일 발송 자동화 등 큰 범주에서 이해해보자. 이를 통해 자신의 업무에 적용할 수 있는 실질적인 아이디어로 확장하는 것이 중요하다.

사례 ① 뉴스레터 콘텐츠 생성 자동화

최신 뉴스와 트렌드를 반영한 뉴스레터를 자동으로 생성하는 시스템을 갖추면, 트렌드를 따라가는 입장에서도 눈여겨볼 만한 정보를 얻을 수 있고 이 정보를 기반으로 잠재 고객을 유치하거나 유지할 수도 있다.

각종 뉴스 사이트에서 RSS 피드를 통해 최신 정보를 수집하고, 수집한 URL에 HTTP 모듈로 직접 접근해 웹사이트의 내용을 가져온다. 이후 웹사이트 내용을 ChatGPT API를 통해 요약하고 재구성하면 양질의 콘텐츠를 자동으로 생성하는 시스템을 만들 수 있다. 이 모든 콘텐츠 생성 과정을 사람의 개입 없이 완성할 수 있다.

▲ 뉴스레터 발행을 Make로 자동화한 시나리오와 결과 예시

사례 ② AI 이미지/영상 생성 자동화

요즘 대부분의 AI 이미지/영상 생성 모델은 API를 통해 생성 기능을 제공하고 있다. 따라서 Make와 같은 자동화 플랫폼을 활용하면 이미지 생성 과정을 손쉽게 자동화할 수 있다.

예를 들어 ChatGPT와 Gemini의 이미지 생성 기능은 이미 Make에 준비된 모듈을 통해 바로 사용할 수 있다. 그 외의 인기 있는 Flux, Kontext, Recraft 같은 모델들은 Replicate[8] 서비스를 통해 API 요청을 보내는 방식으로 생성할 수 있다. 이 역시 Make의 HTTP 모듈을 이용해 호출할 수 있다.

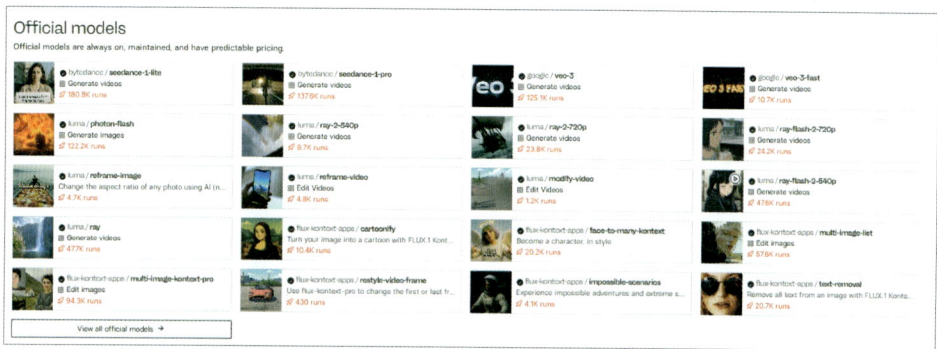

▲ Replicate 서비스에서 연결 가능한 다양한 AI 이미지/영상 생성 서비스

광고나 이미지 소재를 자주 제작하는 브랜드나 이커머스 회사는 AI 이미지 생성 자동화를 적용하면 효과적이다. 예를 들어 시제품 사진을 올려 모델이 제품을 들고 있는 사진을 생성하거나, 단순히 분위기와 이미지를 텍스트로 묘사하는 것만으로도 다양한 버전의 이미지를 대량으로 생성할 수 있다.

또한 하나의 이미지를 여러 SNS나 광고 채널의 규격에 맞춰 리사이즈하는 작업도 AI와 Make를 활용해 자동화할 수 있다.

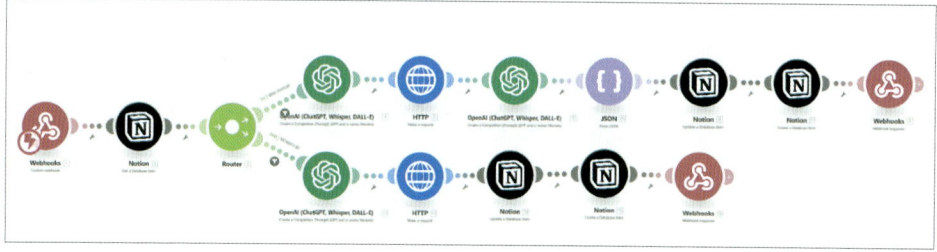

▲ Make로 만든 이미지 생성 시나리오 예시

---

8 https://replicate.com/

레퍼런스 이미지를 업로드하면, AI가 이를 기반으로 유사한 이미지를 생성하고 해당 이미지에 맞는 문구(카피)까지 자동 생성해 광고 배너 형태로 완성하는 작업 역시 Make 시나리오로 자동화할 수 있다.

▲ 왼쪽이 레퍼런스 이미지, 오른쪽이 레퍼런스 이미지 기반으로 AI가 생성한 이미지

이처럼 이미지와 영상 생성 과정을 자동화하면 훨씬 많은 버전의 결과물을 빠르게 확보할 수 있으며, 그중 가장 적합한 것을 선택해 사용할 수 있다. 이는 조직 전체의 크리에이티브 효율성을 크게 높이는 결과로 이어진다.

AI 이미지/영상 생성 기술은 현재 특히나 빠르게 발전하고 있다. 수많은 모델과 플랫폼이 등장하는 가운데, API 제공 여부와 업무 적합도를 고려해 다양한 도구를 적극적으로 적용해보려는 시도가 중요하다.

사례 ③ 경쟁사 가격 모니터링 및 분석 자동화

경쟁이 치열한 시장에서는 가격 변동을 실시간으로 파악하고 이에 빠르게 대응하는 것이 중요하다. Make와 AI를 결합하면 이러한 경쟁사 가격 모니터링과 분석 과정을 완전히 자동화할 수 있다.

이 방식을 확장하면 인터넷상의 방대한 정보를 자동으로 수집하고 필요에 맞게 데이터를 요약, 가공, 재구성해 정리하는 프로세스까지 자동화할 수 있다.

인터넷 데이터를 크롤링하는 방법은 다양하지만, 그중 Make와 효과적으로 연동하는 방법은 LLM 기반 웹 데이터 수집 API인 Firecrawl을 사용하는 것이다.

Firecrawl[9]은 웹사이트에서 데이터를 가져와 LLM을 활용해 원하는 형태로 가공해 주는 도구다. 수집하고 처리한 데이터를 API 형태로 제공하므로 Make와 원활하게 연결할 수 있다. 구조화된 데이터는 Make를 통해 구글 시트나 데이터베이스에 기록할 수 있다.

▲ 쿠팡과 같은 사이트에서는 가격이 실시간으로 자주 바뀌기 때문에 가격 확인 프로세스를 자동화하면 편리하다

---

9 https://www.firecrawl.dev/

매일 아침 정해진 시간에 쿠팡 등의 이커머스 사이트에서 경쟁 제품의 가격 정보를 자동으로 수집하고 구글 시트에 정리하도록 설정할 수 있다. 여기에 더해, 특정 상품의 가격이 기준치 이하로 떨어지면 슬랙(Slack)이나 이메일로 담당자에게 즉시 알림을 보내는 시나리오로 고도화할 수도 있다.

이런 자동화 시나리오를 도입하면 시장 변화에 기민하게 대응하는 데이터 기반 의사결정 체계를 구축할 수 있다.

상품명	상품 가격	수집일
요빌 거품 싹 뺀 진짜 대용량 수제 그릭요거트 무가당 꾸덕, 1kg, 1개, 플레인1Kg	21,950원	2025-07-28
서울우유 더진한 그릭요거트, 100g, 1개입, 1개	2,880원	2025-07-28
그리키 초지방목 A2우유로 만든 속편한 진짜 그릭요거트 1kg, 2개, 500g	24,800원	2025-07-28
곰곰 그릭요거트, 100g, 2개	5,430원	2025-07-28
요빌 무가당 무설탕 꾸덕 산미적은 그릭 요거트, 플레인550g, 1개, 550g	14,020원	2025-07-28
후디스 그릭요거트 플레인, 480g, 1개	9,420원	2025-07-28
룩트 저당 요거트볼 식단관리팩 6종, 100g, 6개	33,700원	2025-07-28
그릭데이 플레인 요거트 오리지널, 1.8L, 1개	7,980원	2025-07-28
풀무원다논 그릭 블루베리 요거트, 90g, 8개입, 1개	6,630원	2025-07-28
매일바이오 그릭 요거트 플레인, 120g, 3개입, 2개	11,600원	2025-07-28
그리키 비린맛 없이 진짜 고소한 무설탕 고단백 두유그릭요거트 1kg, 2개, 500g	24,800원	2025-07-28
범산목장 유기농 인증 목초 그릭 요구르트, 350ml, 1개	6,630원	2025-07-28
룩트 아이슬란딕 요거트 띠크, 100g, 6개	22,690원	2025-07-28
상하목장 유기농 인증 그릭요거트 플레인, 80g, 8개	7,490원	2025-07-28
풀무원다논 그릭 설탕무첨가 플레인 요거트, 400g, 3개	10,270원	2025-07-28
풀무원다논 요거트 그릭시그니처, 150g, 1개입, 6개	8,500원	2025-07-28
코스트코 풀무원 다논 그릭요거트 95g X 16개/(아이스박스+아이스팩) 배송, 90g, 10개	9,280원	2025-07-28
곰곰 그릭요거트, 450g, 1개	11,900원	2025-07-28

▲ Make 시나리오로 경쟁 제품 정보를 수집한 사례

사례 ④ 세일즈 및 인사 이메일 자동화

잠재 고객이나 채용 후보자의 정보를 웹사이트나 링크드인에서 수집한 뒤, 이를 기반으로 개인화된 이메일을 자동으로 생성하고 발송하는 자동화 시나리오도 충분히 가능하다.

우선 링크드인 등에서 이름, 이메일, 경력 등의 정보를 자동으로 추출하고 ChatGPT를 활용해 이 데이터를 정해진 포맷에 맞춰 정리할 수 있다. 특히 비정형 텍스트를 구조화된 데이터로 정리하는 작업은 AI가 뛰어난 성능을 발휘하는 영역이다. 이렇게 정리된 데이터를 바탕으로 고객 특성이나 과거 미팅 이력을 반영한 개인화된 메시지를 생성하고 발송할 수 있다.

또한 고객 관계 관리(CRM)에 이러한 자동화를 적용하면 고객 정보를 효율적으로 관리하고 맞춤형 세일즈를 진행할 수 있다. AI 기반 자동화를 통해 더 많은 고객 접점을 확보하고 새로운 비즈니스 기회를 창출하며 실질적인 성과를 높일 수 있다.

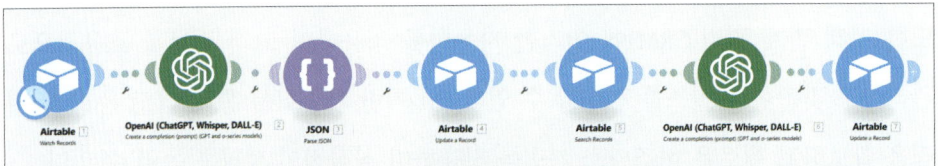

▲ 링크드인 프로필을 스크래핑해서 에어테이블에 정보를 정리하고
내용에 따라 제안 이메일을 작성하는 시나리오 사례

자동화는 다양한 사례를 보고 영감을 얻어 자신의 일에 적용하는 것에서 시작된다. 보다 구체적인 구현 아이디어는 유튜브 채널 〈일잘러 장피엠[10]〉에서 확인할 수 있다.

---

10 https://www.youtube.com/@jangpm

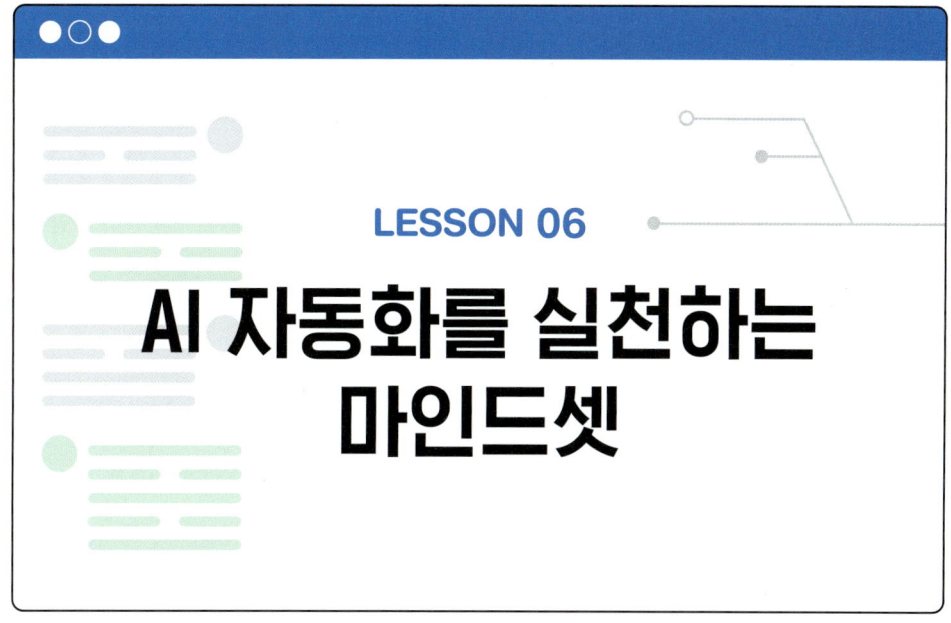

자동화의 현실적 어려움

AI의 등장으로 자동화는 더 이상 먼 미래의 이야기가 아니다. 이제는 개인이나 조직 누구나 손쉽게 시도할 수 있는 현실적인 생산성 과제가 되었다. AI를 활용한 자동화는 쉽게 시도할 수 있고 훨씬 다양한 업무에 적용할 수 있어 AI 주제 중에서도 가장 높은 관심을 받고 있다.

그러나 여러 조직과 개인을 대상으로 AI 자동화 강의를 진행하고 실무 적용을 도와온 경험에 따르면, 실제로 자동화를 시도하려는 입장에서는 생각보다 많은 어려움이 따른다. 우선 직무와 업무마다 요구하는 자동화 시나리오가 조금씩 다르다. 니즈가 다양한 만큼 사용해야 하는 도구도 달라지고 접근 방식도 달라진다. 이 때문에 입문자 입장에서는 막연하고 어렵게 느껴지는 경우가 많다.

또한 회사의 모든 업무에서 인터넷 기반 소프트웨어나 API가 공개된 도구만 사용하는 것도 아니다. 회사 실무에 적용하려면 기술적으로 매끄럽고 깔끔한 시나리오를 만들기가 쉽지 않다. 더불어 자동화 시나리오를 운영하다 보면 예기치 못한 오류에도 직접 대응해야 한다. 이 때문에 기대감을 안고 자동화를 배운 수강생들이 정작 실무에서는 잘 적용하지 못하고 포기하는 경우도 많다.

그러나 이런 한계와 어려움에도 불구하고 자동화는 개인과 조직 모두가 반드시 관심을 가져야 할 주제다. AI 기술이 계속해서 발전함에 따라 앞으로 더 많은 업무 영역이 자동화의 영향을 받을 것은 분명하기 때문이다. 다소 막연하고 불완전하고 귀찮더라도, 핵심적이지 않은 반복 업무부터 차근차근 자동화를 시도해보는 것은 이제 필수라고 강조하고 싶다.

그래서 AI 자동화를 시작하는 분들에게 도구와 기술보다 더 강조하고 싶은 것이 있다. 바로 '실천을 위한 마인드셋'이다. AI는 점점 더 똑똑해지고 자동화 도구들은 계속해서 편리해지고 있다.

어제는 어려웠던 기능이 오늘은 편리하게 바뀌고, 오늘은 불가능한 기술도 내일은 가능해질 수 있는 시대다. 따라서 장기적인 관점에서는 기술 자체보다도, 자동화에 대한 올바른 원칙과 마인드셋을 가지는 것이 더욱 중요하다.

첫 번째 마인드셋 : 다 가능하다고 생각할 것

AI 자동화를 시작할 때 가장 먼저 가져야 할 마음가짐은 바로 **다 가능하다고 생각할 것**이다. 물론 기술적으로 불가능한 부분도 있고 자동화 설정 과정에서 예상치 못한 비효율이나 불확실성이 발생하여 자동화하기 어려운 업무도 있다. 그렇지만 대부분의 사람은 안 된다고 생각하고 지레 포기하는 경우가 많다. 자동화는 일종의 문제 해결 과정이다. 모두 가능하다고 믿고 시도해보는 '해봤어?' 정신이 무엇보다 중요하다.

자동화를 구현하다 보면 꼼수가 생각나서 문제가 풀리는 경우가 많다. 처음 생각했던 프로세스는 아니지만 실행 가능한 프로세스를 새롭게 정의하면서 자동화나 반자동화에 도달하는 경우도 많다.

과거에는 어려웠던 자동화 작업도 AI 덕분에 가능해지고 문제 해결도 쉬워졌다. 특히 비정형 데이터를 처리하거나 데이터 형식을 맞추는 일은 ChatGPT API를 활용해 간단히 처리할 수 있게 되었다. 사람에게 말하듯 프롬프트만 입력하면 필요한 결과를 얻을 수 있다.

생소한 도구를 찾는 것도, 해당 도구를 사용하는 방법도 AI를 활용하면 쉽게 배우고 적용할 수 있다. 다양한 도구를 사용하다가 문제에 봉착하면 화면을 캡처해 ChatGPT에게 물어보면 대부분 해결할 수 있다.

TIP 어떤 기능이 왜 그렇게 작동하는지 이해가 안 될 때도 있다. 물론 이것도 쉽게 설명해달라고 하면 AI는 여러분이 포기하기 전까지는 계속해서 쉽게 설명해준다. Make와 Zapier에 대한 사용법도 친절하게 설명해주며, 시나리오 JSON 파일을 만들어 제공하기까지 한다.

두 번째 마인드셋 : 다양한 콘텐츠에서 아이디어를 얻을 것

두 번째는 자동화 관련해서 **다양한 콘텐츠를 보고 아이디어를 얻을 것**을 권하고 싶다. 자동화는 회사마다 개인마다 저마다의 답이 있는 롱테일 구조를 갖는 영역이다. 그래서 최대한 많은 직·간접 경험을 통해 자신만의 해법을 찾아야 한다.

최근 유튜브나 메타의 SNS 플랫폼인 스레드(Threads) 등에는 AI를 활용한 자동화 사례가 콘텐츠로 제작되어 빠르게 공유되고 있다. 먼저 경험한 사람들이 어떤 모듈을 어떻게 활용하는지 간접적으로 확인하고 아이디어를 얻는 것만으로도 실력을 쌓는 데 도움이 된다.

노코드 도구를 사용하는 사람들의 방식은 개발자 눈에는 비효율적으로 보일 수 있다. 그러나 그들은 꼼수와 아이디어로 현실적인 문제를 기가 막히게 해결한다. 이런 사례를 많이 보고 적극적으로 실험하며 아이디어를 현실로 구현해보자.

세 번째 마인드셋 : 자동화 자체를 목표로 하지 말 것

앞선 두 가지와는 다소 반대일 수 있는 내용이지만, 일을 더 잘하고 조직 내 생산성을 높이고 싶다면 반드시 짚고 넘어가야 할 중요한 원칙이 있다. 바로 **자동화 자체를 목표로 삼아서는 안 된다**는 것이다.

자동화 설정은 레고 조립과 비슷해서 하다 보면 시간 가는 줄 모른다. 처음에는 어렵지만 어느 순간 재미가 붙기 시작한다. 그러나 실무에서 자동화를 시도하는 본질적인 이유는 단 하나, 문제를 해결하고 팀의 생산성을 높이기 위해서다.

자동화의 재미에 빠지다 보면 오히려 불필요한 시나리오를 만들거나 전체 프로세스를 억지로 자동화하려다 시간을 낭비하는 비효율에 빠질 수 있다. 자동화는 목적이 아니라 수단임을 잊지 말아야 한다. 모든 업무를 자동화하려 하거나 기존의 워크플로를 무리하게 자동화 시나리오에 끼워 맞추고 있지는 않은지 스스로 점검해야 한다. 우리의 진짜 목표는 문제 해결과 생산성 향상이다.

AI와 노코드로 이제 '시민 개발자'의 시대가 열렸다. 누구나 아이디어와 실행력만 있다면 직접 도구를 만들어 자신의 업무를 자동화된 시스템에 위임할 수 있다. 거창한 개발 실력보다 중요한 것은 문제를 바라보는 관점과 실험을 두려워하지 않는 태도다.

지금 이 순간에도 수많은 AI 기반 자동화 플랫폼과 템플릿이 쏟아지고 있다. '코드를 몰라도 된다'는 새로운 기회를 적극 활용하자. 아이디어가 곧 실행 가능한 솔루션이 되는 시대다. 지금이야말로 AI 자동화로 업무 혁신을 가속화할 완벽한 타이밍이다.

 **MEMO**

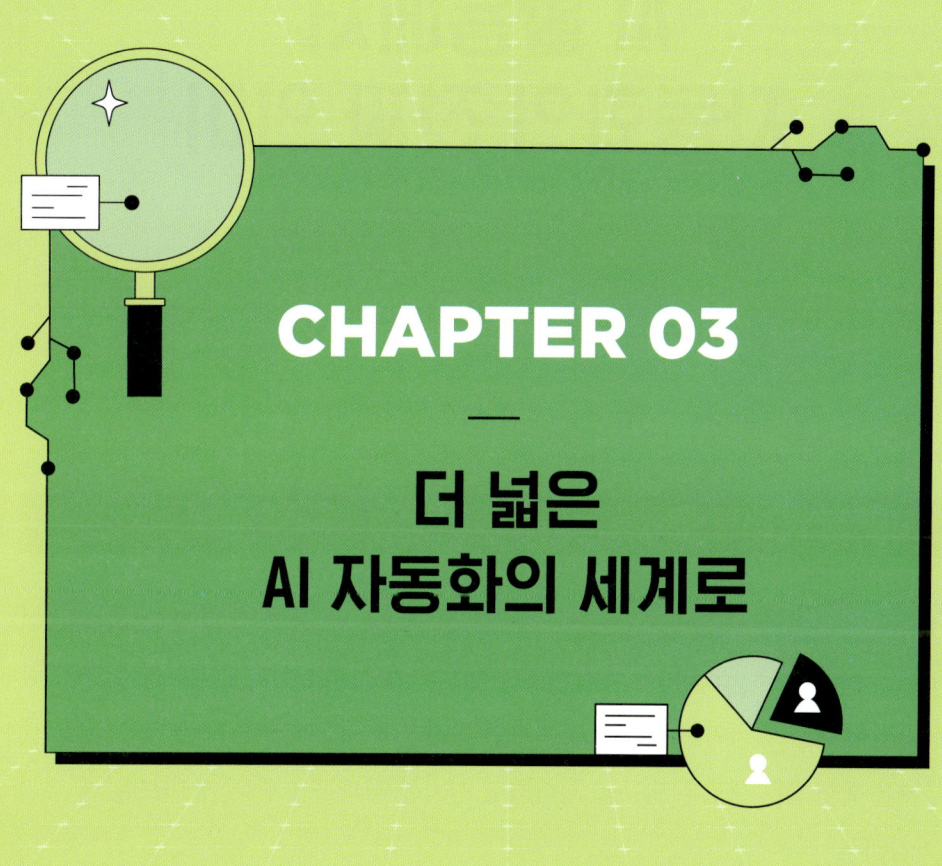

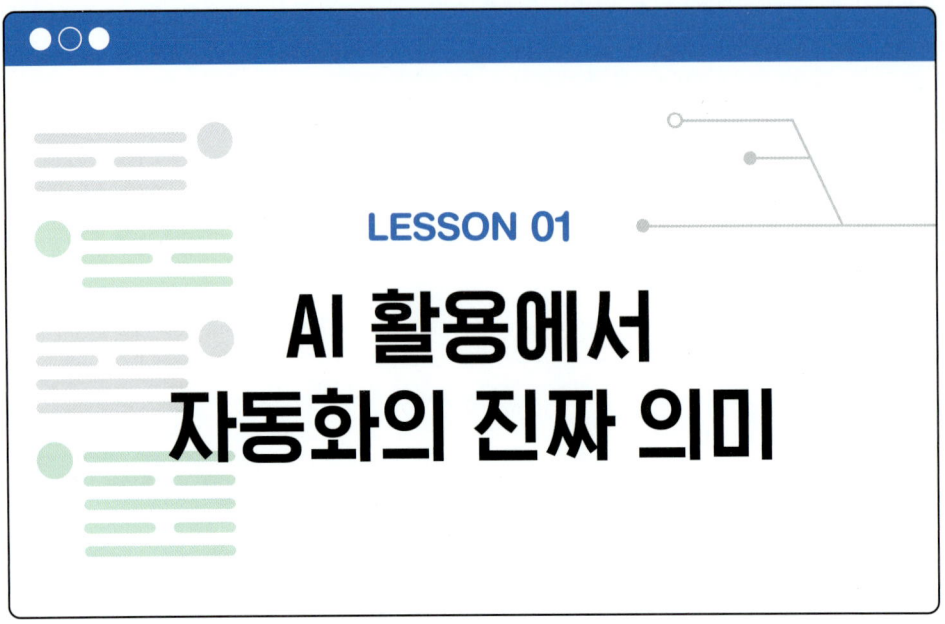

AI를 잘 쓴다는 것

오늘날 개인과 기업은 모두 AI를 잘 활용하려 많은 노력을 기울이고 있다. 그러나 무엇이 AI를 잘 쓰는 것인지 명확히 정의하기는 쉽지 않다. 다양한 무료 도구가 등장하면서 활용 방식이 비슷해지고 결과물의 차이도 점점 줄어드는 경향이 있다. 대부분은 쏟아지는 새로운 도구를 체험하고 신기한 결과물을 한두 개 만드는 데 그치곤 한다.

유튜브를 통해 여러 AI 도구를 접하고 이름만 아는 수준으로는 실질적인 변화가 없다. 이런 상태를 AI의 '1배 활용법'이라 부를 수 있다. AI를 사용하긴 하지만 생산성은 그대로라는 의미다.

반대로 LLM을 실제 업무에 적극적으로 적용하고 더 나은 결과를 위해 프롬프트를 고도화하는 것은 분명 AI를 '잘 쓰는' 단계에 가깝다. 이 책의 Part 2에서 다룬 내용이 바로 이에 해당하며 이를 '10배 활용법'이라 부를 수 있다. 소위 AI를 잘 쓴다고 평가받는 사람들은 지금 이 단계에 도달해 여러 사례를 만들고, 단순히 도구만 아는 사람들과 차별화된 결과를 만들어낸다.

그다음 단계는 AI로 '나를 돕는 도구'를 직접 만들어 업무에 통합하는 것이다. 이때 비로소 '100배 활용'이 가능해지고 결과의 질이 근본적으로 달라진다.

나만의 AI 도구가 나의 능력을 증강하기 시작하면 한 개인도 팀이나 조직 단위의 성과를 내는 수준에 도달할 수 있다. 이는 '조금 더 일을 잘하는 사람'의 범주를 넘어서는 질적 변화다. 이런 개인은 새로운 회사를 창업하거나 조직 내에서도 '100배' 인재로서 새로운 보상 기준을 제시해야 할 정도의 영향력을 발휘하게 된다.

이 책에서 소개한 노코드 자동화 시나리오는 그런 '나를 돕는 도구'를 만드는 출발점이다. 특히 이 책에서 집중적으로 다룬 Make와 같은 노코드 플랫폼은 현재 기준으로 업무에 바로 적용할 수 있을 만큼 실용적이면서 비교적 쉽게 만들 수 있다는 점에서 매우 유용하다.

단계적 성장과 최종 목표

AI라는 거대한 변화에 호기심을 갖고 다양한 도구를 탐색하는 일은 중요하다. 어디까지 가능한지 알아야 무엇을 할 수 있을지 상상할 수 있기 때문이다. 그다음은 자신의 일에 어떻게 적용할지 설계하고 좋은 프롬프트를 만들고 이를 자산화하는 것이다.

그 이후는 아직 미지의 영역이다. 이 책에서는 반복적이고 단순한 업무를 노코드로 자동화하는 여러 아이디어를 다루었지만 그것이 최종 목표는 아니다. 이 변화를 주도하려면 AI를 단순한 소비자로서 '사용'하는 데서 그치지 말고 AI로 '나만의 도구'를 만들어야 한다.

이어지는 장에서는 AI를 '생산자'로서 활용하기 위한 몇 가지 기술 트렌드를 소개한다. 이를 바탕으로 나만의 도구를 만들어 진정한 '100배 활용'에 도달하기를 바란다. 또한 유튜브 〈일잘러 장피엠[11]〉 채널을 통해서도 AI를 100배 활용하는 다양한 사례와 고민을 계속 전할 것을 약속한다.

---

11 https://www.youtube.com/@jangpm

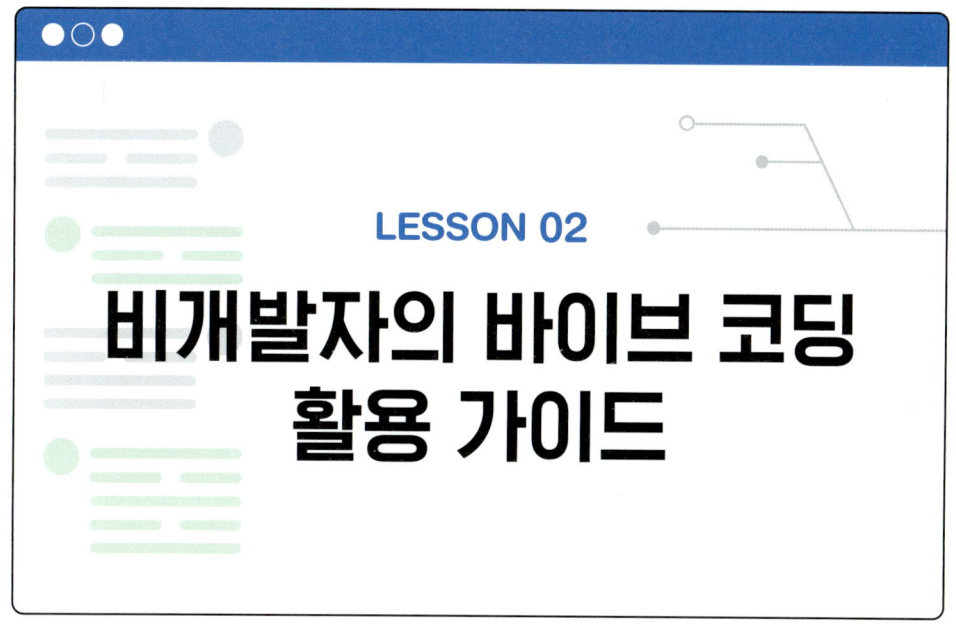

LESSON 02
비개발자의 바이브 코딩 활용 가이드

비개발자에게 열린 두 가지 개발 방식

자동화 시나리오를 구체화하려면 Make를 비롯한 노코드 자동화 도구와 바이브 코딩의 차이를 명확하게 알아야 한다. Make를 활용한 노코드 자동화가 밀키트로 요리하는 것이라면, 바이브 코딩은 재료를 직접 손질해 처음부터 요리하는 것에 가깝다.

Make는 이미 존재하는 인터넷 기반 도구들을 연결할 수 있도록 API 연동이 준비된 환경을 제공한다. 사용자는 이 환경을 조합해 자신만의 자동화 도구를 만든다. 반면 바이브 코딩은 가장 기본적인 코드 단위부터 AI의 도움을 받아 직접 작성해야 한다. 그만큼 더 자유롭고 다양한 것을 시도할 수 있지만 비개발자에게는 진입 장벽이 있는 편이다.

바이브 코딩의 현실적 접근 방법

AI 덕분에 코드를 이해하지 못해도 개발할 수 있게 된 것은 사실이지만, 바이브 코딩도 결국 코딩이므로 최소한의 개념은 알고 있어야 한다.

예를 들어 제품 요구사항 정의서(PRD)를 먼저 만들고 코딩을 시작하거나, 화면 설계 전에 필요한 컴포넌트를 정의하거나, 민감 정보를 노출하지 않도록 코딩하거나, 계속 사용할 데이터는 데이터베이스에 저장하는 등의 기초 개념이 있어야 효과적으로 활용할 수 있다.

그렇다고 너무 걱정할 필요는 없다. 이제 자동화를 시작하는 데 진입 장벽이 낮아졌거나 아예 사라졌기 때문이다. 기존에는 기본 개념을 익히는 데 최소 반년이 걸렸다면, 지금은 10분 만에 '딸깍' 한 번으로 시작할 수 있다. 무작정 시도하며 시행착오를 겪는 과정에서 자연스럽게 개념이 체득된다. 마치 어린아이가 처음 자전거를 타는 것처럼 말이다.

특히 ChatGPT는 이러한 간극을 빠르게 좁혀주는 조력자이다. 문제가 생기면 캡처해서 물어보고, 동작 원리를 이해하고 싶으면 쉽게 설명해달라고 요청하면 된다.

비개발자는 어디서부터 시작해야 할까

바이브 코딩을 처음 시도하는 비개발자라면, 복잡한 시스템 연동 서비스나 수익 창출형 프로젝트보다는 주변의 비핵심 업무를 자동화하는 도구부터 만들어보는 것이 좋다.

예를 들어 구글 설문 폼이 마음에 들지 않을 때, 업무상 자주 방문하는 웹사이트 정보를 회사 니즈에 맞게 재구성하고 싶을 때, 사내 동호회 웹사이트를 직접 만들고 싶을 때 바이브 코딩을 활용해보자.

▲ 바이브 코딩으로 만든 회사 내부 회계 장부 어시스턴트

바이브 코딩과 Make 자동화를 하이브리드로 활용하면 더욱 무궁무진한 시나리오를 실행할 수 있다. 바이브 코딩으로 만든 설문 폼에 고객 정보가 들어오면 해당 고객에게 문자나 메일, 카톡을 보내는 것은 Make로 손쉽게 자동화할 수 있다.

이처럼 비개발자도 아이디어만 있으면 AI 도구를 활용해 간단한 서비스나 도구를 만들 수 있다. 당장은 어디에 활용해야 할지 감이 오지 않더라도 괜찮다. 이 새로운 세계에 눈을 뜨기만 한다면 업무에서 활용할 수 있는 영역이 점차 눈에 보이기 시작한다.

▲ 바이브 코딩으로 만든 배당주 정보 사이트

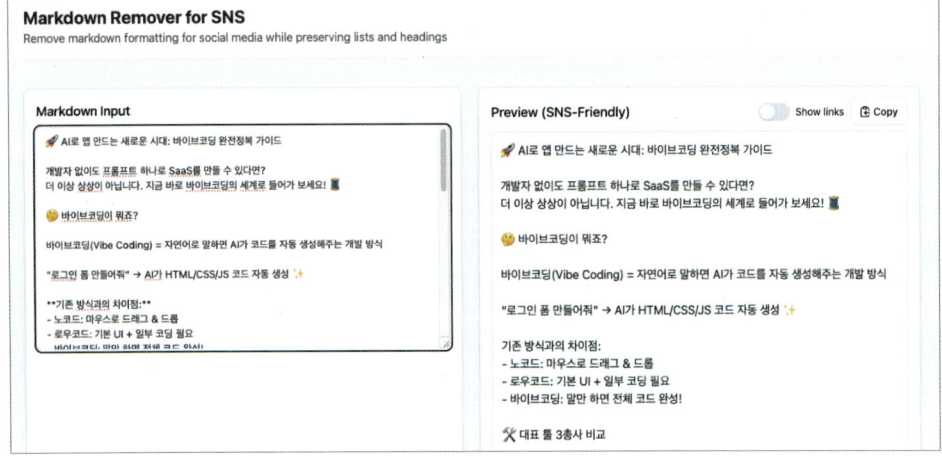

▲ 바이브 코딩으로 만든 SNS 글 형식 수정 도구

바이브 코딩 도구 선택 가이드

대표적인 바이브 코딩 도구로는 Google AI Studio, Replit, Lovable, Cursor, Claude Code, Gemini CLI 등이 있다. 앞에 있는 도구일수록 쉽고 간단한 프로젝트에 적합하다.

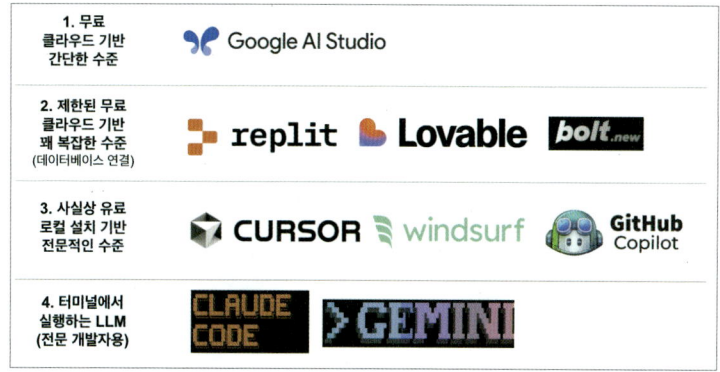

개발 경험이 전혀 없는 비개발자라면 Google AI Studio[12]부터 시작하길 추천한다. 구글 계정만 있다면 무료로 무제한 사용할 수 있어 부담이 없다. Google AI Studio 의 [Build] 메뉴에서 바로 프로젝트를 시작할 수 있다.

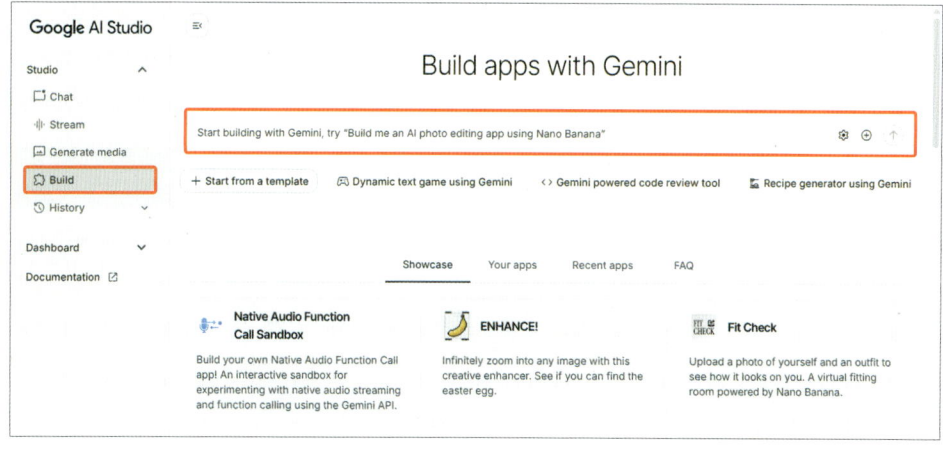

처음에는 무엇을 만들어야 할지 막막할 수 있다. 이럴 때는 오늘 점심 메뉴는 뭘 먹을지 알려주는 룰렛을 만들어줘와 같은 가벼운 요청부터 시도해보자. 결과를 확인하면서 애니메이션을 추가하거나 메뉴를 추가, 수정, 삭제하는 기능을 요청하다

---

12 https://aistudio.google.com/

보면 금세 바이브 코딩을 즐기게 된다. 이처럼 삶과 업무의 작은 부분부터 바이브 코딩으로 효율을 높이고 재미를 더해보길 바란다.

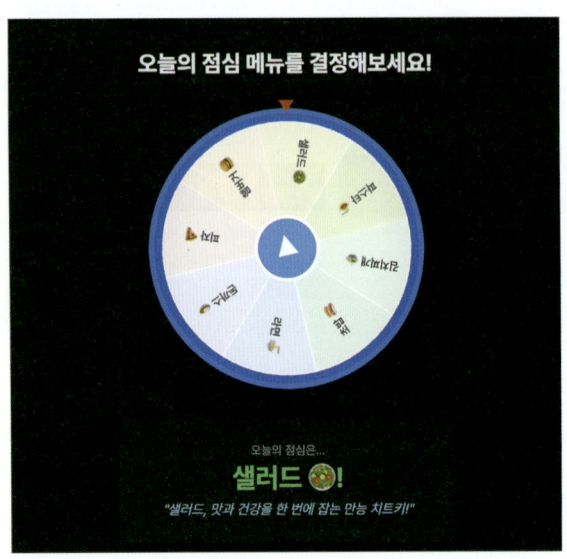

AI가 도구를 다루는 핵심 기술, MCP

MCP는 Claude를 만든 Anthropic이 공개한 기술 표준이다. 이는 단순히 LLM이 대화만 하는 것이 아니라 여러 프로그램을 도구처럼 쓸 수 있게 해주는 기술적 기반이다. ChatGPT 같은 LLM이 두뇌 역할을 한다면 MCP는 손발이 되어 엑셀, 파워포인트, 노션, 슬랙 같은 도구들을 사용해 실무 과제를 해결할 수 있도록 돕는 것이다.

물론 MCP 이전에도 LLM이 외부 도구를 연동해 사용할 수는 있었다. 하지만 매번 개별적으로 연동하도록 개발해야 하는 번거로움이 있었다. 이런 불편함을 해결하기 위해 등장한 것이 바로 MCP다. MCP는 AI가 여러 디지털 도구를 쉽게 쓸 수 있게 해주는 기술로, 금세 표준 연동 규약으로 자리 잡았다.

현재는 OpenAI와 구글도 Anthropic의 MCP를 자사 LLM에 적용하기로 하면서 AI 에이전트가 도구를 사용하기 위한 표준 기술이 되었다. 이처럼 AI가 에이전트로 진화하기 위한 토대와 기술 표준이 마련되니, 이 토대 위에 다양한 AI 에이전트들이 쏟아지고 있다.

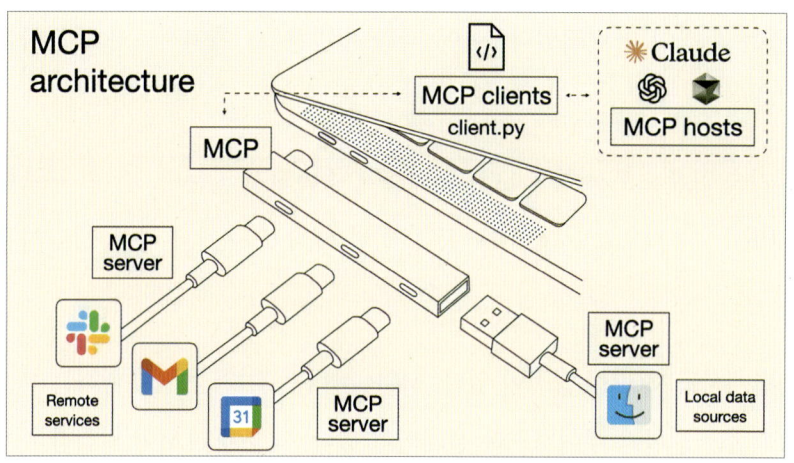

▲ Anthropic에서 제시한 MCP 기술의 모식도. 하나의 USB 허브에 다양한 기기를 꽂아 사용하듯 MCP도 LLM에 다양한 도구를 접목할 수 있다

LLM이 각 도구들과 연동될 수 있도록 정보를 주고받는 허브 역할을 하는 것을 MCP 서버라 부른다. MCP 서버는 공식적으로 제공되는 것을 그대로 사용할 수도 있고, 필요에 따라 사용자의 요구에 맞게 직접 구축할 수도 있다.

이러한 MCP 서버를 활용하면 LLM은 마치 인간처럼 여러 도구를 자유롭게 조합해 복잡한 업무를 자율적으로 처리하는 AI 에이전트로 발전할 수 있다.

예를 들어, 사내 메신저 채팅 기록에 접근하는 MCP 서버를 만든다면 AI가 업무 상황을 파악하여 담당자에게 자동으로 알림을 보낼 수 있다. 또한 내 컴퓨터의 파일 시스템을 탐색하는 MCP 서버를 사용한다면 AI가 보고서 초안을 작성해 특정 폴더에 저장하는 작업도 수행할 수 있다.

MCP의 장점

MCP의 장점은 명확하다. 무엇보다 AI가 다양한 도구를 직접 사용할 수 있게 되면서, 이제 각 도구에 새로운 연동 기능을 추가하기 위해 별도의 개발 작업에 매달릴 필요가 없게 되었다. 또한 MCP의 등장으로 나만의 AI 에이전트를 손쉽게 만들 수 있는 환경이 마련되었다. 이에 따라 수많은 AI 에이전트가 등장하는 계기가 되었다.

MCP는 기술 표준으로서 특정 LLM 서비스에 종속되지 않는다. 한 번 구축한 MCP 서버는 ChatGPT, Claude, Cursor 등 다양한 LLM 도구에서 공통으로 사용할 수 있다.

보안 측면에서도 MCP는 장점이 있다. MCP 서버는 각 기능을 수행하는 데 필요한 최소한의 접근 권한만 부여하도록 설계되어 있다. 덕분에 LLM이 민감한 내부 시스템 전체에 무분별하게 접근하는 위험을 방지할 수 있다.

MCP는 AI가 단순히 대화에 응답하는 언어 모델을 넘어, 실제 직장인처럼 일하는 에이전트로 나아가는 데 핵심적인 역할을 한다. 이제 AI 에이전트 생태계가 본격적으로 형성되면서 앞으로는 이런 기술들이 우리 일터에 자연스럽게 녹아들 것이다.

따라서 최신 AI 발전을 따라잡기 위해서는 MCP를 직접 경험해보는 것이 중요하다. 복잡한 개발 지식이 없어도, 간단한 수준에서 MCP를 설정하고 활용하는 것만으로도 AI 자동화의 새로운 가능성을 체감할 수 있다.

MCP 사용해보기

MCP는 ChatGPT와 Claude에서 몇 번의 클릭만으로 바로 사용할 수 있다. 다만 ChatGPT와 Claude 모두 유료 사용자만 사용할 수 있다.[13]

채팅창 하단의 도구 설정 버튼을 누르고 MCP로 연결할 앱들을 선택하면 설정이 끝난다. ChatGPT, Claude 모두 [커넥터] 메뉴에서 선택할 수 있으며 [더 연결하기], [커넥터 추가]를 사용해 추가한다.

구글 워크스페이스, 캔바, 깃허브, 노션과 같은 인터넷 기반 소프트웨어들을 공식적으로 지원한다. 연결할 도구를 활성화하고 로그인하면 해당 도구와 LLM이 MCP로 연결된다.

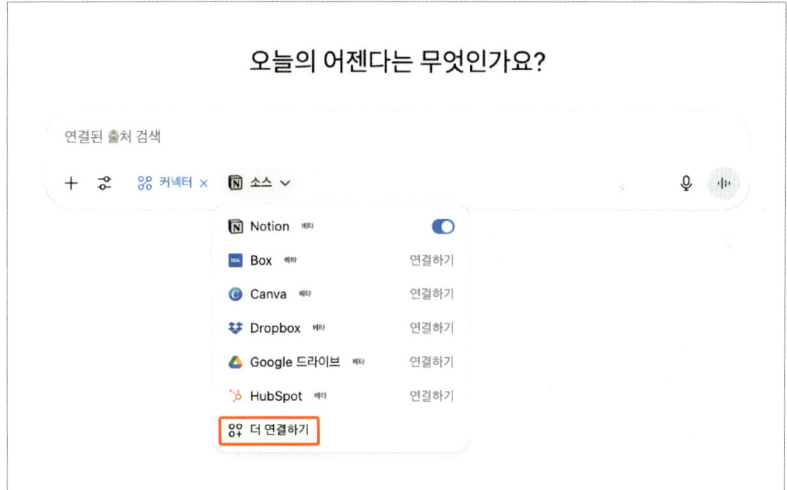

---

13 도서 출간일 기준

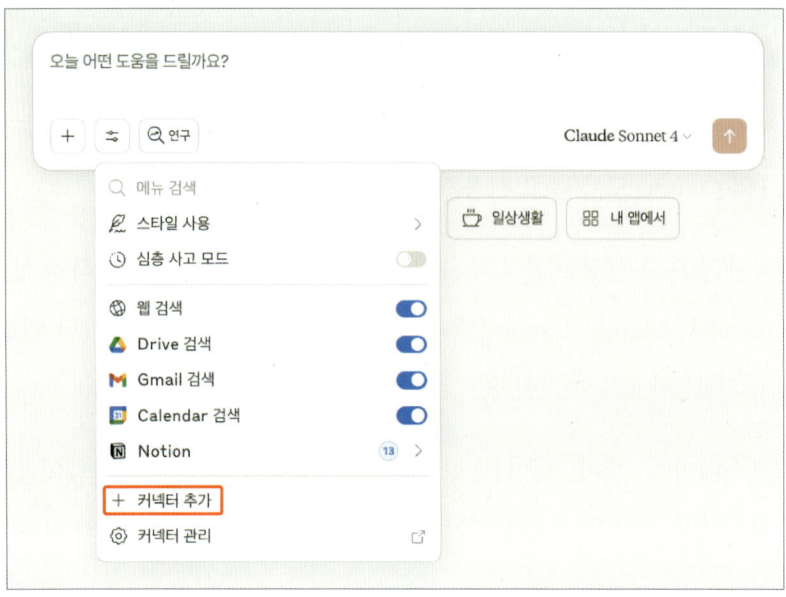

Claude는 이 공식 MCP 서버들을 통해 사용자가 미리 작성해둔 문서나 저장해둔 정보를 불러올 수 있으며, AI가 생성한 결과물도 해당 도구를 통해 기록할 수 있다. 예를 들어 노션 MCP 서버를 사용하면 Claude에서 작성한 블로그 글이 노션의 새로운 페이지로 추가되도록 설정할 수 있다.

원격 MCP 서버와 로컬 MCP 서버

공식적으로 지원하는 앱들의 MCP 서버는 클릭 한 번으로 쉽게 연결할 수 있다. 이 앱들의 MCP 서버가 원격 MCP 서버이기 때문이다. 웹 버전 ChatGPT와 Claude에서는 별도의 설치 없이 손쉽게 사용할 수 있으며, 기본 제공하지 않는 앱이라도 커스텀 원격 MCP 서버 기능을 통해 URL만으로 추가할 수 있다.

한 가지 고려할 사항은 아직 MCP 서버는 초기 단계의 기술이라 활용 사례도 많지 않고 매끄럽게 처리되지 않는 경우도 잦다는 점이다. 원격 MCP 서버의 수도 많지 않다. 하지만 생태계가 빠르게 확장되고 안정화되는 추세이므로 가까운 시일 내에 더 많은 도구들이 공식 MCP 서버를 제공할 것으로 기대된다.

ChatGPT Desktop이나 Claude Desktop에는 로컬 MCP 서버도 설치할 수 있다. 로컬 MCP 서버는 내 컴퓨터의 파일이나 폴더에 접근할 수 있고 모든 설정을 직접 조절할 수 있다는 점에서 강력하다. 하지만 비개발자에게는 설치 과정이 복잡하고 사용하기 번거롭다는 단점도 있다.

TIP 로컬 MCP 서버를 구동하려면 Node.js와 같은 프로그래밍 도구도 설치해야 하므로 이 책에서는 다루지 않았다.

MCP 활용 예시

공식 커넥터나 커스텀 원격 MCP 서버만으로도 충분히 LLM 기능을 확장할 수 있다. 문서 관리나 지식 관리 관점에서는 구글 드라이브나 노션에 미리 작성해둔 보고서를 AI가 참고해 보다 정확한 답변을 제공하도록 설정할 수 있다.

구글 워크스페이스를 연동하면 AI가 캘린더 내용을 요약해 브리핑하고 새로운 일정을 추가하거나 수정하는 등 일정 관리 및 업무 보조 기능을 수행할 수 있다. 또한 이메일 내용을 읽고 적절한 답장을 쓰는 것도 가능하다.

MCP를 활용하면 다양한 데이터 소스에 접근하고 분석해 성과 분석 업무를 수행할 수 있다. 예를 들어 지라(Jira)에 등록된 프로젝트 정보나 허브스팟(HubSpot)에 연결된 세일즈 파이프라인 정보를 가져와 전체 내용을 브리핑하거나 리스크 포인트를 도출할 수 있다.

이처럼 MCP를 통해 ChatGPT와 Claude를 단순한 대화형 도구를 넘어 진정한 비서처럼 업그레이드해보길 바란다.

Make와 MCP 연동하기

Make와 MCP를 연동하면 AI 자동화의 효율을 한층 더 높일 수 있다. 커스텀 원격 MCP 서버로 Make를 Claude에 연결하면, Make에서 만든 시나리오를 Claude에서 호출하여 체계적으로 정보를 받아올 수 있다.

이 방식은 두 가지 측면에서 유용하다. 첫째, MCP 서버를 공식적으로 지원하지 않는 앱을 LLM과 연결할 수 있다. 둘째, LLM이 임의로 판단해 실행하는 불안정한 동작을 방지하고 사전에 설계된 Make 시나리오를 호출함으로써 안정적인 결과를 확보할 수 있다.

현재 ChatGPT는 MCP 연결 기능을 제한적으로만 지원하고 있어, Make를 커스텀 원격 MCP로 직접 연결하는 기능은 Claude를 기준으로 설명한다.

TIP 2025년 10월 기준으로 ChatGPT에서 외부 MCP를 연결하려면 '개발자 모드'를 활성화해야 한다. 다만 메모리 기능을 사용할 수 없고 아직까지 제한되는 부분이 많으므로, 향후 정식 기능으로 출시되었을 때 사용하기를 권장한다. 연결 방식 자체는 Claude와 유사하다.

Make에서 MCP 토큰 생성하기

MCP를 Claude와 연동하려면 먼저 Make에서 MCP 토큰을 생성해야 한다. Make에 접속한 후 [Profile] 화면의 [API Access] 메뉴에서 새로운 MCP 토큰을 하나 만든다. [Add token]을 클릭하면 나타나는 설정창에서 [mcp:use] 항목에 체크하고 [Label]에는 적당한 이름을 입력한 후 [add]를 클릭한다.

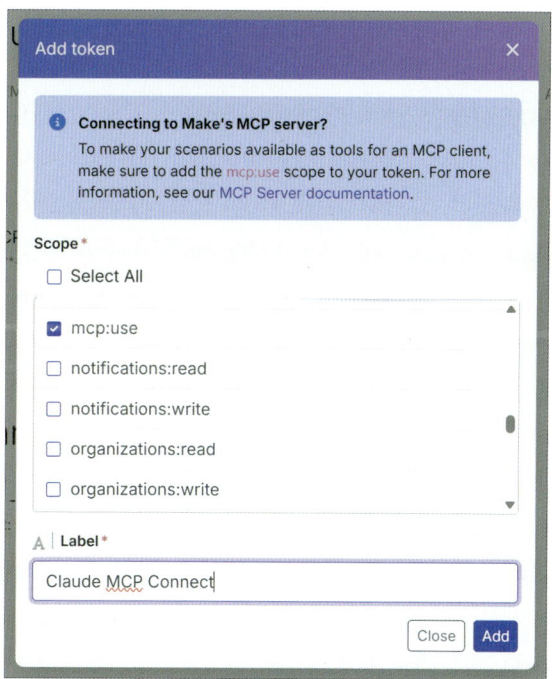

MCP 토큰을 만들면 토큰값이 나타나는데, 이 값은 Claude와 Make를 연결할 때 필요하므로 안전한 장소에 복사해 보관해야 한다.

TIP 토큰값을 다른 사람이 알게 되면 여러분의 Make에 접근해 시나리오를 편집하고 수정할 수 있으므로 주의해야 한다. 또한 생성된 토큰값은 한 번만 표시되며 이후에는 다시 확인할 수 없으므로 꼭 별도로 안전하게 관리해야 한다.

MCP 토큰을 만든 후에는 MCP 서버 URL을 조합해야 한다. 서버 URL의 기본 형식은 다음과 같다.

`https://<makezone>/mcp/api/v1/u/<mcp_token>/sse`

<makezone>은 Make에 접속했을 때 URL의 앞부분으로, 주소창의 *****.make.com** 부분이다. **<mcp_token>**에는 앞서 생성해 복사한 토큰값을 입력하면 된다.

예를 들어 완성된 서버 URL은 다음과 같은 양식이다.

`https://us2.make.com/mcp/api/v1/u/2d8dd5f6-****-****-****-************/sse`

조합이 완료된 URL을 복사해둔다.

Claude에 MCP 서버 연결하기

Claude의 커스텀 원격 MCP 서버 설정 화면에서 앞서 조합한 URL을 입력하면

Claude와 Make 간 연결이 완료된다.

Make 시나리오 설정하기

MCP에 연결하더라도 Claude가 접근할 수 있는 Make 시나리오가 없다면 아무런 변화가 없다. MCP 연결을 통해 Claude에서 처리할 시나리오가 필요하다. Make 시나리오는 업무 목적에 맞게 자유롭게 구성할 수 있다.

Claude에서 작성한 내용을 바탕으로 이메일을 자동 발송할 수 있고, Claude의 분석 내용을 기반으로 견적서를 자동 생성하도록 구성할 수도 있다. 또는 Claude의 요청이 있을 때 시나리오에 따라 정보를 수집하고 이를 Claude가 정리해 알려주도록 할 수도 있다.

Claude가 Make 시나리오를 인식하려면, 해당 시나리오의 트리거를 반드시 [On demand]로 설정해야 한다. 이렇게 하면 Claude의 MCP 커넥터가 시나리오를 식별하고, 필요할 때 직접 호출하여 실행할 수 있다.

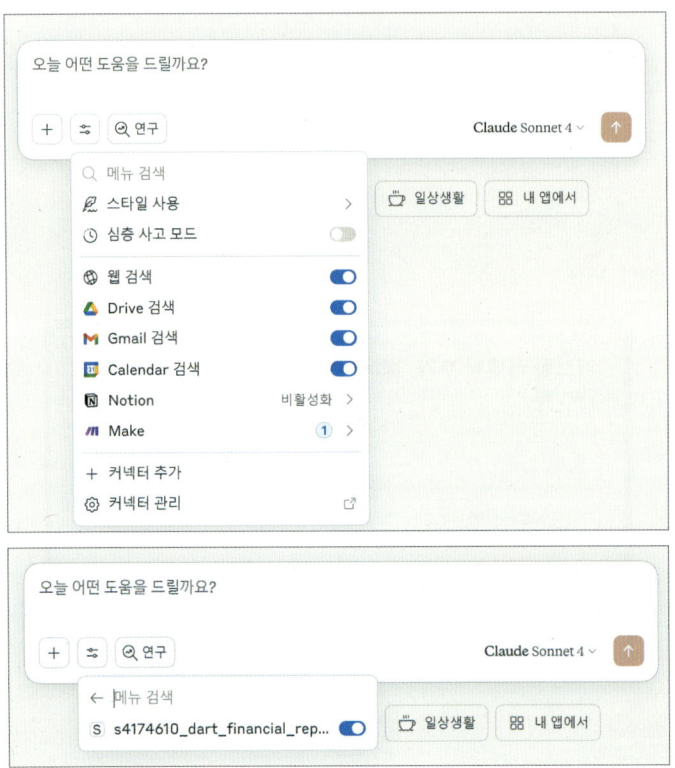

Make 입출력 설정하기

Claude가 Make를 통해 작업을 수행하려면 양방향 데이터 흐름이 필요하다. Claude가 Make 시나리오로 보낼 정보가 입력(Input)이고, Make 시나리오가 처리한 결과를 Claude가 다시 받아보는 것이 출력(Output)이다.

이러한 입출력을 구성하려면 [Scenario inputs and outputs] 메뉴에서 관련 설정을 진행해야 한다. 이 메뉴는 시나리오 하단에서 확인할 수 있다.

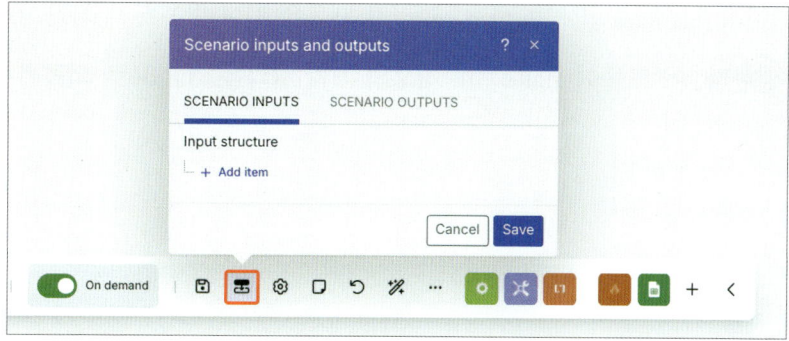

Claude가 Make에 작업을 요청할 때 필요한 데이터를 전달하려면 먼저 Scenario inputs를 정의해야 한다. Scenario inputs를 설정하면 시나리오 매핑 단계에서 하늘색 커스텀 변수 버튼이 생긴다. 이 변수는 Claude 프롬프트로부터 전달된 데이터를 입력받는 역할을 한다.

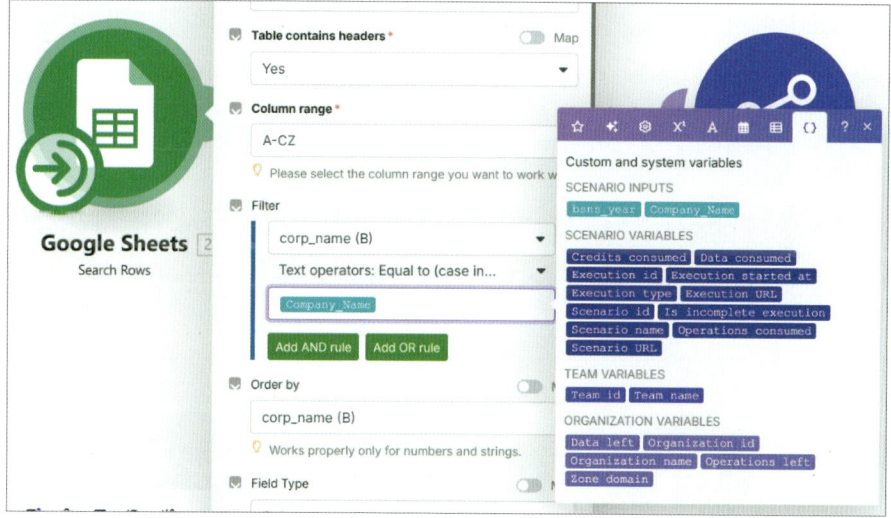

Make 시나리오의 실행 결과를 Claude로 다시 전달하려면 Scenario outputs를 정의해야 한다. 역시 [Scenario inputs and outputs] 메뉴에서 시나리오에 맞게 설정

한다. 이어서 [Scenarios] – [Return output] 모듈을 시나리오 동작 가장 마지막에 추가해야 한다. 이 모듈이 Make 시나리오의 처리 결과를 Claude로 되돌려주는 역할을 한다.

자동화 활용 예시

예시로 만들어 본 시나리오는 기업의 재무 데이터 자동 분석 시나리오다. 이 시나리오에서는 기업의 재무제표가 공시되는 Dart의 Open API를 HTTP 모듈로 호출한다. 이후 사용자가 원하는 기업의 재무제표 데이터를 불러오고 정확한 지표 전체를 통째로 Claude로 전달한다.

이런 Make 시나리오를 만들고 커스텀 원격 MCP 서버를 통해 Claude와 연결한다. 이제 Claude에서 분석을 원하는 기업 이름을 프롬프트로 입력하고 어떤 방식으로 분석할지 간단히 지시하면 된다. Claude는 MCP를 통해 Dart의 Open API로 해당 기업의 재무 데이터를 정확히 추출한 뒤 이를 자동으로 분석하고 재가공한다.

이 과정을 통해 사용자는 단순한 질의 입력만으로 정확한 재무 지표를 기반으로 한 기업의 재무 전략이나 리스크 분석 보고서를 자동으로 작성할 수 있다.

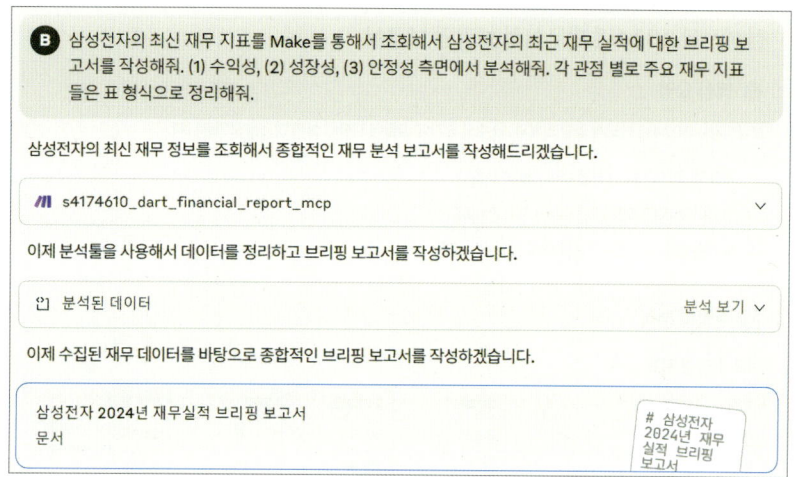

이처럼 MCP를 활용하면 Make 자동화를 더 편리하게 사용하고, 시나리오 결과를 재가공해 더 가치 있는 결과물을 만들 수 있다.

MCP 서버 생태계는 이제 막 형성되기 시작한 초기 단계다. 그러나 머지않아 1~2년 안에 LLM이 다양한 도구를 자유롭게 사용하는 시대가 도래할 것이다. 바로 이런 기술 전환의 시기일수록 직접 사용해보고 경험을 쌓는 것이 중요하다. 기술이 완전히 자리 잡기 전 지금이야말로 새로운 가능성을 탐색하고 실험하며 AI 자동화의 주도권을 확보할 수 있는 최적의 타이밍이다.

삼성전자 2024년 재무실적 브리핑 보고서

📊 핵심 요약

삼성전자는 2024년 반도체 업황 회복과 AI 수요 증가에 힘입어 강력한 실적 반등을 보였습니다.

- **매출액**: 300.9조원 (전년 대비 +16.2% ↗)
- **영업이익**: 32.7조원 (전년 대비 +398.3% ↗)
- **당기순이익**: 34.5조원 (전년 대비 +122.5% ↗)

1️⃣ 수익성 분석

주요 수익성 지표

지표	2024년	2023년	2022년	3년 평균
매출총이익률	38.0%	30.3%	37.1%	35.1%
영업이익률	10.9%	2.5%	14.4%	9.3%
순이익률	11.5%	6.0%	18.4%	12.0%
총자산수익률(ROA)	6.7%	3.4%	12.4%	7.5%
자기자본수익률(ROE)	8.6%	4.3%	15.7%	9.5%

수익성 평가

🟢 **강점**

- 매출총이익률이 30.3%에서 38.0%로 크게 개선되어 원가 효율성 향상
- 영업이익률이 2.5%에서 10.9%로 급등하여 운영 효율성 대폭 회복
- 메모리 반도체 가격 상승과 AI 관련 수요 증가가 수익성 개선에 기여

🟡 **주의사항**

- 2022년 대비 순이익률은 여전히 낮은 수준 (18.4% → 11.5%)
- ROA와 ROE가 2022년 수준까지 회복되지 못함

 **MEMO**

PART 04
AI와 노코드가 바꾸는 비즈니스와 커리어

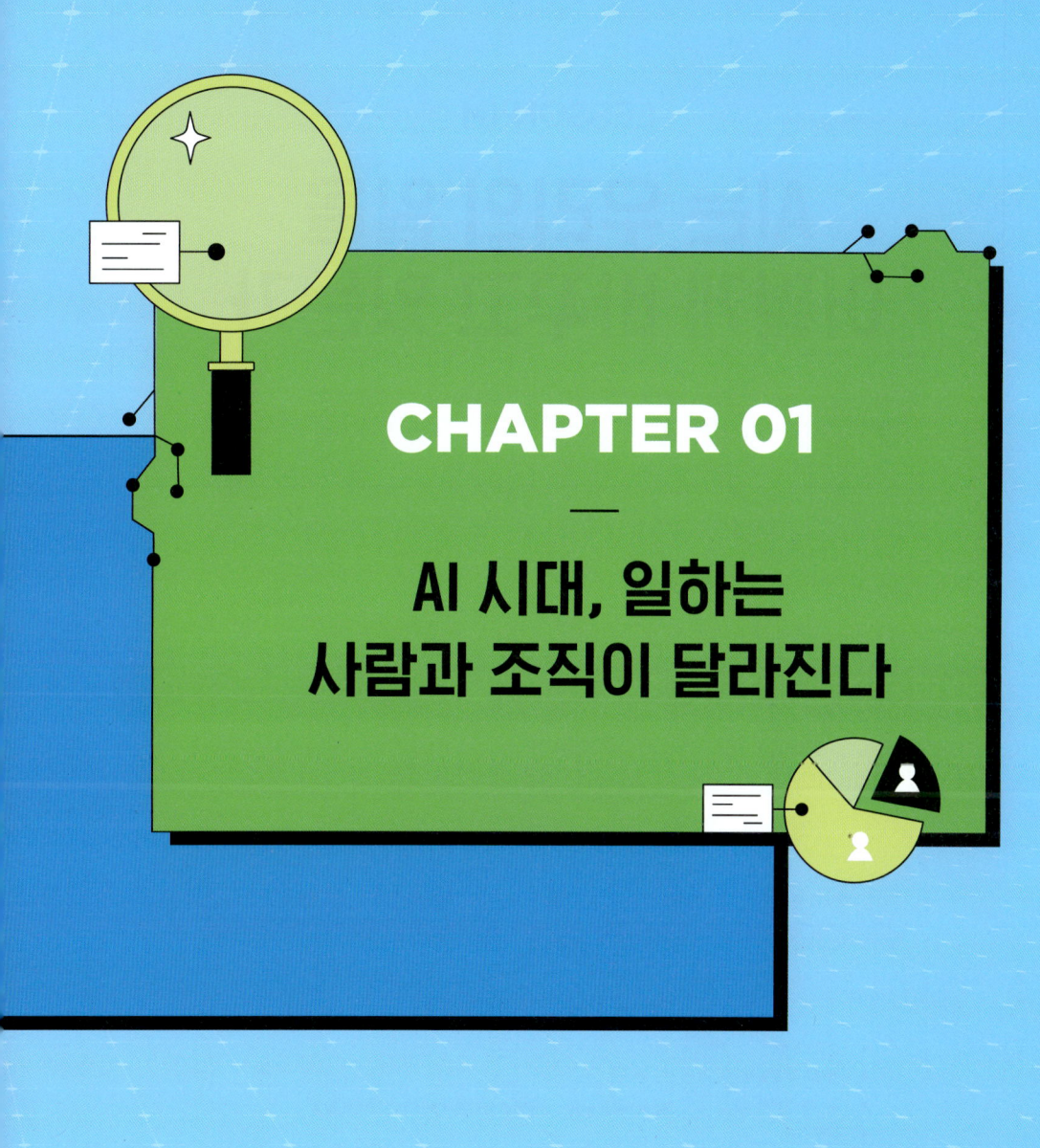

CHAPTER 01

AI 시대, 일하는 사람과 조직이 달라진다

LESSON 01
AI는 우리의 일을 어떻게 바꾸고 있는가

새로운 인재상, T자형 만능 인재의 등장

지금까지 ChatGPT를 비롯한 AI 도구를 업무에 활용하는 방법과 자동화까지 살펴

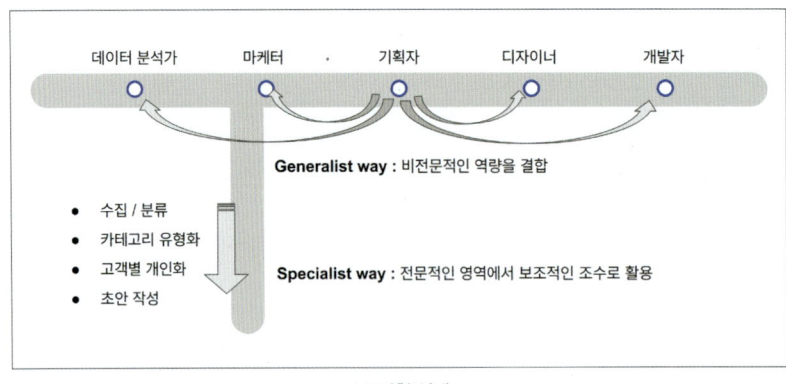

▲ T자형 인재

보았다. 이 책의 사례를 업무에 적용해보려고 궁리하고 실습해본 독자라면, AI를 통해 개인의 역량이 눈에 띄게 확장되고 있음을 체감했을 것이다.

AI와 노코드는 이러한 변화를 이끄는 핵심 동력이다. AI와 노코드를 활용하면 누구나 T자형 인재가 될 수 있고 되어야 한다. AI 시대의 T자형 인재란, 디지털 도구를 활용해 제너럴리스트로서 다양한 직무를 수행하면서도 전문 영역에서는 높은 생산성을 발휘하는 사람을 말한다.

개발자가 아니어도, 디자이너가 아니어도 AI와 노코드를 활용하면 다양한 전문성을 발휘할 수 있다. 이를 통해 개인의 문제 해결력이 대폭 향상되고 자신의 전문 분야에서도 더욱 쉽고 효율적으로 역량을 발휘할 수 있게 된다. 또한 자동화로 더 많은 업무를 빠르고 체계적으로 처리할 수 있게 된다.

조직 운영 패러다임의 변화

불과 몇 년 전까지만 해도 산업계는 특정 분야에 특화된 전문가를 선호했다. UX 디자이너, UI 디자이너, 리액트 개발자, 백엔드 개발자처럼 한정된 영역의 깊은 전문성을 갖춘 전문가들이 팀을 구성했다.

그러나 AI 등장으로 조직 운영 패러다임이 급변하고 있다. 최근 실리콘밸리 채용 공고를 보면 프론트엔드와 백엔드를 구분하지 않고 '제품 엔지니어'로 통합해 채용하고 있다. 디자이너와 마케터도 통합 포지션으로 채용하며, AI를 활용해 한 사람이 여러 역할을 수행하는 방향으로 바뀌고 있다.

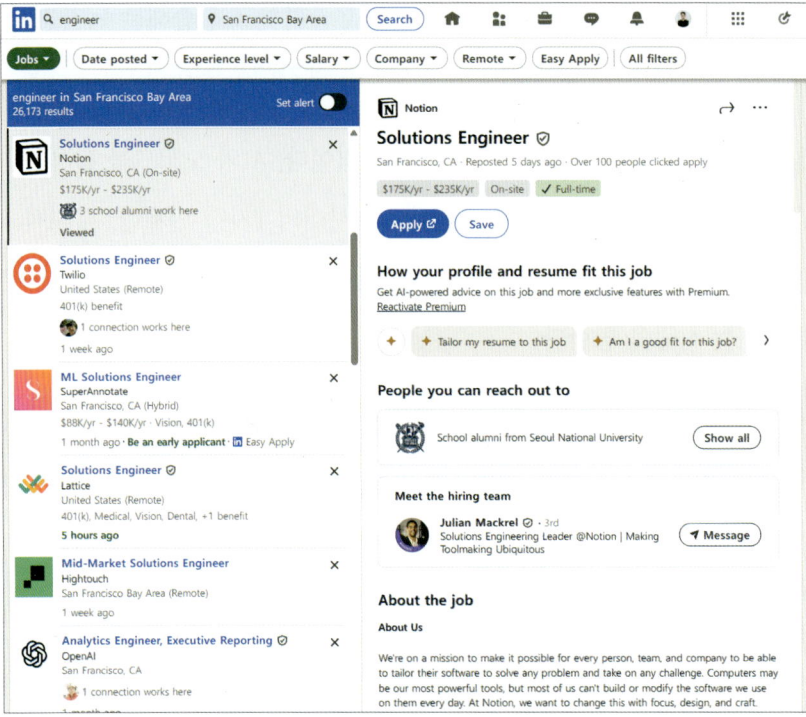

▲ 링크드인의 노션 '솔루션 엔지니어' 채용 공고

이는 단순한 비용 절감이 아니라 생산성 향상에 따른 근본적 변화다. AI와 협업하면 한 사람이 여러 업무를 동시에 수행할 수 있어 업무 처리 속도가 빨라진다. 과거에는 여러 사람이 분업하며 발생하던 커뮤니케이션 비용과 조율 시간이 크게 줄어들고, 그 결과 조직은 더 슬림해지고 개인이 처리하는 업무의 범위는 넓어지는 방향으로 나아가고 있다.

AI 시대의 필수 역량

AI로 인한 변화는 새로운 형태의 능력을 요구한다. 이제는 한 분야만 깊이 파는 것보다 여러 영역을 폭넓게 이해하고 AI를 효과적으로 활용하는 능력이 더 중요해졌다. 이 변화는 누군가에게는 큰 부담이자 스트레스가 될 수 있지만, 다른 누군가에게는 새로운 기회이자 커리어 확장의 전환점이 될 수도 있다. 이에 빠르게 적응하는 것이 곧 미래 커리어의 경쟁력이 된다.

지금 당장 작은 일부터 AI와 협력하는 훈련을 시작하고 조직 내 많은 일을 자동화하는 시도를 해야 한다. AI에게 일을 잘 시키는 법을 익히는 것이 중요하다. 이 과정에서 경험과 시행착오가 쌓이면 어느 순간 AI를 가장 잘 쓰는 사람이 되고, 역량이 T자로 확장되며 변화를 주도할 수 있게 된다.

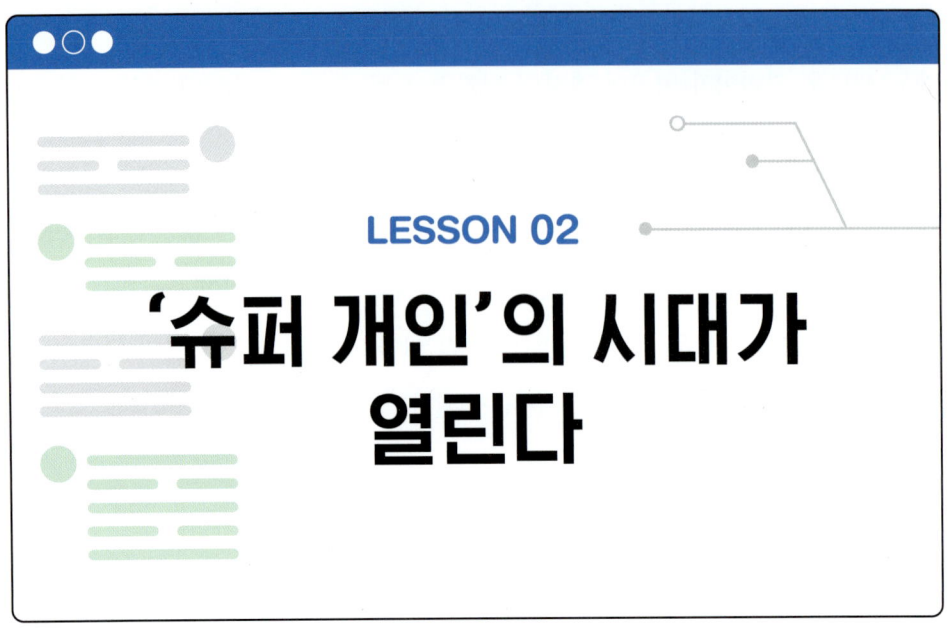

LESSON 02
'슈퍼 개인'의 시대가 열린다

슈퍼 개인의 정의와 특징

AI와 노코드에 대한 이해와 적응력이 있는 사람들은 조직 내에서 빠르게 인정받고 성과와 영향력을 확대한다. 나아가 확보한 시간에 고차원적 업무를 고민하고 실험하며 개선한다. 그 결과 업무 성과뿐 아니라 경험과 역량의 격차도 눈에 띄게 벌어질 수 있다.

이러한 기술 변곡점에서 생산성을 폭발적으로 향상시켜 새로운 기회를 만들어내는 사람들이 등장하고 있다. 나는 그들을 **슈퍼 개인**이라 부르고자 한다. 솔로프리너, 핵개인, 1인 기업가라는 이름으로도 주목받고 있다. 이들은 개인으로서 AI와 협력하는 방식을 통해 조직 수준의 성과를 낸다.

과거와는 질적으로 다른 변화의 물결

새로운 기술의 등장은 언제나 일의 방식을 바꾸어 왔다. 그러나 ChatGPT를 비롯한 AI의 등장은 완전히 다른 차원의 변화를 일으켰다. AI의 생산성 향상은 개인이 소기업 수준의 성과를 낼 정도의 큰 변화를 가져왔다. 혼자서도 복잡한 비즈니스를 운영하고 데이터 분석부터 마케팅, 콘텐츠 제작까지 모든 과정을 스스로 수행하며 높은 매출을 창출하는 개인들이 국내외에서 빠르게 늘어나고 있다.

앞서 살펴본 AI나 노코드로 대표되는 기술 발전은 이전의 어떤 기술 변화와도 질적으로 다르다는 점에 주목해야 한다. 이 변화는 단순한 생산성 향상을 넘어 새로운 일하는 방식과 완전히 새로운 수익 창출 구조를 만들어내고 있다.

개인 기업가의 시대

이제 개인은 클라이언트의 명확한 문제만 발견한다면, 누구의 도움 없이도 그 문제를 해결할 수 있는 시대에 살고 있다. AI, 노코드, 자동화, 유튜브, SNS의 부상으로 인해 더 이상 회사를 구성하지 않아도 개인이 디지털 기반으로 규모 있는 비즈니스를 일굴 수 있게 되었다. 혼자서 기업을 만들고 운영하는 것이 충분히 가능한 시대가 열린 것이다.

AI와 노코드의 발전은 단순한 생산성 향상을 넘어 디지털 기반 기업가들의 새로운 성공 모델을 가능하게 하는 구조적 변화다. 따라서 지금의 기술 발전에 더욱 주목해야 한다.

내가 잘 알고 있거나 좋아하는 분야에서 해결되지 않은 문제만 발견한다면, 개인일지라도 문제를 해결할 수 있고 비즈니스를 만들 수 있다. 이런 변화를 먼저 체감한 사람들은 디지털 도구를 활용해 적극적으로 성과를 만들어내며 자신만의 시장을 개척하고 있다.

디지털 시대의 기업가 정신

디지털 시대의 기업가 정신은 AI, 노코드, 개인 미디어와 같은 기술을 적극 활용할 때 키울 수 있다. 이러한 기술은 슈퍼 개인의 도구이자 기업가로 성장하기 위한 필수 기반이다. 더 이상 과거의 커리어 통념이나 비즈니스 방식에 얽매일 필요가 없다. 오히려 이러한 기술을 적극 활용해 디지털 기반의 비즈니스 성공 전략을 시도해야 한다.

이러한 도구들을 실제 업무나 프로젝트에 적용하는 것만으로도 슈퍼 개인들의 성공 전략을 체득하고 디지털 시대의 기업가 정신을 훈련할 수 있다. AI와 노코드에 관심을 갖고 지금 바로 내 일과 비즈니스에 적용해야 하는 이유가 여기에 있다.

이는 단순히 직장에서 생산성을 높이는 차원이 아니라 '슈퍼 개인'으로서 새로운 커리어 전략과 성공 트랙을 구축하는 과정이다.

슈퍼 개인의 성공 방정식

슈퍼 개인의 성공은 디지털 도구의 특성과 활용에서 비롯한다. 디지털 도구 활용 방식에 슈퍼 개인의 성공 전략이 담겨 있으며, 도구를 학습하고 내 일에 적용하는 것이 그들의 성공 방식을 모방하는 가장 쉬운 방법이다.

슈퍼 개인이 성과를 눈덩이처럼 키워나가는 데에는 한 가지 공통점이 있다. 그들은 최신 기술을 주저하지 않고 적극적으로 활용한다. 그들의 성공 방정식은 언제나 새로운 도구를 실험하고 그 가능성을 자신의 일에 통합하는 실천력에서 출발한다.

1인 유니콘 기업의 등장

앞으로는 좁고 뾰족한 전문 영역에서 **1인 유니콘**이 등장할 것이다. SaaS 기업들을 위한 결제 플랫폼을 운영하는 Paddle의 CEO, 크리스천 오웬스(Christian Owens)는 '1인 유니콘 기업의 등장[14]'이라는 아티클에서 이러한 흐름을 명확히 짚었다. 그가 말한 1인 유니콘이라는 개념은 단순히 한 개인의 성공 사례가 아니라 AI와 노코드 시대가 만들어낸 새로운 비즈니스 트렌드의 신호탄이다.

오늘날 인간의 역량은 AI와 디지털 기술을 통해 초고속으로 확장되고 있다. 이는 개인의 커리어나 비즈니스가 새롭게 정의되는 전환점이자 변곡점이다. AI와 노코드라는 슈퍼 개인의 도구를 어떻게 활용하느냐에 따라 단순한 생산성 격차가 아니라 비즈니스 기회와 실질적 소득의 격차가 생긴다.

기술 발전은 이제 '슈퍼 개인'이라는 새로운 커리어 모델과 라이프스타일을 충분히 실현 가능한 현실로 만들고 있다. 이제 우리는 이러한 변화를 인식하고 적극적으로 받아들여야 한다. 단순히 내 일을 효율적으로 처리하는 것 이상으로, 새로운 기회를 모색하는 데까지 나아가야 한다.

일하고 돈 버는 방식이 바뀐다

현대 사회에서 대부분의 정규직 일자리는 더 이상 안정된 삶을 보장하지 않는다. 소수의 대기업을 제외하면 정규직 근로자의 생애 소득은 평범한 사람들의 기대 수준을 채우기 어렵다.

예를 들어, 80년의 생애 동안 매달 200만 원을 소비한다고 가정하면 약 20억 원이 필요하지만, 실제 평균 생애 소득은 10억~15억 원 수준에 불과하다. 결국, 많은 사

---

[14] The Rise Of The One-Person Unicorn: How AI Agents Are Redefining Entrepreneurship, Kaushik Tiwari, Forbes, 2025년 3월, 출처 : https://www.forbes.com/councils/forbestechcouncil/2025/03/11/the-rise-of-the-one-person-unicorn-how-ai-agents-are-redefining-entrepreneurship/

람들이 퇴직 이후나 중년 이후의 경제적 불안을 피하기 어렵다.

이러한 현실은 탐욕의 문제가 아니라 생존의 문제다. 전문직 쏠림 현상, 대기업 선호, 온라인 부업 열풍 같은 사회 현상은 사람들이 느끼는 경제적 불안과 생존 압박에서 비롯된 자연스러운 현상이다.

슈퍼 개인이라는 대안

이러한 대부분 직장인들이 겪는 현실적 고뇌의 반대편에는 사업이든 고용이든 자기만의 분야를 개척하고, 고유한 전문성을 활용해 정규직 근로자보다 더 큰 소득을 창출하는 슈퍼 개인이 있다.

슈퍼 개인이라는 커리어 모델은 라이프스타일 관점에서도 자율성과 자아실현을 추구하는 젊은 세대의 가치관에 부합한다. 기업들 역시 특정 과제를 해결해줄 전문 인력을 프로젝트 단위로 활용할 수 있어 비용과 리스크를 줄일 수 있다.

결국 슈퍼 개인 부상은 개인의 자아실현이나 다양성을 추구하는 사회 흐름의 자연스러운 결과다. 아직은 소수이지만 성과를 내는 슈퍼 개인의 수는 계속 늘어날 것이며, 하나의 독립된 경제 주체로서 새로운 경제 생태계의 핵심 축이 될 것이다.

가치관 변화와 일의 의미

AI와 노코드로 대표되는 기술 발전은 단순히 일하는 방식을 바꾸는 수준을 넘어 일의 의미와 가치관 자체를 변화시키고 있다. 특히 젊은 세대는 경제적 보상이나 사회적 인정보다 자유롭고 주체적인 삶을 중시하며, 이러한 가치관은 슈퍼 개인의 라이프스타일과 잘 맞아떨어진다.

더 이상 조직을 위해 개인이 희생하는 것을 당연하게 여기지 않으며, 일을 단순히 돈을 버는 수단이 아닌 자신의 삶에 의미를 부여하는 활동으로 바라보는 사람들이 늘어나고 있다.

또한 현실적으로도 직장이 평생 생존을 담보해줄 수 없다는 깨달음이 확산되면서 직장을 위해 희생하기보다는 개인의 성장과 삶의 행복에 초점을 맞추는 방향으로 변화가 가속화되고 있다.

비즈니스의 세분화

결국 이러한 변화의 흐름은 자연스럽게 비즈니스 단위가 더 작아지고 다양해지는 방향으로 이어진다. 기존 큰 기업에서 주로 하는 일은 잘 정의된 업무 프로세스대로 사업을 안정적으로 운영하는 것이다. 이런 종류의 일은 AI에 의해 자동화되기 쉽다. 운영 중심의 단순 업무는 점차 AI가 대체하게 되고, 그 자리를 세분화된 문제를 창의적으로 해결하는 새로운 직업과 서비스가 채워나가고 있다.

이러한 배경에는 세상의 문제가 더 복잡하고 다양해지고 있다는 점이 있다. 하나의 방식으로 모든 문제를 해결할 수 있는 시대는 끝났다. 좋은 학교나 좋은 회사 출신이라는 이력만으로 복잡한 세상의 문제를 잘 해결해줄 거라고 인정받던 시대 역시 지나가고 있다.

초세분화된 전문성의 시대

가까운 미래에는 아주 작은 영역에서 깊이 있는 전문성을 갖고 브랜딩한 초세분화된 전문가들이 더욱 높은 가치를 인정받을 것이다. 예를 들어 SNS에서 팔로워 1천 명을 모은 마케터, 브랜드를 인도네시아에 진출시킨 사업 개발자, 트래픽 변동이 심한 앱 서비스를 안정적으로 운영한 개발자 등이 이에 해당한다.

이처럼 초세분화된 전문성을 가진 개인이 바로 슈퍼 개인이며, 이들이 자신만의 브랜드를 구축할 때 비로소 장기적인 직업 안정성이 생긴다. 앞으로는 어떤 직장에서 일하느냐, 어떤 직업을 가지느냐는 더 이상 핵심이 아니다. 오히려 각 개인이 독립된 경제 주체로서 어떤 문제를 해결할 수 있느냐에 답할 수 있어야 하고, 자신이 그런 자격을 갖췄음을 증명하는 것이 새로운 시대의 경쟁력이 될 것이다.

나만의 전문성과 니치한 문제의식이 모든 지식 노동자의 생존 필수조건이 될 것이며, 이를 입증할 사회적 증거 또한 요구될 것이다. 이러한 차별화된 전문성과 자격을 갖춘 슈퍼 개인들이 앞으로 고용과 부업, 창업 시장에서 모두 각광받게 될 것이다.

전문성 판매의 본질

슈퍼 개인의 본질은 자신의 전문성을 시장에 판매하는 것이다. 내가 좋아하거나 잘하는 일을 찾아 그 좁은 분야에 집중하고, 그 가치를 소수의 고객에게 판매한다. 이는 회사에 고용되어 임금을 받는 구조와 크게 다르지 않다. 다만 여기에 기업가 정신과 디지털 도구를 통한 확장성이 더해졌을 뿐이다.

어차피 직장에 근무하더라도 시장에서 팔리는 나만의 전문성을 갈고닦아야 하고, 이를 고용 계약이라는 형태로 인정받아야 하는 건 마찬가지다. 다만 그 계약 주체를 1개 회사로 바라보지 말고 세상이라는 더 넓은 관점으로 전환하면 그것이 바로 슈퍼 개인의 시작이다.

회사 안에서 시작하는 슈퍼 개인의 길

당장 회사를 그만두고 프리랜서가 되지 않더라도 슈퍼 개인의 길을 가는 사람들이 있다. 시장에서 팔리는 나만의 전문성을 뾰족하게 갈고 닦는 과정은 회사를 다니면서도 할 수 있다.

과거에는 회사 안에서만 인정받아도 안정적인 삶을 누릴 수 있었지만 이제는 평생 직장 개념이 사라지고 있다. 따라서 언젠가는 이런 전문가들도 회사 밖에서 자신의 전문성을 판매할 준비를 해야 한다.

실력을 쌓는 것도 중요하지만, 동시에 자신의 전문성을 기반으로 니치한 좁은 영역에서 '나'라는 브랜드를 만드는 게 중요하다. 설령 현재 기업에 고용되어 직장인으로 일하더라도 기업에서의 여러 경험을 레버리지 삼아 '나'라는 브랜드를 만들어가야 한다. 그래야만 세상에 내 전문성을 판매할 수 있는 독립적이고 자유로운 슈퍼 개인으로 거듭날 수 있다.

슈퍼 개인 커리어의 미래

자신만의 전문성을 기반으로 자기만의 길을 가고자 하는 사람들에게 새로운 기술의 등장과 시대 트렌드는 분명한 기회다. AI, 노코드, 자동화와 같은 기술 발전으로 슈퍼 개인의 커리어는 더욱 보편화되고, 그들의 임팩트와 소득은 지속적으로 증가할 것이다.

슈퍼 개인으로의 커리어 전환에 막연한 두려움을 느낀다면 이런 관점에서 생각해 보자. 회사에 고용되어 있다는 것은 언제든 내 고객(회사)을 100% 잃을 수 있는 상황일지도 모른다. 게다가 직장인 평균 퇴직 연령이 49.4세인 우리나라 현실에서는 이러한 위협이 먼 미래가 아니다.

오히려 '나'라는 브랜드로 사업하며 다양한 고객에게 나의 전문성을 판매하는 상황이 상대적으로 안정적일 수 있다. 연속성 있는 사업을 영위하며 하루아침에 고객 100%를 잃는 경우는 거의 없기 때문이다.

변화하는 직업 세계

이제는 하나의 직업만으로 먹고 살 수 없는 시대로 바뀌고 있다. 정규직으로 입사해 같은 회사에서 정년퇴직하는 사람의 비율은 현재도 10% 미만이고 가까운 미래에는 더 떨어질 것이다. 한때 안정의 상징이었던 공무원 직업의 인기가 예전만 못한 것도 이러한 사회적 인식 변화를 보여주는 단적인 사례다.

따라서 슈퍼 개인이라는 트렌드를 나와는 관계없는 일로 치부하기보다 지금부터 이를 준비하는 여정으로 커리어를 바라보아야 한다. 얼마든지 그렇게 관점을 바꿀 수 있고, 이제는 이를 당연히 여기는 세상으로 조금씩 변화하고 있다.

LESSON 03
AI라는 기회를 잡은 기업과 사람들

AI의 발전과 비즈니스, 커리어의 변화

AI가 빠르게 발전하면서 우리의 비즈니스와 커리어에도 커다란 변화의 바람이 불고 있다. 그리고 이 변화는 이미 우리 주변에서 현실로 나타나고 있다. 그 중심에는 이러한 변화에 빠르게 적응하는 기업과 사람들이 있다.

이들의 공통점은 새로운 기술에 열린 태도를 가지면서도 자신만의 철학과 전문성을 확고히 지니고 있다는 점이다. 이들은 인간으로서의 경험, 취향, 철학, 전문성 위에 AI 활용 능력을 결합해 생산성과 성과를 극대화하고 있다. 이렇게 새로운 성장의 기회를 포착한 사람들이 바로 AI 시대의 승자가 되어가고 있다.

AI를 중심에 놓은 기업들

여행 크리에이터용 어필리에이트 서비스를 운영하는 **세시간전**이라는 회사는 보고서 작성, 프로토타입 디자인, 세금계산서 발행 등 반복적인 사내 업무를 AI와 노코드 도구로 가능한 한 모두 자동화하고 있다. 이 회사는 AI를 업무 중심에 두고 일하는 문화를 정착시키는 것을 목표로 삼고 있다.

강의 VOD 서비스를 운영하는 **클래스유**는 제품 개발부터 운영 전반에 이르기까지 AI 중심으로 업무 프로세스를 재편했다. 뿐만 아니라 모든 직무에서 AI와 자연스럽게 협력이 이뤄지도록 대표가 구성원들을 적극 독려하고 있다.

개발 외주 기업 **리트머스**는 매출, 프로젝트 등을 관리하는 별도의 사내 어드민 시스템을 구축하지 않는다. 대신 AI 개발 도구인 Cursor를 회사 데이터베이스와 직접 연결하여 구성원들이 필요한 정보를 AI를 통해 자유롭게 조회하고, 각자 맞춤형 어드민 화면을 생성해 활용할 수 있도록 운영하고 있다.

AI 커뮤니티 기업 **지피터스**는 구성원의 AI 역량 향상을 위해 매주 3시간씩 AI를 연구하고 자신의 일에 적용해보는 시간을 배정하고 있다. 마치 구글이 창의적 활동을 위해 업무 시간의 20%를 쓰도록 권장하는 것처럼, 지피터스는 회사 내 업무 중 AI로 대체할 만한 부분을 궁리하는 데 자기 시간 일부를 쓸 것을 독려하고 있다.

이들 기업의 공통점은 명확하다. 모두 AI를 단순한 도구가 아닌, 회사 운영의 핵심 축으로 삼고 있다는 점이다. AI를 중심에 둔 업무 문화는 조직의 효율성을 높이고, 동시에 구성원의 AI 활용 능력을 강화하여 기업 전체의 경쟁력을 한 단계 끌어올리는 원동력이 되고 있다.

비즈니스 모델의 AI 전환

이 외에도 B2B 사업을 아예 AI 중심으로 전환한 기업들도 있다. 두물머리라는 로보어드바이저 회사는 사명도 아예 **모트 AI**로 변경하고, 기존 고객인 금융사를 대상으로 AI 전환을 지원하는 비즈니스를 시작했다. 이를 위해 AI 활용 인프라를 구축하고 자사와 금융사 서비스에 AI를 적용하는 다양한 프로젝트를 추진하고 있다.

'번지'라는 파트타임 전문가 연결 서비스를 하던 **탤런트리**는 AI 전문가에 대한 수요가 급증하자 사업 방향을 전면 수정했다. AI 전문가를 직접 육성하고, 대기업을 대상으로 AI 전환을 돕는 솔루션 및 플랫폼 '클리브'를 런칭했다. 현재 여러 중견기업과 대기업을 대상으로 기술 검증을 진행하며 국내 AI 전환 솔루션 시장의 새로운 영역을 개척하고 있다.

AI로 슈퍼 개인이 된 사람들

개인들 중에서도 발빠르게 AI를 업무에 적용하고, 확보된 높은 생산성을 기반으로 자신을 하나의 기업처럼 운영하는 사람들이 등장하고 있다. 프리랜서보다 훨씬 더 효율적인 방식으로 여러 업무를 동시에 수행하며 AI 활용 능력을 핵심 경쟁력으로 삼고 있다.

셀피쉬클럽을 운영하는 '신주혜' 님은 AI를 활용해 여러 프로젝트를 동시에 진행한다. AI로 기업의 마케팅 프로젝트를 대행하고 AI 활용법 강의를 진행하며 자신의 셀피쉬클럽 브랜딩에도 AI를 적극 활용한다. 이러한 폭발적인 생산성은 AI를 적극 활용하는 데서 나온다.

개발자 '배휘동' 님은 주중 이틀은 프리랜서로, 나머지 3일은 회사 개발자로 일한다. AI 관련 글쓰기, 강의, 컨설팅을 병행하며 AI 분야 전문성을 높이기 위해 꾸준히 학습하고 업무에 적용한다. 이 과정에서 다양한 일을 효과적으로 처리하는 데 AI를 적극 사용하고 있다.

그로스해커 '심슨' 님은 동시에 두세 개의 회사와 계약해 일한다. 정해진 조건에 따라 요일별로 일정을 분리해 각 회사의 문제를 해결한다. 기술 기반 마케팅을 의미하는 그로스해킹이라는 뾰족한 전문성을 바탕으로, 각 기업의 그로스해킹 환경을 구축하고 기술적 실험을 설계한다. 명확한 전문성과 역할 정의 덕분에 스스로 근무 조건을 선택하고 더 높은 수익을 창출하고 있다.

이처럼 이미 우리나라에도 동시에 여러 회사와 원격으로 일하거나, 본업과 병행해 사이드 프로젝트를 운영하거나, 자신의 전문성을 구독형 서비스처럼 판매하는 전문가들이 등장하고 있다. 고용 개념이 유연해지면서 프리랜서로 통칭하던 전문성 판매 양상이 매우 다양해지고 있다. 정규직이라는 기존 틀로 설명하기 어려운 고용 실험들이 이미 국내외에서 활발히 시도되고 있다.

새로운 고용 형태와 전문가 집단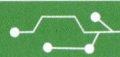

최근에는 고연차 전문가들이 자신이 잘하는 영역에만 집중해 에이전시처럼 일하는 새로운 고용 형태가 빠르게 확산되고 있다. 특히 초기 스타트업을 대상으로 과거에는 내부 경영진이 맡았던 최고재무책임자, 글로벌 진출 리더, 채용/평가/보상 시스템 구축 책임자, 사내 지식관리 시스템 책임자 등의 전문 역할을 대신한다.

재무 전략만 전문으로 하는 **파인드어스**, 글로벌 진출만 전문으로 하는 **모멘텀메이커**, IT 제품관리 시스템 세팅만 전문으로 하는 **팀마고스**, 리더급 인사 업무만 전문으로 하는 **HR어벤저스**, 조직 관리만 전문적으로 조언하고 컨설팅하는 **누틸드** 같은 회사들이 대표적이다.

여기 소속된 전문가들은 자신들의 깊이 있는 전문성을 바탕으로 잘하는 일 한두 가지에 집중해 고객사의 문제를 에이전시처럼 해결하며 소득을 극대화한다. 이들은 대부분 과거 대기업이나 유망 스타트업에서 능력을 인정받은 경력자들이다.

이들은 한 회사에 오래 머물며 익숙하지 않은 영역까지 업무를 확장하기보다는, 자신이 가장 잘하는 분야에 집중하는 것이 훨씬 더 합리적이라는 사실을 알고 있다. 이것이 소득 향상뿐 아니라 시장 경쟁력을 유지하고 장기적인 커리어 안정성을 확보하는 가장 효율적인 방식이기 때문이다. 그래서 이 전문가들은 한 회사에 종속되기보다 자신의 전문성을 중심으로 여러 기업과 유연하게 협력하는 방식을 선택한다.

사이드잡 플랫폼의 등장

최근에는 정규직으로 회사에 소속된 전문가들이 사이드 프로젝트로 다른 기업 일을 할 수 있게 연결해주는 플랫폼이 등장하고 있다. 대표적인 예로 번지나 디오 같은 회사가 있다. 그리고 실제로 다양한 현업 실무자들이 이러한 플랫폼을 통해 자신의 전문 분야에서 독립된 전문가로 활동하고 있다.

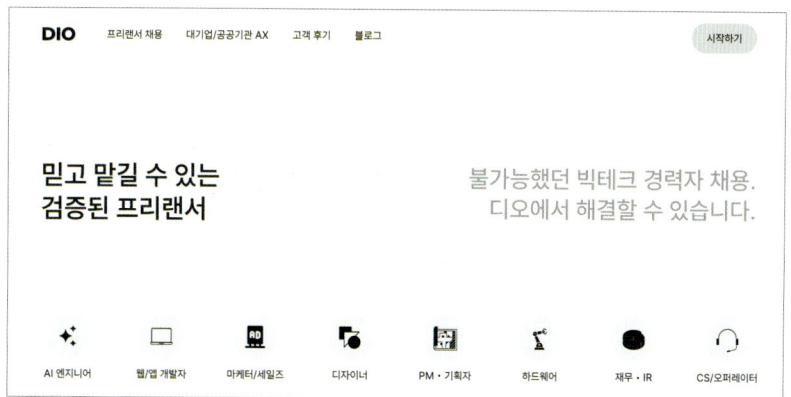

사이드잡 플랫폼에 참여하는 전문가 입장에서는 팔리는 자신의 역량이 무엇인지 확인하고, 그 전문성을 더욱 뾰족하게 다듬으며 추가 소득을 창출할 기회를 얻는다. 기업 입장에서도 이 플랫폼의 가치는 크다. 고급 인재를 월 단위로 유연하게 채용할 수 있어, 고정 인건비 부담 없이 필요한 시점에 전문성을 확보할 수 있기 때문이다.

임플로이언서의 부상

최근 회사에 소속되어 있으면서도 자신의 전문성을 기반으로 개인 차원에서 콘텐츠나 강의를 만드는 임플로이언서들이 빠르게 늘어나고 있다. 이들은 자기만족이나 시장에서의 경쟁력 확보, 부가 소득 등 다양한 이유로 이런 활동을 한다.

겸업 금지 규정 때문에 드러내놓고 하지 못하는 경우가 많지만, 많은 사람들이 자기만의 전문성을 확립하고 외부 시장에서 검증받기 위해 이런 시도를 하고 있다.

요즘 일부 회사에서는 이런 임플로이언서를 오히려 긍정적으로 평가하기도 한다. 임플로이언서가 회사에 재직 중이라는 사실이 회사 채용 브랜딩에 도움이 되고, 이런 활동을 통해 자기 전문성을 뾰족하게 개발하는 것이 그를 고용한 회사 입장에서도 손해가 아니라는 생각이 확산되고 있다.

변화를 주도하는 원동력

AI는 한 개인의 가능성을 한계를 넘어 확장시키는 도구다. 누구나 더 넓은 역할을 수행할 수 있고, 자신의 전문성을 이전보다 훨씬 더 깊고 뾰족하게 발전시킬 수 있다. 조직 역시 이러한 개인의 역량을 협업과 혁신의 중심축으로 삼으려는 시도를 이어가고 있다.

이제 우리는 거대한 전환의 한가운데 서 있다. AI를 중심에 두고 나 자신을 슈퍼 개인으로 성장시키는 일은 더 이상 선택이 아니다. 산업이 고도화되고 단순한 업무가 AI에게 위임되는 시대에는 새로운 고용 형태와 일하는 방식이 일상의 표준이 될 것이다.

이런 의미에서 AI와 노코드를 현명하게 활용하는 법은 단순한 기술 습득이 아니다. 세상에서 살아 남는 생존 전략이자 변화를 주도하는 원동력이다. 우리 모두는 이제 각자의 자리에서 AI와 협력하며 자신만의 속도로, 자신만의 방식으로 새로운 길을 만들어가야 한다.

변화의 파도를 타고 앞서 나갈 것인가, 아니면 그 거대한 흐름에 휩쓸릴 것인가. 미래는 스스로 변화를 선택한 사람의 몫이다. 그리고 그 시작은, 오늘 여러분이 시작하는 아주 작은 실천 하나에서 비롯된다.

찾아보기

숫자

1인 유니콘	109

ㄱ ㄴ

귀납적 학습	41
날짜 자료형	272
냅킨	148
노코드 자동화	230

ㄷ

다차원적 분석	124
단계적 프롬프팅	84, 206
데이터 전처리	112
데이터 취합	198

ㄹ ㅁ

루틴 보고서	128
매핑	257
모듈	239

ㅂ

바이브 코딩	319
배열	274
번들	240, 275
보고서 작성 자동화	183

ㅅ

생각의 사슬	83
숫자 자료형	271
슈퍼 개인	346

시각화 보고서 생성	142
시나리오	239
시나리오 만들기	241
심층 리서치	104
심층 보고서	132

ㅇ

아웃풋	257
웹훅	287
이미지 생성	153
인풋	257
임플로이어서	360

ㅈ

자료형과 함수	270
저작권과 초상관	164
정돈된 데이터	112
정량적 데이터 분석	115
정성적 데이터 분석	122
젠스파크	150

ㅊ ㅋ

참고 자료 제공	67
체인 오브 드래프트	86
컨텍스트 윈도우	50
콘텐츠 OSMU	190
크레딧	240

ㅌ

타디 데이터	113
텍스트 덤핑	56

텍스트 자료형	271
토크나이저	47
토큰	47
토큰 스트림	49
트리거	240

ㅍ

퍼플렉시티	68
페이즈 기반 지침 설계	206
프롬프트	46
프롬프트 개선	64
프롬프트 구조화	52
프롬프트 엔지니어링	46
프롬프트 작성 요령	51
프롬프트 확장 도구	59

ㅎ

할루시네이션	49
함수	273
환각 현상	49
흐름 제어 모듈	276

A

AI 기반 자동화	216
AI 에이전트	168
API	218
Array aggregator	283

C G

Claude	145
CoT	83

Gemini	145
Genspark	150
GPTs	169
GPTs 만들기	172

H I J

HTTP 모듈	287, 295
Iterator	283
JSON 포맷	266

M N

Make	236
MCP	324
MCP 활용	330
Napkin	148

S T V W

Site:	74
T자형 인재	342
VBA 코드 활용	135
Webhook	287
1인 유니콘	348

 **MEMO**